数据安全
合规实务

李怀胜 主编

中国法制出版社

前　言

2021年10月，习近平总书记在主持中央政治局第三十四次集体学习时强调，数字经济发展速度之快、辐射范围之广、影响程度之深前所未有，正在成为重组全球要素资源、重塑全球经济结构、改变全球竞争格局的关键力量。数据作为一种新型生产要素，对提高生产效率的乘数作用不断凸显，已经从互联网行业的专属资源转变为推动社会各行业现代化转型、引领经济发展的最具时代特征的生产要素。但也必须看到，在培育数字经济新产业、新业态和新模式的同时，数据收集、存储、使用、加工、传输、提供、公开等数据处理活动中展现出诸多乱象，数据安全正面临严峻风险。保障数据安全，完善数据数字经济治理体系已成为时代命题。2021年12月，国务院印发的《"十四五"数字经济发展规划》中，有十余处提到数据处理面临的风险和数字经济应有序发展，并强调应牢牢守住安全底线。2022年12月，中共中央、国务院印发的《关于构建数据基础制度更好发挥数据要素作用的意见》（以下简称"数据二十条"）更进一步，将保障安全发展作为工作原则，要求将安全贯穿数据供给、流通、使用全过程。

通过增加制度供给，推动数据安全合规，来平衡数字经济发展与数据安全之间的矛盾已成为社会共识。2021年6月，第十三届全国人民代表大会常务委员会第二十九次会议通过了《中华人民共和国数据安全法》（以下简称《数据安全法》），填补了我国数据安全立法的空白，统筹了数据发展与安全两大需求，对实践中显现的数据安全新问题、新挑战作出了回应，并为数据处理者开展数据合规指明了方向。但数据合规是一项系统性工程，离不开具有可操作性的数据安全治理体系的支撑。《数据安全法》虽然指明了合规的方向，但具体合规机制的设计仍需参考与数据安全相关的各层级规范性文件和国家标准等技术性文件，并根据实际业务的需要不断调整。本书立足于数据安全合规的实务需求，以具体合规制度设计为线索，结合现已生效或正在制定的各类规范性文件和指南，详细介绍数据安全的具体制度和操作，将《数据安全法》确立的抽象数据安全机制具象化。希望能够降低实践中的数据安全合规成本，提高数据安全合规效率，最终促进数字经济的进一步发展。

本书第一章是对数据安全合规的整体介绍。本章系统梳理了我国数据安全立法体系、数据安全监管体系和数据安全合规的基本原则。数据安全合规并非空中楼阁，合理的、具有可操作性的数据安全合规方案的制订必须以数据安全相关规范性文件与技术性文件为基石。近几年是我国数据安全立法的"井喷期"，除了本书第一章所列文件外，还有大量的规范性文件或技术性文件正在制定或已经制定正在征求意见，因此必须了解数据安全监管机构的主要职能，牢牢把握数据安全合规的基本原则，以动态的视野看待数据合规工作，应时而变、及时调整，以保证工作的开展始终不脱离法律框架。

本书第二章是对数据安全合规基础制度的介绍。《数据安全法》规定的数据安全基础制度主要包括数据分类分级保护制度，国家数据安全风险评估、监测预警机制，国家数据安全应急处置机制，国家数据安全审查机制，数据出口管制制度，数据领域对等反歧视措施等。这些制度构成了数据安全监管的主要框架，虽然不能直接指导数据安全合规工作，但却能够提供最为明确的方向指引。宏观层面的数据安全合规基础制度与微观层面的数据安全合规工作相辅相成，基础制度为合规方案的制订提供指引与保障，具体合规方案的制订又能保障数据安全合规基础制度的落实。

本书第三章围绕数据安全负责人和数据安全管理机构展开，对数据安全组织机构及其职能进行了详细介绍。数据处理者一般为法人，具体的数据安全合规工作需由其内设机构，即数据安全负责人和数据安全管理机构完成。从数据安全整体目标和发展规划的制订，到具体合规方案的制订，再到合规方案的执行与监督，都离不开数据安全负责人与数据安全管理机构。本书面向的主要对象是数据安全负责人，因此以数据安全负责人和数据安全管理机构的设立、职能和运行为视角，能够让数据安全负责人对数据安全合规工作有更为深入和全面的了解。

本书第四章集中介绍了数据资产的管理。数据资产是由法人或非法人组织合法拥有或控制的，以电子或其他方式记录的，可进行计量或交易，能直接或间接带来经济效益和社会效益的结构化或非结构化数据资源。数据处理活动合规本质上是数据资产利用活动的合规。加强对数据资产的管理和访问控制，保障其安全性，不仅是法律法规的强制性要求，也符合数据处理者最根本的利益。以合规促发展应成为数字经济发展中的共识。

本书第五章结合《数据安全法》的具体规定，全面介绍了数据处理者的数据安全义务。数据安全合规中最为核心的义务是数据安全风险评估与风险处置，除核心义务外，数据处理者还需履行执法协助义务，数据中介商还需承担审核交易双方身份、留存记录等义务。这些义务在实践中又可拆分为众多的小义务，共同组成具有可操作性的数据安全合规体系。

本书第六章聚焦于数据出境与数据安全以及国家安全紧密相关的数据处理活动。全球化时代，数据的跨境流通不可避免，但数据出境可能对数据安全、国家安全造成的巨大威胁也不容忽视，因而数据出境的安全合规工作尤为重要。本章结合《数据出境安全评估办法》从数据出境合规的主体、数据类型、出境行为与出境安全评估等多个方面对数据出境、数据出境面临的风险及安全防范措施进行了系统阐述，并基于数据出境对数据主权问题进行了介绍，解释了现阶段我国坚持数据主权的重要性。

本书第七章是对数据安全法律责任的全面梳理。通过合规等方式保障数据的全流程安全是数据处理者应尽的义务，当数据处理者故意不履行或疏于履行数据安全保护义务时，便需承担相应的法律责任。《数据安全法》规定的责任既包括行政责任，也包括刑事责任，并且这种责任是双重的，既处罚数据处理者，也处罚数据安全负责人。从实用角度而言，进行数据安全合规的目的便是避免行政处罚与刑事处罚，因而在开展数据合规工作时，必须对数据安全法律责任有全面而深刻的认识，否则数据安全合规不但无法发挥其应有的效果，反而会因给企业施加过多负担而阻碍数字经济发展。

本书由中国政法大学网络法学研究所所长李怀胜任主编，江苏省高级人民法院法官助理朱军彪任副主编，本书撰稿人还包括北京大学法学博士吴才毓，某知名互联网公司法务总监刘笑岑博士，国家计算机网络应急技术处理协调中心孙晓晨，中国政法大学数据法学博士研究生孙跃元，中国政法大学硕士研究生文思宇、易琴、华钦卿、陈钏。具体分工如下：

第一章：刘笑岑、朱军彪、文思宇；

第二章：朱军彪；

第三章：文思宇、孙跃元；

第四章：华钦卿；

第五章：易琴、陈钏、刘笑岑；

第六章：吴才毓、孙晓晨；

第七章：孙跃元、易琴。

本书是我主持的2022年国家社会科学基金一般项目"人工智能时代算法安全的刑法保障研究"（项目号：22BFX048）的阶段性成果，同时受到中国政法大学青年教师学术创新团队计划支持。本书在写作过程中，副主编朱军彪协助我做了大量的文字编辑和稿件审读工作，同时本书得以面世，离不开中国法制出版社胡艺、赵雅菲两位老师的大力促成和辛勤劳作，在此一并深表感谢！

李怀胜

2023年5月31日

中国法制出版社管理与法律实用系列图书推荐

M&L企业管理与法律实用系列

① 劳动争议指导案例、典型案例与企业合规实务：纠纷解决、风险防范、合规经营、制度完善
书号：978-7-5216-3193-7
定价：138.00元

② 首席合规官与企业合规师实务
书号：978-7-5216-3184-5
定价：138.00元

③ 工伤认定典型案例解析与实务指南
书号：978-7-5216-2758-9
定价：59.80元

④ 企业股权实务操作与案例精解
书号：978-7-5216-2678-0
定价：68.00元

企业人力资源管理与法律顾问实务指引丛书

① 劳动争议高频问题裁判规则与类案集成
书号：978-7-5216-3180-7
定价：60.00元

② HR劳动争议案例精选与实务操作指引
书号：978-7-5216-2604-9
定价：69.00元

③ 人力资源法律风险防范体系：可视化流程指引和工具化落地方案
书号：978-7-5216-1842-6
定价：79.80元

④ 劳动争议案件35个胜诉策略及实务解析
书号：978-7-5216-1180-9
定价：88.00元

⑤ 人力资源数据分析师：HR量化管理与数据分析业务实操必备手册
书号：978-7-5216-2047-4
定价：68.00元

⑥ 管理者全程法律顾问
书号：978-7-5216-1201-1
定价：59.00元

⑦从招聘到离职：HR必备的十大法律思维及劳动仲裁案例实操

书号：978-7-5216-1197-7

定价：59.00元

⑧企业劳动法实战问题解答精要

书号：978-7-5216-3601-7

定价：69.00元

⑦

⑧

企业合规管理法律实务指引系列

①企业合规必备法律法规汇编及典型案例指引

书号：978-7-5216-2692-6

定价：98.00元

②企业这样做不合规：企业合规风险经典案例精析

书号：978-7-5216-3225-5

定价：59.00元

待出版：

数据安全合规实务

涉案企业合规操作流程和实务指引

①

②

WIN 企业法律与管理实务操作系列

①劳动合同法实务操作与案例精解【增订8版】

书号：978-7-5216-1228-8

定价：109.80元

②劳动争议实务操作与案例精解【增订6版】

书号：978-7-5216-2812-8

定价：79.80元

③人力资源管理合规实务操作进阶：风控精解与案例指引

书号：978-7-5216-1508-1

定价：78.00元

④企业裁员、调岗调薪、内部处罚、员工离职风险防范与指导【增订4版】

书号：978-7-5216-0045-2

定价：52.80元

⑤人力资源管理实用必备工具箱.rar：常用制度、合同、流程、表单示例与解读

书号：978-7-5216-1229-5

定价：119.80元

⑥全新劳动争议处理实务指引：常见问题、典型案例、实务操作、法规参考【增订3版】

书号：978-7-5216-0928-8

定价：66.00元

①

②

③

④

⑤

⑥

目 录

第一章 数据安全合规的体系 / 001

 第一节 我国数据安全立法体系 / 002

  一、法律法规 / 003

  二、司法解释 / 012

  三、行政法规与部门规章 / 014

  四、国家标准与行业标准 / 021

  五、我国数据安全立法汇总 / 023

 第二节 我国数据安全监管体系 / 027

  一、数据安全监管体系概述 / 027

  二、重要监管部门职能概述 / 029

  三、专项执法活动 / 038

  四、行业自律与自我监管 / 042

 第三节 数据安全合规的基本原则 / 044

  一、合法性原则 / 044

  二、合理性原则 / 046

  三、平衡性原则 / 048

  四、公益性原则 / 050

第二章 数据安全合规基础制度 / 053

 第一节 数据分类分级保护制度 / 053

  一、数据分类分级保护制度概述 / 053

  二、《数据安全法》关于数据分类分级保护制度的规定 / 054

  三、基于现行法的数据分类分级方案 / 055

第二节　国家数据安全机制 / 061
　　一、国家数据安全风险评估、监测预警机制 / 062
　　二、国家数据安全应急处置机制 / 064
　　三、国家数据安全审查机制 / 067
第三节　数据出口管制制度 / 069
　　一、数据出口管制制度概述 / 069
　　二、数据出口管制与数据出境评估 / 072
　　三、违反出口管制措施的处罚 / 073
第四节　数据领域对等反歧视措施 / 074
　　一、数据领域对等反歧视措施设立背景 / 074
　　二、数据领域的歧视措施与反歧视措施 / 075

第三章　数据安全负责人和管理机构 / 080

第一节　数据安全的组织设计 / 080
　　一、域外数据安全组织设计 / 081
　　二、国内法上的数据安全组织设计 / 082
第二节　数据安全负责人 / 083
　　一、数据安全负责人的概念与特点 / 083
　　二、数据安全负责人的背景审查、任用 / 086
　　三、数据安全负责人的职责 / 087
　　四、相关制度的对比 / 089
第三节　数据安全管理机构 / 090
　　一、决策层 / 091
　　二、管理层 / 091
　　三、执行层 / 091
　　四、监督层 / 097
第四节　供应链上下游中数据安全负责人的职责 / 098
　　一、数据供应链安全概述 / 098
　　二、供应链上下游数据安全负责人的职责 / 100
第五节　外包方数据安全负责人的职责 / 103

一、数据外包服务中的安全隐患 / 103

　　二、数据外包服务的性质和法律后果 / 105

　　三、外包方数据安全负责人的职责 / 107

第四章　数据资产管理与访问控制 / 112

　第一节　数据资产及其类型 / 112

　　一、从发展史看数据资产的规范形成 / 112

　　二、数据资产及其特征 / 114

　　三、数据资产的类型 / 117

　第二节　数据资产的权属问题 / 120

　　一、数据资产确权的意义 / 120

　　二、我国数据资产确权的实践方案 / 121

　　三、数据权属的理论探讨 / 126

　第三节　数据介质管理 / 130

　　一、介质存储期限 / 130

　　二、介质存储位置 / 131

　　三、介质安全 / 133

　第四节　数据访问控制规则合规 / 135

　　一、总原则：防治未经授权的访问 / 136

　　二、细化：等级保护国家标准 / 137

　　三、"互联网+"：部门规章领域调控 / 140

　　四、爬虫程序规制 / 143

第五章　数据安全义务清单 / 147

　第一节　数据安全保护义务履行方式 / 149

　　一、数据安全管理制度 / 150

　　二、数据安全管理规程 / 153

　第二节　风险处置义务 / 155

　　一、风险处置义务的内涵 / 155

　　二、数据安全事件处置程序 / 160

　　三、告知时限与频次 / 160

第三节 风险评估义务 / 162
    一、数据安全风险评估义务概述 / 162
    二、风险评估的主体和其他参与者 / 165
    三、重要数据的风险评估过程 / 167
    四、含个人信息数据的风险评估过程 / 170
    五、风险评估报告 / 171
    六、风险评估与其他机制的衔接 / 175

第四节 数据中介义务 / 176
    一、要求数据提供方说明数据来源的义务 / 178
    二、审核交易双方身份的义务 / 179
    三、留存审核、交易记录的义务 / 181

第五节 数据安全执法协助义务 / 181
    一、信息收集存储义务：收集内容与存储期限 / 182
    二、数据报送义务：协助边界 / 183
    三、网络安全执法协助义务与个人信息保护义务的协调问题 / 185
    四、数据处理者的执法协助成本 / 186

第六章 数据出境的合规措施 / 190

第一节 数据出境合规概述 / 190
    一、数据出境涉及的法律问题 / 190
    二、数据跨境与情报监控 / 194

第二节 数据出境合规中的主体 / 195
    一、数据出境规定的主体范围 / 195
    二、数据接收方的资质标准和数据出境合规工具 / 197

第三节 数据出境合规中的数据类型 / 203
    一、限制出境的数据类型 / 203
    二、不得出境的数据 / 207

第四节 数据出境行为 / 207
    一、属于数据出境的行为 / 208
    二、不属于数据出境的行为 / 209

第五节　数据出境安全评估 / 210

第七章　数据安全法律责任 / 215

第一节　数据安全责任概述 / 215

第二节　数据处理者的行政法律责任 / 216

　　一、存在较大风险的法律责任 / 216

　　二、不履行数据安全保护义务的法律责任 / 217

　　三、违反数据出境管理规定的法律责任 / 219

　　四、从事数据交易中介服务的机构未履行说明审核义务
　　　　的法律责任 / 219

　　五、非法数据处理活动的法律责任 / 220

第三节　数据处理者的刑事法律责任 / 222

　　一、为境外窃取、刺探、收买、非法提供国家秘密、情报罪 / 222

　　二、侵犯公民个人信息罪 / 224

　　三、破坏计算机信息系统罪 / 226

　　四、拒不履行信息网络安全管理义务罪 / 228

第四节　数据安全负责人的法律责任 / 229

第一章　数据安全合规的体系

《中华人民共和国国民经济和社会发展第十四个五年规划和 2035 年远景目标纲要》提出要加快数字化发展，发展数字中国。《中共中央　国务院关于构建数据基础制度更好发挥数据要素作用的意见》更进一步提出，数据作为新型生产要素，是数字化、网络化、智能化的基础，已快速融入生产、分配、流通、消费和社会服务管理等各环节，深刻改变着生产方式、生活方式和社会治理方式。数据基础制度建设事关国家发展和安全大局。加快构建数据基础制度，充分发挥我国海量数据规模和丰富应用场景优势，激活数据要素潜能，是做强做优做大数字经济，增强经济发展新动能，构筑国家竞争新优势的重要方式。可以说，随着数据处理技术的不断进步，数据处理能力的不断加强，数据已融入社会发展的方方面面，数据在方便个人生产生活，促进社会智能化转变，推动国家治理体系和治理能力现代化等各个领域，均作为一种基础性生产要素发挥着难以替代的作用。

数字经济的飞速发展也不可避免伴随潜在的风险——数据价值不断提升的同时也容易产生"蜜罐效应"，使数据更为普遍地遭受未经授权的访问、更改、使用和披露。大数据技术的应用是一把"双刃剑"：一方面，数据收集和爬梳功能强大，人们能够通过数据分析出其背后隐藏的信息，为社会经济的发展提供更多的技术支持和方向导引。另一方面，数据技术的发展和数据的可聚集性，加大了数据风险。[1] 除了存在大量未经授权的访问、更改、故意泄露数据等侵权行为之外，近年来数据滥用也开始成为新的安全隐患。更为严峻的是，数据处理和存储的云端化、集中化、规模化和跨境化进一步加深了数据的安全风险。大数据时代的数据安全指涉对象逐渐层次化，开始从传统

---

[1] 宋瑞娟：《大数据时代我国网络安全治理：特征、挑战及应对》，载《中州学刊》2021 年第 11 期。

的个人、组织权益保护扩展至政治安全、军事安全等国家安全领域。数据处理风险成为一种社会与国家层面的公共风险。[①]

在此时代背景下，企业内部进行数据安全合规，以保证在充分发掘数据价值的同时保障数据安全，已成为企业能够持续稳定开展业务的关键。可预见的是，企业的数据安全合规将与企业的商业声誉、市场占有率甚至其命运息息相关，成为影响企业综合实力的关键因素。一方面，企业数据安全合规是企业主动在开展经营活动过程中，遵守有关数据安全的法律法规，并督促其员工、关联公司以及其他商业合作伙伴依法依规处理数据；另一方面，企业数据安全合规是企业为避免或减轻在经营过程中，因违法违规处理数据而受到行政处罚、刑事处罚，或避免受到更大的经济或其他损失而采取的一种公司治理方式。[②]

第一节　我国数据安全立法体系

各国根据本国数字经济发展水平与数据安全保护水平，先后制定了与数据安全相关的法律法规。2017 年 6 月 1 日正式实施的《中华人民共和国网络安全法》作为我国第一部全面规范网络空间安全问题的基础性法律，较为系统地对数据安全、公共数据开放、数据分类等事项作出了规定，并将保障网络数据的完整性、保密性、可用性纳入网络安全的总体框架中。2021 年 6 月 10 日，在第十三届全国人民代表大会常务委员会第二十九次会议上正式通过了聚焦于数据安全的专门法律——《数据安全法》。《数据安全法》通过后，我国已基本形成由《数据安全法》、《中华人民共和国个人信息保护法》（以下简称《个人信息保护法》）、《中华人民共和国网络安全法》（以下简称《网络安全法》）统领的，涵盖《民法典》《刑法》《电子商务法》《密码法》等法律法规，《全国一体化政务大数据体系建设指南》《科学数据管理办法》《关键信息基础设施安全保护条例》等行政法规，《最高人民法院、最高人民

---

① 黄道丽、胡文华：《中国数据安全立法形势、困境与对策——兼评〈数据安全法（草案）〉》，载《北京航空航天大学学报（社会科学版）》2020 年第 6 期。
② 陈瑞华：《论企业合规的性质》，载《浙江工商大学学报》2021 年第 1 期。

检察院关于办理危害计算机信息系统安全刑事案件应用法律若干问题的解释》《最高人民法院、最高人民检察院关于办理非法利用信息网络、帮助信息网络犯罪活动等刑事案件适用法律若干问题的解释》等司法解释，以及《数据出境安全评估办法》《网络安全审查办法》《工业数据分级分类指南（试行）》等部门规章的数据安全立法体系。

一、法律法规

（一）《数据安全法》

《数据安全法》作为数据安全领域的基础性法律，在我国的数据安全立法体系中处于核心地位，确立了我国数据安全立法和合规的基本架构。

《数据安全法》共七章五十五条，主要规定了数据安全工作职责、数据安全与发展、数据安全制度、数据安全保护义务、政务数据安全与开放、数据安全相关法律责任等内容。

1. 数据安全工作职责

数据已经嵌入社会生活的方方面面，涉及各行业、各领域，对数据安全进行监管涉及多个部门的职责。《数据安全法》规定数据安全工作由中央国家安全领导机构总负责，履行决策和统筹协调等职责，并建立国家数据安全工作协调机制，有关行业部门和有关主管部门在此协调机制下各自分工，相互配合，负责各自领域内的数据安全监管工作。

2. 数据安全与发展

数字经济的发展以及治理能力和治理体系现代化既离不开数据的开发和利用，也离不开数据安全，因此，《数据安全法》以法律规范的形式为这对关系定下了基调——国家要统筹数据发展和安全。为此，《数据安全法》规定了一系列支持、促进数据安全与发展的措施：一方面，要坚持以数据开发利用和产业发展促进数据安全，要实施国家大数据战略，鼓励和支持数据在各行业、各领域的创新应用，鼓励通过数据开发提升公共服务水平，加强数据技术研究，培育数据产品、产业体系，建立健全数据交易管理制度，培养数据人才；另一方面，要通过加强数据安全技术研究，推进数据安全标准体系建设，促进数据安全检测评估、认证等服务的发展，鼓励行业组织、企业和科研机构等专业机构参与数据安全协同保障，培养数据安全人才等方式，实现以数据安全保障数据开发利用和产业发展的目标。

3. 数据安全制度

有效应对已从个人、组织延伸到社会、国家安全层面的境内外数据安全风险，必须在国家层面建立健全国家数据安全制度，完善国家数据安全治理体系。因此，《数据安全法》规定了以下重要数据安全制度，搭建起我国数据安全制度的基本框架：一是建立数据分类分级保护制度，制定重要数据目录，对包含国家核心数据在内的列入目录的数据进行重点保护。二是建立集中统一、高效权威的数据安全风险评估、报告、信息共享、监测预警机制，统筹协调有关部门加强数据安全风险信息的获取、分析、研判、预警工作。三是建立数据安全应急处置机制，发生数据安全事件时应当依法启动应急预案，采取相应的应急处置措施，并及时发布警示信息。四是建立数据安全审查制度，对影响或者可能影响国家安全的数据处理活动进行国家安全审查。五是对属于管制物项的数据依法实施出口管制。六是在与数据有关的投资、贸易方面对我国采取歧视性措施的国家或地区，采取对等反歧视措施。

4. 数据安全保护义务

以企业为代表的数据处理者对数据的掌控力远超其他主体，因此，数据安全的保障离不开落实数据处理者的数据安全保护义务。《数据安全法》规定的数据安全保护义务主要有：第一，建立健全全流程数据安全管理制度，组织开展数据安全教育培训，采取相应的技术措施和其他必要措施，保障数据安全。第二，开展数据处理活动应当加强风险监测，发现数据安全缺陷、漏洞等风险时，应当立即采取补救措施，并及时告知用户、向主管部门报告。第三，重要数据的处理者应当定期开展风险评估，并向有关主管部门报送风险评估报告。第四，关键信息基础设施的运营者在中华人民共和国境内运营中收集和产生的重要数据的出境安全管理，应适用《网络安全法》的相关规定。第五，收集数据，应当采取合法、正当的方式，不得窃取或者以其他非法方式获取数据。第六，从事数据交易中介服务的机构提供服务，应当要求数据提供方说明数据来源，审核交易双方的身份，并留存审核、交易记录。第七，需依法取得行政许可的数据处理相关服务，必须在取得许可后开展。第八，应配合公安机关和国家安全机关依法进行数据调取活动。第九，非经中华人民共和国主管机关批准，境内的组织、个人不得向外国司法或者执法机构提供存储于中华人民共和国境内的数据。

5. 政务数据安全与开放

发展电子政务是国家治理体系和治理能力现代化的重要支撑，政府数据应用不断深化，数据在电子政务开展中的中心作用不断凸显，因此《数据安全法》就政务数据的安全和开放作出了专门规定。推进电子政务建设，就要提高政务数据的科学性、准确性和时效性，提升运用数据服务经济社会发展的能力。通过制定政务数据开放目录，构建统一规范、互联互通、安全可控的政务数据开放平台等方式，及时、准确地公开除依法不予公开外的政务数据。

6. 数据安全相关法律责任

对于需要进行数据安全合规的数据处理者而言，违反《数据安全法》相关规定引发的法律责任也是需要关注的重点。《数据安全法》针对不同的违法情况，规定了责令改正、警告、罚款，责令暂停相关业务、停业整顿、吊销相关业务许可证或者吊销营业执照等行政处罚。较为严苛的法律责任和行政责任标准，既体现了立法层面对数据安全问题的重视，也对组织和个人进行了相应的威慑。[1]

(二)《网络安全法》

《网络安全法》于2016年11月7日由中华人民共和国第十二届全国人民代表大会常务委员会第二十四次会议正式审议通过。考虑到数字时代，数据安全与网络安全密不可分，《网络安全法》在制定时便将维护网络数据的完整性、保密性和可用性纳入网络安全的体系框架内。《网络安全法》作为我国网

---

[1] 刘新宇主编：《数据保护：合规指引与规则解析》（第二版），中国法制出版社2021年版，第38页。

络安全领域的基础性法律，不仅最早在法律层面对网络数据的概念进行了明确，而且《数据安全法》的某些立法理念及具体制度，均滥觞于《网络安全法》，并在数据安全实践工作中逐步发展完善。

例如，数据利用与数据安全保护并重这一理念在《网络安全法》中便已有所体现，该法第十八条第一款规定：国家鼓励开发网络数据安全保护和利用技术，促进公共数据资源开放，推动技术创新和经济社会发展。具体制度层面，《网络安全法》的以下规定与数据安全直接相关：一是将"采取数据分类、重要数据备份和加密等措施，防止网络数据泄露或者被窃取、篡改"作为构建国家网络安全等级保护制度的重要措施与目标；二是与刑法相衔接，规定任何组织和个人不得从事窃取网络数据等危害网络安全的活动，不得提供专门用于窃取网络数据的程序和工具；三是规定关键信息基础设施的运营者要对重要系统和数据库进行容灾备份，并要求关键信息基础设施的运营者在中华人民共和国境内运营中收集和产生的个人信息与重要数据在境内存储，经监管部门审批才可出境。

大数据时代，绝大多数数据以电子方式记录的特征决定了数据安全合规与网络安全合规是不可分割的。《数据安全法》规定，利用互联网等信息网络开展数据处理活动时履行的数据安全保护义务应建立在网络安全等级保护制度的基础上。关键信息基础设施的运营者在中华人民共和国境内运营中收集和产生的重要数据，应按照《网络安全法》的规定在境内存储，因业务需要，确需向境外提供的，应当按照国家网信部门会同国务院有关部门制定的办法进行安全评估。因此，没有数据安全就没有网络安全，同样，没有网络安全就没有数据安全，在实践中开展数据安全合规工作时，要将两部法律有机结合，不能仅依据《数据安全法》而忽略了《网络安全法》的相关要求。

（三）《个人信息保护法》

1.《个人信息保护法》与《数据安全法》的联系

2021年8月20日，《个人信息保护法》由第十三届全国人民代表大会常务委员会第三十次会议表决通过。《个人信息保护法》是我国个人信息保护领域的基础性法律，在《民法典》和《网络安全法》的基础上，进一步完善了我国个人信息保护的基本框架。

个人信息是以电子或者其他方式记录的与已识别或者可识别的自然人有关的各种信息，数据是任何以电子或者其他方式对信息的记录。这表明，信息和数据是构成同一事物的不同侧面，前者是符号的社会、语言意义，后者是形式化的符号本身。[①] 两者是内容和载体的关系，因此在实践中往往结合在一起，难以完全分割。而在众多信息中，价值最高、被滥用或泄露后风险最大的便是个人信息，绝大多数的数据处理者同时是个人信息处理者。因此，在开展数据合规工作时，需要依据个人信息处理规则对数据进行处理，并履行个人信息处理者义务。

2.《个人信息保护法》与数据安全合规

《个人信息保护法》共八章七十四条，主要规定了《个人信息保护法》适用范围、个人信息处理规则、个人信息跨境提供的规则、个人在个人信息处理活动中的权利、个人信息处理者的义务、履行个人信息保护职责的部门等内容。其中，与数据安全直接相关的是个人信息处理规则、个人信息跨境提供的规则与个人信息处理者的义务。

（1）个人信息处理规则

如前所述，从被动层面来看，企业数据安全合规是企业为避免或减轻在经营过程中，因违法违规处理数据而受到行政处罚、刑事处罚，或避免受到更大的经济或其他损失而采取的一种公司治理方式。因此，当需要处理的数据中包含个人信息时，只有满足以下条件才可对数据进行处理：一是必须有处理个人信息的合法理由，具体包括取得个人的同意；为订立、履行个人作为一方当事人的合同，或者按照依法制定的劳动规章制度和依法签订的集体合同实施人力资源管理所必需；为履行法定职责或者法定义务所必需；为应对突发公共卫生事件，或者紧急情况下为保护自然人的生命健康和财产安全所必需；为公共利益实施新闻报道、舆论监督等行为，在合理的范围内处理个人信息；在合理的范围内处理个人自行公开或者其他已经合法公开的个人信息；或存在

---

① 宗珊珊：《〈数据安全法〉与相关法律的规则适用探讨》，载《互联网天地》2022年第1期。

法律、行政法规规定的其他情形。二是在处理数据前，应当以显著方式、清晰易懂的语言真实、准确、完整地向个人告知数据处理者的名称、联系方式、处理目的、处理方式，处理的个人信息种类、保存期限以及个人行使权利的方式和程序等事项。三是数据处理者向他人提供其处理的数据的，应当向个人告知接收方的名称或者姓名、联系方式、处理目的、处理方式和个人信息的种类，并取得个人的单独同意；公开数据的，应取得个人的单独同意。四是利用包含个人信息的数据进行自动化决策，应当保证决策的透明度和结果公平、公正，不得对个人在交易价格等交易条件上实行不合理的差别待遇。五是只有在具有特定的目的和充分的必要性，并采取严格保护措施的情形下，数据处理者方可处理包含敏感个人信息的数据，并取得个人的单独同意。

（2）个人信息跨境提供的规则

个人信息跨境提供的规则与重要数据出境安全管理规则有共通之处，但包含个人信息的数据在跨境传输时所受到的限制更多，安全评估与审核也更为严格。首先，因业务需要向境外提供包含个人信息的数据的，应当通过国家网信部门组织的安全评估或按照国家网信部门的规定经专业机构进行个人信息保护认证或按照国家网信部门制定的标准合同与境外接收方订立合同，约定双方的权利和义务。其次，数据处理者应当采取必要措施，保障境外接收方处理包含个人信息的数据时能达到《个人信息保护法》规定的个人信息保护标准。最后，数据处理者向中华人民共和国境外提供包含个人信息的数据的，应当向个人告知境外接收方的名称或者姓名、联系方式、处理目的、处理方式、个人信息的种类以及个人向境外接收方行使《个人信息保护法》规定权利的方式和程序等事项，并取得个人的单独同意。

（3）个人信息处理者的义务

当数据中包含个人信息时，数据处理者同时是个人信息处理者，因此必须履行个人信息处理者的义务。具体而言，要制定内部管理制度和操作规程，对个人信息实行分类管理，采取相应的加密、去标识化等安全技术措施，合理确定个人信息处理的操作权限，并定期对从业人员进行安全教育和培训，制订并组织实施个人信息安全事件应急预案，以及采取法律、行政法规规定的其他措施，确保个人信息处理活动符合法律、行政法规的规定，并防止未经授权的访问以及个人信息泄露、篡改、丢失。此外，当数据中包含个人信息时，需定期进行合规审计，当处理敏感个人信息、利用个人信息进行自动化决策委托处理个人信息、向其他个人信息处理者提供个人信息、公开个人信息、向境外提供个人信息等对个人权益有重大影响的个人信息处理活动时，应事前进行个人信息保护影响评估，并对处理情况进行记录。一旦发生或者可能发生个人信息泄露、篡改、丢失的，应立即采取补救措施，并通知履行个人信息保护职责的部门和个人。

提供重要互联网平台服务、用户数量巨大、业务类型复杂的个人信息处理者，还应当履行下列义务：按照国家规定建立健全个人信息保护合规制度体系，成立主要由外部成员组成的独立机构对个人信息保护情况进行监督；遵循公开、公平、公正的原则，制定平台规则，明确平台内产品或者服务提供者处理个人信息的规范和保护个人信息的义务；对严重违反法律、行政法规处理个人信息的平台内的产品或者服务提供者，停止提供服务；定期发布个人信息保护社会责任报告，接受社会监督。

（四）《民法典》

若采用公法、私法的划分，《数据安全法》无疑属于公法，数据安全合规也更多依据公法的相关规定开展。《民法典》作为私法，虽然并未直接就数据安全合规问题作出规定，但诞生于大数据时代的《民法典》仍然通过规范电子商务交易模式、完善网络侵权责任制度、兼顾个人信息保护与数字流通使用等方式，夯实了数字经济的基石，作为民事基本法规范了数字经济的安全有序发展，间接保障数据安全。这种保障可分为三个层次：一是将数据纳入民法保护范围。《民法典》沿袭了原《民法总则》第一百二十七条的规定，在私法层面对数据保护进行了原则性规定，将数据纳入民事保护的大框架中。二是将个人信息保护纳入人格权编，作为一种民事权益进行保护。《民法典》中关于个人信息保护的规定与《数据安全法》《个人信息保护法》《网络安全法》中的个人信息保护规定形成有效衔接，推动个人信息保护与数据安全领域民事和行政法律协同治理体系的构建。三是规范数字经济活动和行为。《民法典》侵权责任编在原《侵权责任法》第三十六条关于网络侵权行为规制的基础上，进一步完善了"通知—删除"规则和网络侵权制度，使得发生数据安全侵权案件时，进行民事救济有了基本法依据。①

（五）《电子商务法》

依托于四通八达的道路交通体系和完善的物流体系，电子商务在我国迅猛发展，并表现出渗透性，对数字支付、流通、消费均产生了巨大影响。② 电子商务的发展离不开对姓名、电话、家庭住址等个人信息的收集，也离不开安全、稳定的数据收集、传输和存储环境，因此《电子商务法》制定时围绕电子商务经营者、电子商务消费者以及相关行政监管部门的权利义务对数据安全和个人信息保护内容进行了规定。

在个人信息的收集、使用、保存和用户权利等与个人信息保护相关的问题上，一方面，《电子商务法》在《网络安全法》的基础上，结合电子商务运营的实际情况，对电子商务经营者在具体场景下收集、使用个人信息的规则进行了细化；另一方面，《电子商务法》考虑到交易数据的重要价值，明确要求电子商务平台经营者应当记录、保存平台上的商品和服务信息、交易信息，保存时间自交易完成之日起不少于3年。

在个性化推荐问题上，考虑到电子商务与个性化推荐以及"大数据杀熟"的密切联系，《电子商务法》规定电子商务经营者根据消费者的兴趣爱好、消费习惯等特征向其提供商品或服务的搜索结果的，应当同时提供不针对其个人特征的选项，以保护消费者的合法权益。从数据安全合规角度来看，这一规定本质是在电子商务领域对数据利用进行限制，以避免数据滥用对用户的权益造成侵害。

（六）《刑法》

与民法和行政法相比，刑法的调整对象更广，制裁严厉性和用于保障执行的强制力也远超其他法律。正因如此，在保护数据安全、网络安全和个人

---

① 张荣刚、尉钊：《民法典之数字经济治理效能论析》，载《北京理工大学学报（社会科学版）》2022年第2期。

② 刘颖：《我国电子商务法调整的社会关系范围》，载《中国法学》2018年第4期。

信息权益方面，刑法发挥着其他法律部门所不能替代的作用。在《民法典》《数据安全法》《个人信息保护法》等前置法律均已生效，数据安全体系已初步建立的情况下，"刑事先行"问题能够在很大程度上得到解决，面对日益严峻的数据安全形式，应充分发挥刑法的保障作用，构建起数据安全的坚实屏障。

在现行刑法中，与数据安全直接相关的罪名主要可分为个人信息犯罪和计算机犯罪两类。个人信息犯罪即《中华人民共和国刑法（2020年修正）》（以下简称《刑法》）第二百五十三条之一规定的侵犯公民个人信息罪，违反国家有关规定，向他人出售或者提供公民个人信息，情节严重的，处三年以下有期徒刑或者拘役，并处或者单处罚金；情节特别严重的，处三年以上七年以下有期徒刑，并处罚金。违反国家有关规定，将在履行职责或者提供服务过程中获得的公民个人信息，出售或者提供给他人的，依照前款的规定从重处罚。经过《刑法修正案（七）》《刑法修正案（九）》的两次增补，计算机犯罪罪名体系已较为完善，除《刑法》第二百八十七条的提示性规定外，还包括七个具体罪名：非法侵入计算机信息系统罪，非法获取计算机信息系统数据、非法控制计算机信息系统罪，提供侵入、非法控制计算机信息系统程序、工具罪，破坏计算机信息系统罪，拒不履行信息网络安全管理义务罪，非法利用信息网络罪，帮助信息网络犯罪活动罪。

即便现阶段法律规定的计算机犯罪相关条款能够应对绝大多数针对计算机信息系统和系统内数据的犯罪，我们也应认识到，伴随着网络向围绕数据处理的数据网络转变，大数据时代数据犯罪的指向，不再仅仅是对于计算机信息系统中存储、处理、传输数据的增加、修改、删除和干扰，而是演变为以大数据对象为中心，纵向侵害技术与现实双层法益，形成的一个多行为方式，危害后果横向跨越个人、社会、国家各层面与政治、军事、财产、人身和民主权利各领域的大犯罪体系。换言之，针对数据安全的犯罪已经渗透至犯罪体系的方方面面，传统的犯罪形式也可能对数据安全造成侵害。例如，在大数据时代，伪造身份证件除了需要伪造纸本的证件之外，还需要侵入后台系统对数据库进行修改，否则在处处联网、实时查验的当下，单纯的纸质证件与白纸无异。因此，必须将刑事合规也纳入数据安全合规的大框架中，认识到针对数据安全的犯罪行为方式，不仅体现为技术破坏、非法获取的行为，也体现为大规模数据监听、监控、窃取、过度挖掘、恶意滥用等一系列行为；犯罪的危害后果，除了破坏计算机信息系统功能，还危害个人的财产、隐私、人身、人格安全，严重的则危害经济秩序、国防利益与国家安全。

二、司法解释

由于《数据安全法》《网络安全法》和《个人信息保护法》生效时间较短，进入司法审判程序的案件较少，因此现阶段与数据安全合规相关的司法解释主要集中于刑事与民事领域，主要涉及数据犯罪和数据、个人信息侵权问题。

（一）《最高人民法院、最高人民检察院关于办理侵犯公民个人信息刑事案件适用法律若干问题的解释》

自2017年6月1日起正式实施的《最高人民法院、最高人民检察院关于办理侵犯公民个人信息刑事案件适用法律若干问题的解释》聚焦于侵犯公民个人信息罪，对个人信息概念界定、情节严重认定、竞合犯处理规则、个人信息数量计算、罚金数额确定等司法实践中的核心问题作出了规定。在开展数据安全合规工作时，若数据中包含姓名、身份证件号码、通信联系方式、住址、账号密码、财产状况、行踪轨迹等个人信息，必须注意，一方面，不能违反国家有关规定，通过购买、收受、交换等方式获取公民个人信息，或者在履行职责、提供服务过程中收集公民个人信息；另一方面，在未经被收集者同意的情况下，不得将合法收集的公民个人信息向他人提供，或通过信息网络或者其他途径发布公民个人信息。

（二）《最高人民法院、最高人民检察院关于办理非法利用信息网络、帮助信息网络犯罪活动等刑事案件适用法律若干问题的解释》

自2019年11月1日起实施的《最高人民法院、最高人民检察院关于办理非法利用信息网络、帮助信息网络犯罪活动等刑事案件适用法律若干问题的解释》对《刑法修正案（九）》新增的拒不履行信息网络安全管理义务罪、非法利用信息网络罪、帮助信息网络犯罪活动罪三个罪名的适用作出了规定。在这三个罪名中，又以拒不履行信息网络安全管理义务罪与数据安全合规的关系最为密切。根据《刑法》第二百八十六条之一与该司法解释的规定，提供网络接入、域名注册解析等信息网络接入、计算、存储、传输服务；提供信息发布、搜索引擎、即时通讯、网络支付、网络预约、网络购物、网络游戏、网络直播、网站建设、安全防护、广告推广、应用商店等信息网络应用服务；以及利用信息网络提供的电子政务、通信、能源、交通、水利、金融、教育、医疗等公共服务的，都属于网络服务提供者。网络服务提供者不履行法律、行政法规规定的信息网络安全管理义务，经监管部门责令采取改正措施而拒不改正，致使违法信息大量传播；用户信息泄露，造成严重后果；刑事案件证据灭失情节严重；或有其他严重情节的，应以拒不履行信息网络安全管理义务罪定罪处罚。"其他严重情节"主要包括：对绝大多数用户日志未留存或者未落实真实身份信息认证义务；二年内经多次责令改正拒不改正；致使信息网络服务被主要用于违法犯罪；致使信息网络服务、网络设施被用于实施网络攻击，严重影响生产、生活；致使信息网络服务被用于实施危害国家安全犯罪、恐怖活动犯罪、黑社会性质组织犯罪、贪污贿赂犯罪或者其他重大犯罪；致使国家机关或者通信、能源、交通、水利、金融、教育、医疗等领域提供公共服务的信息网络受到破坏，严重影响生产、生活；以及其他严重违反信息网络安全管理义务七种情形。

（三）《最高人民法院关于审理使用人脸识别技术处理个人信息相关民事案件适用法律若干问题的规定》

为正确审理使用人脸识别技术处理个人信息相关民事案件，保护当事人合法权益，促进数字经济健康发展，最高人民法院审判委员会第1841次会议通过并颁布了《最高人民法院关于审理使用人脸识别技术处理个人信息相关民事案件适用法律若干问题的规定》，自2021年8月1日起施行。人脸信息作为一种生物识别信息，具有高度人身绑定性与不可更改性，可作为识别个人的"唯一标识",生物识别技术应用一旦失控,将对个人的权利、自由,社会秩序乃至国家安全造成重大影响。① 因此,该司法解释规定,信息处理者在处理人脸信息时,不得有以下八种行为:

(1) 在宾馆、商场、银行、车站、机场、体育场馆、娱乐场所等经营场所、公共场所违反法律、行政法规的规定使用人脸识别技术进行人脸验证、辨识或者分析;

(2) 未公开处理人脸信息的规则或者未明示处理的目的、方式、范围;

(3) 基于个人同意处理人脸信息的,未征得自然人或者其监护人的单独同意,或者未按照法律、行政法规的规定征得自然人或者其监护人的书面同意;

(4) 违反信息处理者明示或者双方约定的处理人脸信息的目的、方式、范围等;

(5) 未采取应有的技术措施或者其他必要措施确保其收集、存储的人脸信息安全,致使人脸信息泄露、篡改、丢失;

(6) 违反法律、行政法规的规定或者双方的约定,向他人提供人脸信息;

(7) 违背公序良俗处理人脸信息;

(8) 违反合法、正当、必要原则处理人脸信息的其他情形。

三、行政法规与部门规章

(一) 行政法规

1. 全国一体化政务大数据体系建设指南

经过多年的探索,政务数据管理职能基本明确、政务数据资源体系基本形成、政务数据基础设施基本建成,政务数据在调节经济运行、改进政务服务、优化营商环境等方面发挥了重要作用。但同时,政务数据体系仍存在统筹管理机制不健全、供需对接不顺畅、共享应用不充分、标准规范不统一、

---

① 付微明:《个人生物识别信息的法律保护模式与中国选择》,载《华东政法大学学报》2019 年第 6 期。

安全保障不完善等问题。为更好整合构建标准统一、布局合理、管理协同、安全可靠的全国一体化政务大数据体系，加强数据汇聚融合、共享开放和开发利用，促进数据依法有序流动，充分发挥政务数据在提升政府履职能力、支撑数字政府建设以及推进国家治理体系和治理能力现代化中的重要作用，国务院于2022年9月颁布了《全国一体化政务大数据体系建设指南》。

该指南分两个阶段提出了全国政务大数据体系的建设目标：第一阶段为2022年9月至2023年底，全国一体化政务大数据体系初步形成，基本具备数据目录管理、数据归集、数据治理、大数据分析、安全防护等能力，数据共享和开放能力显著增强，政务数据管理服务水平明显提升。第二阶段为2024年初至2025年底，全国一体化政务大数据体系更加完备，政务数据管理更加高效，政务数据资源全部纳入目录管理。政务数据质量显著提升，"一数一源、多源校核"等数据治理机制基本形成，政务数据标准规范、安全保障制度更加健全，政务数据共享需求普遍满足，数据资源实现有序流通、高效配置，数据安全保障体系进一步完善，有效支撑数字政府建设。为此，必须做到统筹管理一体化、数据目录一体化、数据资源一体化、共享交换一体化、数据服务一体化、算力设施一体化、标准规范一体化、安全保障一体化。

该指南指出，全国政务发数据的总体架构为"1+32+N"框架结构。"1"是指国家政务大数据平台，是我国政务数据管理的总枢纽、政务数据流转的总通道、政务数据服务的总门户；"32"是指31个省（自治区、直辖市）和新疆生产建设兵团统筹建设的省级政务数据平台，负责本地区政务数据的目录编制、供需对接、汇聚整合、共享开放，与国家平台实现级联对接；"N"是指国务院有关部门的政务数据平台，负责本部门本行业数据汇聚整合与供需对接，与国家平台实现互联互通，尚未建设政务数据平台的部门，可由国家平台提供服务支撑。

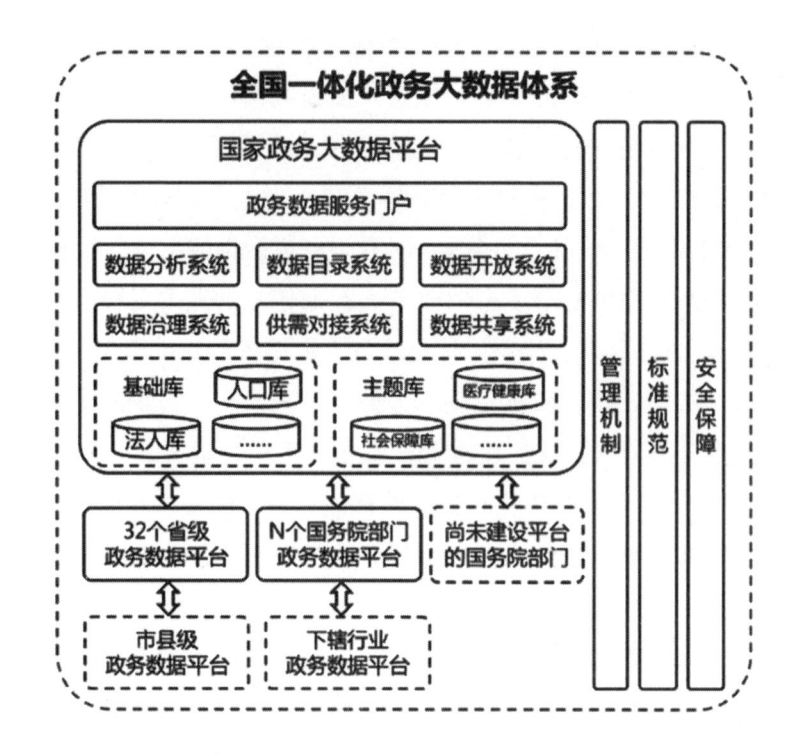

2. 关键信息基础设施安全保护条例

《关键信息基础设施安全保护条例》对关键信息基础设施的认定、运营者的责任义务、网络安全工作的保障和促进，以及法律责任作出了规定。

关键信息基础设施，是指公共通信和信息服务、能源、交通、水利、金融、公共服务、电子政务、国防科技工业等重要行业和领域的，以及其他一旦遭到破坏、丧失功能或者数据泄露，可能严重危害国家安全、国计民生、公共利益的重要网络设施、信息系统等。实践中，某一企业是否属于关键信息基础设施运营者，还需要由保护工作部门结合本行业、本领域实际，综合考量企业的网络设施、信息系统等对于本行业、本领域关键核心业务的重要程度；网络设施、信息系统等一旦遭到破坏、丧失功能或者数据泄露可能带来的危害程度；以及对其他行业和领域的关联性影响三个因素后作出评定，并报国务院公安部门备案。

一旦某一企业被认定为关键信息基础设施运营者，则需要以更高标准进行数据安全合规管理。一是企业的安全保护措施应当与关键信息基础设施同步规划、同步建设、同步使用。二是运营者应当建立健全网络安全保护制度和责任制，保障人力、财力、物力投入，并由企业主要负责人对关键信息基础设施安全保护负总责。三是应当设置专门安全管理机构，专门安全管理机构履行建立健全网络安全管理、评价考核制度，拟订关键信息基础设施安全保护计划；组织推动网络安全防护能力建设，开展网络安全监测、检测和风险评估；按照国家及行业网络安全事件应急预案，制订本单位应急预案，定期开展应急演练，处置网络安全事件；认定网络安全关键岗位，组织开展网络安全工作考核，提出奖励和惩处建议；组织网络安全教育、培训；履行个人信息和数据安全保护责任，建立健全个人信息和数据安全保护制度；对关键信息基础设施设计、建设、运行、维护等服务实施安全管理；按照规定报告网络安全事件和重要事项等八项职责。四是运营者应当自行或者委托网络安全服务机构对关键信息基础设施每年至少进行一次网络安全检测和风险评估，对发现的安全问题及时整改，并按照保护工作部门要求报送相关情况。五是关键信息基础设施发生重大网络安全事件或者发现重大网络安全威胁时，运营者应当按照有关规定向保护工作部门、公安机关报告。六是运营者应当优先采购安全可信的网络产品和服务，采购网络产品和服务可能影响国家安全的，应当按照国家网络安全规定通过安全审查，并按照国家有关规定签订安全保密协议。

（二）部门规章

《数据安全法》《网络安全法》《个人信息保护法》等法律虽然构建起了数据安全的整体框架，但仅有框架性的宏观立法并不足以指导场景多样的数据安全合规工作，保障数据安全。因此，国家互联网信息办公室、工业和信息化部、公安部等部门在本部门的职责范围内，结合实践需要，制定了一批部门规章。截至2022年12月31日，各部委制定的涉及数据安全的部门规章中较为典型的有：国家互联网信息办公室制定的《网络安全审查办法》《数据出境安全评估办法》《个人信息出境安全评估办法（征求意见稿）》；工业和信息化部制定的《工业数据分类分级指南（试行）》《网络安全漏洞管理规定（征求意见稿）》《移动互联网应用程序个人信息保护管理暂行规定（征求意见稿）》；公安部制定的《贯彻落实网络安全等级保护制度和关键信息基础设施安全保护制度的指导意见》《网络安全等级保护条例（征求意见稿）》。[①] 由于征求意见稿尚未正式通过，可能根据数字经济的发展进行修改，因此本节仅对已正式通过的《网络安全审查办法》《数据出境安全评估办法》《工业数据分类分级指南（试行）》《贯彻落实网络安全等级保护制度和关键信息基础设施安全保护制度的指导意见》进行概述。

1. 《网络安全审查办法》

《网络安全审查办法》规定的审查对象为当事人影响或者可能影响国家安全的网络产品和服务采购行为和数据处理活动。[②] 若当事人经过预判，发现采购的产品和服务投入使用会带来国家安全风险；掌握超过100万用户个人信息的网络平台运营者赴国外上市；或网络安全审查工作机制成员单位认为存在影响或者可能影响国家安全的网络产品和服务以及数据处理活动，可向网络安全审查办公室申报，进行网络安全审查。网络安全审查主要依据以下七种国家安全风险因素对相关对象和情形进行重点评估：

（1）产品和服务使用后带来的关键信息基础设施被非法控制、遭受干扰或者破坏的风险；

（2）产品和服务供应中断对关键信息基础设施业务连续性的危害；

（3）产品和服务的安全性、开放性、透明性、来源的多样性，供应渠道的可靠性以及因为政治、外交、贸易等因素导致供应中断的风险；

（4）产品和服务提供者遵守中国法律、行政法规、部门规章情况；

（5）核心数据、重要数据或者大量个人信息被窃取、泄露、毁损以及非法利用、非法出境的风险；

（6）上市存在关键信息基础设施、核心数据、重要数据或者大量个人信息被外国政府影响、控制、恶意利用的风险，以及网络信息安全风险；

---

① 《网络安全审查办法》由国家互联网信息办公室2021年第20次室务会议审议通过，并经国家发展和改革委员会、工业和信息化部、公安部、国家安全部、财政部、商务部、中国人民银行、国家市场监督管理总局、国家广播电视总局、中国证券监督管理委员会、国家保密局、国家密码管理局同意后公布。

② 《网络安全审查办法》第二条第二款规定，关键信息基础设施运营者、网络平台运营者统称为当事人。

（7）其他可能危害关键信息基础设施安全、网络安全和数据安全的因素。

2.《数据出境安全评估办法》

近年来，随着数字经济的蓬勃发展，数据跨境活动日益频繁，数据处理者的数据出境需求快速增长。同时，由于不同国家和地区法律制度、保护水平等的差异，数据出境安全风险也相应凸显。数据跨境活动既影响个人信息权益，又关系国家安全和社会公共利益。为进一步规范数据出境活动，保护个人信息权益，维护国家安全和社会公共利益，促进数据跨境安全、自由流动，国家网信办于2022年7月7日公布了《数据出境安全评估办法》。

办法所称数据出境活动主要包括数据处理者将在境内运营中收集和产生的数据传输、存储至境外，以及数据处理者收集和产生的数据存储在境内，境外的机构、组织或者个人可以访问或者调用两种行为。当数据处理者向境外提供重要数据、关键信息基础设施运营者和处理100万人以上个人信息的数据处理者向境外提供个人信息、自上年1月1日起累计向境外提供10万人个人信息或者1万人敏感个人信息的数据处理者向境外提供个人信息或存在国家网信部门规定的其他需要申报数据出境安全评估的情形时，需要申报数据出境安全评估。

数据出境安全评估重点评估数据出境活动可能对国家安全、公共利益、个人或者组织合法权益带来的风险，主要包括以下事项：一是数据出境的目的、范围、方式等的合法性、正当性、必要性。二是境外接收方所在国家或者地区的数据安全保护政策法规和网络安全环境对出境数据安全的影响；境外接收方的数据保护水平是否达到中华人民共和国法律、行政法规的规定和强制性国家标准的要求。三是出境数据的规模、范围、种类、敏感程度，出境中和出境后遭到篡改、破坏、泄露、丢失、转移或者被非法获取、非法利用等风险。四是数据安全和个人信息权益是否能够得到充分有效保障。五是数据处理者与境外接收方拟订立的法律文件中是否充分约定了数据安全保护责任义务。六是遵守中国法律、行政法规、部门规章情况。七是国家网信部门认为需要评估的其他事项。

办法强调，通过数据出境安全评估的结果有效期为2年，自评估结果出具之日起计算。有效期届满，需要继续开展数据出境活动的，数据处理者应当在有效期届满 60 个工作日前重新申报评估。同时，在有效期内出现以下情形之一的，数据处理者应当重新申报评估：

（一）向境外提供数据的目的、方式、范围、种类和境外接收方处理数据的用途、方式发生变化影响出境数据安全的，或者延长个人信息和重要数据境外保存期限的；

（二）境外接收方所在国家或者地区数据安全保护政策法规和网络安全环境发生变化以及发生其他不可抗力情形、数据处理者或者境外接收方实际控制权发生变化、数据处理者与境外接收方法律文件变更等影响出境数据安全的；

（三）出现影响出境数据安全的其他情形。

3.《工业数据分类分级指南（试行）》

《工业数据分类分级指南（试行）》由工业和信息化部在 2020 年公布，适用于工业和信息化主管部门、工业企业、平台企业等开展工业数据分类分级工作。对数据进行分类分级保护是平衡数据利用与数据保护的基础制度之一，《数据安全法》也明确规定，不仅在国家层面，要建立数据分类分级保护制度、制定重要数据目录，各地区、各部门均应按照数据分类分级保护制度，确定本地区、本部门以及相关行业、领域的重要数据具体目录，对列入目录的数据进行重点保护。

在数据分类层面，《工业数据分类分级指南（试行）》并没有制定详细的数据分类表和重要数据目录，而是给出了一些可供企业参考适用的工业数据分类维度，同时规定有关行业、领域主管部门可参考本指南，指导和推动本行业、本领域工业数据分类工作，企业可在考虑行业要求、业务规模、数据复杂程度等实际情况的基础上，对本企业生产过程中产生的工业数据进行分类梳理和标识，形成企业工业数据分类清单。

在数据分级层面，《工业数据分类分级指南（试行）》根据不同类别工业数据遭篡改、破坏、泄露或非法利用后，可能对工业生产、经济效益等带来的潜在影响，从低到高将工业数据分为一级、二级、三级三个级别。对于不同级别的数据，企业应采取的防护措施的要求不同，数据利用和保护的倾向也有所不同。对于一、二级数据，要充分释放数据的潜在价值，根据不同的权限进行开放共享,而三级数据原则上不共享,确需共享的应严格控制知悉范围。企业针对三级数据采取的防护措施,应能抵御来自国家级敌对组织的大规模恶意攻击;针对二级数据采取的防护措施,应能抵御大规模、较强恶意攻击;针对一级数据采取的防护措施,应能抵御一般恶意攻击。三级数据遭篡改、破坏、泄露或非法利用时,还应将事件及时上报数据所在地的省级工业和信息化主管部门,并于应急工作结束后 30 日内补充上报事件处置情况。

4.《贯彻落实网络安全等级保护制度和关键信息基础设施安全保护制度的指导意见》

为深入贯彻落实网络安全等级保护制度和关键信息基础设施安全保护制度,健全完善国家网络安全综合防控体系,公安部制定了《贯彻落实网络安全等级保护制度和关键信息基础设施安全保护制度的指导意见》。在数据合规问题上,该意见指出,运营者应建立并落实重要数据和个人信息安全保护制度,对关键信息基础设施中的重要网络和数据库进行容灾备份,采取身份鉴别、访问控制、密码保护、安全审计、安全隔离、可信验证等关键技术措施,切实保护重要数据全生命周期安全。运营者在境内运营中收集和产生的个人信息和重要数据应当在境内存储,因业务需要,确需向境外提供的,应当遵守有关规定并进行安全评估。

四、国家标准与行业标准

在"安全保障、技术为基、标准先行"这一技术治理主义的影响下,近几年我国制定了大量的国家标准和行业标准,指导数据安全合规与个人信息保护工作。标准,是指通过标准化活动,按照规定的程序经协商一致制定,为各种活动或其结果提供规则、指南或特性,供共同使用和重复使用的文件。[①] 标准并非规范性法律文件,其本质是一种技术制度。虽然标准与法律在性质、制定程序和效力上均有所不同,但在数据安全领域,标准与法律呈现

---

① 《标准化工作指南 第 1 部分:标准化和相关活动的通用术语》(GB/T 20000.1—2014)。

出"你中有我"和"我中有你"的融合状态。一方面，法律实施需要依托标准的细化技术性规定，《数据安全法》第十七条规定："国家推进数据开发利用技术和数据安全标准体系建设。国务院标准化行政主管部门和国务院有关部门根据各自的职责，组织制定并适时修订有关数据开发利用技术、产品和数据安全相关标准……"另一方面，标准也成为监管机构判断数据安全是否得到保障的依据之一，如2018年国家互联网信息办公室因"支付宝年度账单事件"约谈支付宝（中国）网络技术有限公司、芝麻信用管理有限公司的有关负责人时便指出"支付宝、芝麻信用收集使用个人信息的方式，不符合刚刚发布的《个人信息安全规范》国家标准的精神"。[①]

与法律法规等法律规范性文件相比，偏技术性标准在指导数据安全工作方面主要有以下优势：首先，标准制定与修改程序相对灵活，能够在数据安全合规实践发生较大变化时，及时进行调整，提供更符合时代的合规指引。其次，标准规定更为细化，更能满足数据安全合规的多场景需求。根据场景进行数据安全合规已成为共识，因此抽象性的法律只能提供原则和归责上的宏观指导，数据安全合规需要更为明晰的指导，而与数据安全合规相关的标准中，有相当大的篇幅是用来对法律中未曾出现的针对互联网领域新生业态的各类新兴行为作出规定，满足了数据安全合规的多场景需求。[②] 最后，标准作为技术制度，能够在技术层面延伸法律规范，便于数据安全合规在技术层面的实现。数据安全合规采取的具体措施可分为组织与技术两部分，当数据安全合规涉及具体技术性问题时，通过援引标准，可起到更好的规范作用，否则法律就很难发挥对具有技术性的行为的规范。[③]

市场监督管理部门作为标准制定部门和检验检测管理部门，依法承担强制性国家标准制定与授权发布工作；负责统一管理检验检测工作。不仅牵头制定并发布了一系列与数据安全紧密相关的国家标准，指导制定了一批数据安全领域的行业标准，而且依据《网络安全法》成立了中国网络安全审查技术与认证中心，负责实施网络安全相关审查和认证工作，承担网络安全审查

[①] 吴沈括、霍文新：《个人信息安全规范国标填补规则空白》，载《网络传播》2018年第2期。
[②] 崔俊杰：《个人信息安全标准化进路的反思》，载《法学》2020年第7期。
[③] 柳经纬：《标准与法律的融合》，载《政法论坛》2016年第6期。

技术与方法研究；开展网络安全认证评价及相关标准技术和方法研究；承担网络安全审查人员和网络安全认证人员技术培训工作；在批准范围内开展网络安全相关产品、管理体系、服务、人员等认证业务。

我国与数据安全合规直接相关的第一个国家标准为2013年2月1日正式实施的《信息安全技术 公共及商用服务信息系统个人信息保护指南》（GB/Z 28828—2012），将个人信息划分为一般个人信息和敏感个人信息，并分别进行规制。此后，全国信息安全标准化技术委员会又组织人员制定了一系列"信息安全技术"领域的国家标准。比较重要的有数据安全领域的《信息安全技术 大数据安全管理指南》（GB/T 37973—2019）；个人信息保护领域的《信息安全技术 个人信息安全规范》（GB/T 35273—2020）、《信息安全技术 个人信息安全影响评估指南》（GB/T 39335—2020）、《信息安全技术 个人信息去标识化指南》（GB/T 37964—2019）、《信息安全技术 个人信息处理中告知和同意的实施指南》（GB/T 42574—2023）；网络安全等级保护领域的《信息安全技术 网络安全等级保护基本要求》（GB/T 22239—2019）、《信息安全技术 网络安全等级保护实施指南》（GB/T 25058—2019）、《信息安全技术 网络安全等级保护测评要求》（GB/T 28448—2019）、《信息安全技术 网络安全等级保护安全设计技术要求》（GB/T 25070—2019）。这些与《数据安全法》《网络安全法》《个人信息保护法》相配套的国家标准，在实践中为数据安全合规提供了更为详细和具体的指引，已成为企业进行数据安全合规的重要参考和监管部门进行认证与监管的重要依据。

五、我国数据安全立法汇总

我国与数据安全合规相关的立法体系主要包含以下法律文件：

表 1　我国主要数据安全立法汇总表

发布机构	文件名称	施行日期	法律层级
全国人民代表大会	《民法典》	2021 年 1 月 1 日	基本法律
	《刑法》	1997 年 10 月 1 日①	
全国人民代表大会常务委员会	《数据安全法》	2021 年 9 月 1 日	法律
	《网络安全法》	2017 年 6 月 1 日	
	《个人信息保护法》	2021 年 11 月 1 日	
	《电子商务法》	2019 年 1 月 1 日	
最高人民法院、最高人民检察院	《最高人民法院、最高人民检察院关于办理侵犯公民个人信息刑事案件适用法律若干问题的解释》	2017 年 6 月 1 日	司法解释
	《最高人民法院、最高人民检察院关于办理非法利用信息网络、帮助信息网络犯罪活动等刑事案件适用法律若干问题的解释》	2019 年 11 月 1 日	
最高人民法院	《最高人民法院关于审理利用信息网络侵害人身权益民事纠纷案件适用法律若干问题的规定》	2014 年 10 月 10 日②	
	《最高人民法院关于审理使用人脸识别技术处理个人信息相关民事案件适用法律若干问题的规定》	2021 年 8 月 1 日	
	《全国一体化政务大数据体系建设指南》	2022 年 9 月	
国务院	《关键信息基础设施安全保护条例》	2021 年 9 月 1 日	行政法规
	《科学数据管理办法》	2018 年 3 月	
	《数据出境安全评估办法》	2022 年 7 月 7 日	

---

① 刑法、历次修正案、涉及修改刑法的决定的施行日期，分别依据各法律所规定的施行日期确定。
② 该法于 2020 年 12 月 23 日修正。

续表

发布机构	文件名称	施行日期	法律层级
国家互联网信息办公室	《儿童个人信息网络保护规定》	2019年10月1日	部门规章
	《数据出境安全评估办法》	2022年9月1日	
	《互联网用户账号信息管理规定》	2022年8月1日	
工业和信息化部	《工业数据分类分级指南（试行）》	2020年2月27日	
	《网络安全漏洞管理规定（征求意见稿）》	尚未正式生效	
	《移动互联网应用程序个人信息保护管理暂行规定（征求意见稿）》	尚未正式生效	
公安部	《贯彻落实网络安全等级保护制度和关键信息基础设施安全保护制度的指导意见》	2020年7月22日	
	《网络安全等级保护条例（征求意见稿）》	尚未正式生效	
国家互联网信息办公室、国家发展和改革委员会（含原国家发展计划委员会、原国家计划委员会）等13个部门	《网络安全审查办法》	2022年2月15日	
国家互联网信息办公室、工业和信息化部、公安部、国家市场监管总局	《常见类型移动互联网应用程序必要个人信息范围规定》	2021年5月1日	部门规章
国家互联网信息办公室、国家发展和改革委员会、工业和信息化部、公安部、交通运输部	《汽车数据安全管理若干规定（试行）》	2021年10月1日	

我国涉及数据安全合规的国家标准和行业标准主要有：

表 2　我国主要数据安全标准汇总表

发布机构	标准名称	生效时间	标准层级
国家市场监督管理总局、国家标准化管理委员会	《信息安全技术　大数据安全管理指南》（GB/T 37973—2019）	2020 年 3 月 1 日	国家标准
	《信息安全技术　个人信息去标识化指南》（GB/T 37964—2019）	2020 年 3 月 1 日	
	《信息安全技术　个人信息安全规范》（GB/T 35273—2020）	2020 年 10 月 1 日	
	《信息安全技术　个人信息安全影响评估指南》（GB/T 39335—2020）	2021 年 6 月 1 日	
	《信息安全技术　网络安全等级保护基本要求》（GB/T 22239—2019）	2019 年 12 月 1 日	
	《信息安全技术　网络安全等级保护测评要求》（GB/T 28448—2019）	2019 年 12 月 1 日	
国家市场监督管理总局、国家标准化管理委员会	《信息安全技术　网络安全等级保护安全设计技术要求》（GB/T 25070—2019）	2019 年 12 月 1 日	国家标准
	《信息安全技术　网络安全等级保护实施指南》（GB/T 25058—2019）	2020 年 3 月 1 日	
	《网络安全技术　网络安全等级保护定级指南》（GB/T 22240—2020）	2020 年 11 月 1 日	
	《信息安全技术　网络安全事件应急演练指南》（GB/T 386455—2020）	2020 年 11 月 1 日	
	《信息安全技术　健康医疗数据安全指南》（GB/T 39725—2020）	2021 年 7 月 1 日	
	《信息安全技术　个人信息处理中告知和同意的实施指南》（GB/T 42574—2023）	2023 年 5 月 29 日	

续表

发布机构	标准名称	生效时间	标准层级
全国信息安全标准化技术委员会秘书处	《网络安全标准实践指南——移动互联网应用程序（App）收集使用个人信息自评估指南》（TC260-PG-20202A）	2020年7月22日	行业标准
	《网络安全标准实践指南——移动互联网应用程序（App）个人信息保护常见问题及处置指南》（TC260—PG—20203A）	2020年9月18日	
中国人民银行	《个人金融信息保护技术规范》（JR/T 0171—2020）	2020年2月13日	
	《金融数据安全 数据安全分级指南》（JR/T 0197—2020）	2020年9月23日	

第二节 我国数据安全监管体系

一、数据安全监管体系概述

在《网络安全法》生效前，网络安全、数据安全与个人信息保护领域的行政执法与监管活动缺乏明确的法律依据，各部门的权责边界不清。为解决这一问题，《网络安全法》创设了"网信部门统筹，电信、公安部门与国务院其他部门各自负责"的监管体系，重点部门牵头，多部门共同参与到网络安全治理中。

《数据安全法》在延续《网络安全法》整体监管模式和部门权属划分的同时，做出一定突破。将整体国家安全观内化到《数据安全法》的制定过程中，规定：中央国家安全领导机构负责国家数据安全工作的决策和议事协调，研究制定、指导实施国家数据安全战略和有关重大方针政策，统筹协调国家数据安全的重大事项和重要工作，建立国家数据安全工作协调机制。这一表述与《国家安全法》保持一致，将数据安全工作上升至国家最高决策和监管层级，从而能够更好地协调各地区、各部门的数据安全监管工作。

在数据安全工作协调机制中，《数据安全法》进一步规定了各地区、各部门的分工：各地区、各部门对本地区、本部门工作中收集和产生的数据及数据安全负责。工业、电信、交通、金融、自然资源、卫生健康、教育、科技等主管部门承担本行业、本领域数据安全监管职责。公安机关、国家安全机关等依照本法和有关法律、行政法规的规定，在各自职责范围内承担数据安全监管职责。国家网信部门依照本法和有关法律、行政法规的规定，负责统筹协调网络数据安全和相关监管工作。这一规定主要是解决由谁对数据安全负责和监管的问题，体现了我国"中央机制下，地区和部门的数据安全负责制"。[1]

2023年3月，国务院关于提请审议国务院机构改革方案的议案在全国人民代表大会上获得通过，中共中央、国务院随后印发了《国务院机构改革方案》，明确提出要组建国家数据局，负责协调推进数据基础制度建设，统筹数据资源整合共享和开发利用，统筹推进数字中国、数字经济、数字社会规划和建设等，由国家发展和改革委员会管理。国家数据局的组建，意味着我国将数据相关工作归口管理，数据安全监管工作迈上了新的台阶。需要注意的是，作为国家发改委管理的国家局，其职能主要是负责协调推进数据市场建设、推动数据经济发展，而不具备数据领域的全部权力，数据安全监管相关职责在很大程度上仍然由网信、工信、公安等部门承担。

例如，当国家数据安全工作协调机制下的监管部门在履行数据安全监管职责中，发现数据处理活动存在较大安全风险，或者存在数据处理活动违反《数据安全法》相关规定的，除了可按照《行政处罚法》的规定，采取警告、通报批评；罚款、没收违法所得、没收非法财物；暂扣许可证件、降低资质等级、吊销许可证件；限制开展生产经营活动、责令停产停业、责令关闭、限制从业；行政拘留等行政处罚措施外，还可按照规定的权限和程序对有关组织、个人进行约谈并责令改正。涉嫌刑事犯罪的，由监管部门及时移送公安机关依法处理。

---

[1] 龙卫球主编：《中华人民共和国数据安全法释义》，中国法制出版社2021年版，第18页。

二、重要监管部门职能概述

大数据时代,在推动国家治理体系和治理能力现代化的过程中,数据安全已嵌入所有行业与领域,最为传统的农业、建筑业也有了相当高的数字化水平。因此除国家数据局对数据经济发展事项进行归口管理外,网信部门、工信部门、公安部门、国安部门负责多领域的数据安全监管工作外,每一行业、每一领域的主管部门对本领域的数据处理活动进行合规监管,防止数据丢失、毁损、泄露和篡改。受限于篇幅,本书无法对所有行业主管部门的数据安全监管职能一一进行介绍,仅就国家数据局和《数据安全法》第六条提及的行业主管部门之监管职能展开探讨。

(一)国家数据局

根据《国务院机构改革方案》,国家数据局由国家发改委进行管理,将原中央网信办承担的研究拟订数字中国建设方案、协调推动公共服务和社会治理信息化、协调促进智慧城市建设、协调国家重要信息资源开发利用与共享、推动信息资源跨行业跨部门互联互通等职责,国家发改委承担的统筹推进数字经济发展、组织实施国家大数据战略、推进数据要素基础制度建设、推进数字基础设施布局建设等职责划入国家数据局。

国家数据局的主要任务是推动数字经济的发展,建设数据基础制度,并不直接承担数据安全监管职责。但安全与发展是息息相关的,数字经济的发展,数据基础制度的构建离不开安全的数据环境,有学者指出,国家数据局成立后,我国可能形成"宏观发展—安全监管—具体领域"的"1+1+n"三元协同治理格局。具体而言,其中第一个"1"代表国家数据局负责数据宏观发展职责,第二个"1"代表国家网信部门负责数据安全和个人信息保护方面监管职责,而"n"代表了各领域主管部门在对应领域内的数据管理职权。国家数据局主要负责数据基础制度、基础设施与基础性规划的统筹设计与建设,既不涉及数据安全的监管,也不涉及对某一具体行业与领域的治理,其核心特征是基础性与宏观性。换言之,国家数据局的职权范围具有一般性和基础性，可以对各个领域与行业普遍产生影响，例如，国家数据局负责的数据基础制度，未来将是各个领域均应遵守的基础制度。[1]

（二）网信部门

网信部门在中央层面包括"中共中央网络安全和信息化委员会办公室"和中华人民共和国国家互联网信息办公室，前者前身是"中央网络安全和信息化领导小组"，在2018年根据中共中央印发的《深化党和国家机构改革方案》改为中共中央网络安全和信息化委员会，并设立中央网信办作为其办事机构。后者于2011年经国务院批准设立，"国家网信办和中央网信办，一个机构两块牌子，列入中共中央直属机构序列"。[2]

根据《数据安全法》第六条、《网络安全法》第八条和《个人信息保护法》第六十条的规定，国家网信部门同时负责统筹协调数据安全、网络安全、个人信息保护工作和相关监督管理工作，在数据安全监管体系中居于核心地位。除统筹协调外，网信部门还主要负责以下几项数据安全监管工作：

一是数据出境监管。数据跨境传输带来的数据安全风险不言而喻，不论是境外数据处理者的不当数据处理活动，数据在跨境传输过程中泄露，还是境外政府对出境数据未经允许的处理都可能给数据安全与国家安全带来威胁。网信部门作为数据安全领域最主要的监管机构，必须履行对出境数据的监管义务。具体而言，网信部门需要会同国务院有关部门制定重要数据的出境安全管理办法；为企业制定数据跨境传输的标准合同，并组织数据跨境传输安全评估；当发现存在来源于中华人民共和国境外的法律、行政法规禁止发布或者传输的信息时，应要求网络运营者停止传输，采取消除等处置措施，保存有关记录，并通知有关机构采取技术措施和其他必要措施阻断传播；若在执法过程中发现，存在侵害国家安全、公共利益或公民个人信息权益的境外组织或个人，应将这些实体列入限制或者禁止个人信息提供清单，予以公告，限制或者禁止境内企业向其传输数据。

---

[1] 李爱君：《组建国家数据局释放哪些关键信号》，载《人民论坛》2023年第9期。
[2] 《国务院关于机构设置的通知》（国发〔2018〕6号）。

二是关键信息基础设施与网络安全设备的安全认证与安全审查。数据安全、网络安全的保障离不开网络硬件环境的安全，因此，网信部门需要会同国务院有关部门，制定、公布网络关键设备和网络安全专用产品目录，并推动安全认证和安全检测结果互认。在网络安全设备中，关键信息基础设施关系国计民生，其采购的网络产品与服务需要经过更为严格的安全审查，而且网信部门还需统筹协调有关部门，采取多种措施，对关键信息基础设施进行安全保护。

三是推动建立健全数据安全保护机制。网信部门需推动建立健全网络安全风险评估和应急工作机制，制订网络安全事件应急预案，并定期组织演练，按照规定统一发布网络安全监测预警信息。

2022年，网信系统进一步加大执法力度，依法查处各类违法违规案件，取得显著成效。据统计，全国网信系统全年累计依法约谈网站平台8608家，警告6767家，关闭违法网站25233家，移送相关案件线索11229件。[①]

（三）工信部门

工信部门是指中华人民共和国工业和信息化部，是根据2008年3月11日公布的国务院机构改革方案，在原国防科工委、信息产业部和国务院信息办的基础上组建的国务院部门，是我国工业和电信领域的主管机构。工业和信息化部的数据安全监管职能主要由内设的网络安全管理局承担，具体而言，网络安全管理局承担电信和互联网行业网络安全审查相关工作，组织推动电信网、互联网安全自主可控工作；指导督促电信企业和互联网企业落实网络与信息安全管理责任，配合打击网络犯罪和防范网络失泄密；拟订电信网、互联网网络安全防护政策并组织实施；承担电信网、互联网网络与信息安全监测预警、威胁治理、信息通报和应急管理与处置；承担电信网、互联网网络数据和用户信息安全保护管理工作。[②] 当收到组织和个人有关危害网络安全

[①] 数据来源：中华人民共和国国家互联网信息办公室官网，http://www.cac.gov.cn/2023-01/19/c_1675676681798302.htm，最后访问日期：2023年5月28日。

[②] 《网络安全管理局机构职责》，载中华人民共和国工业和信息化部官网，https://www.miit.gov.cn/jgsj/waj/jgzz/art/2020/art_4646354791574be7b6971ba29254e910.html，最后访问日期：2022年4月20日。

行为的举报时，工信部门应当及时依法作出处理；不属于本部门职责的，应当及时移送有权处理的部门。在数据安全保护问题上，工业和信息化部提出要重点整治企业在数据收集、传输、存储及对外提供等环节，未按要求采取必要的管理和技术措施等问题，包括数据传输时未对敏感信息加密、向第三方提供数据前未征得用户同意等场景。[①]

在关键信息基础设施安全保护工作中，工信部门应当根据保护工作部门的需要，及时提供技术支持和协助。任何组织和个人对基础电信网络实施漏洞探测、渗透性测试等活动，都应事先向工信部门报告并取得批准。在电信领域关键信息基础设施安全运行的情况下，若其他行业和领域的关键信息基础设施安全遭到冲击，工信部门应提供重点保障。

（四）公安部门、国家安全部门

公安部门与国家安全部门在数据安全监管领域扮演着双重角色。一方面，在数据安全、网络安全深度嵌入公共安全、国家安全，已形成密不可分统一体的情况下，作为安全部门的公安部门与国家安全部门在数据安全监管问题上需承担更多的行政监管职责；另一方面，当出现严重危及数据安全、网络安全犯罪活动时，应进行刑事侦查。

在行政监管领域，公安机关、国家安全机关依据各自职责依法加强关键信息基础设施安全保卫，防范打击针对和利用关键信息基础设施实施的违法犯罪活动。任何个人和组织开展对关键信息基础设施实施漏洞探测、渗透性测试等可能影响或者危害关键信息基础设施安全的活动，均需经过公安部门批准。收到任何个人和组织有关数据安全、网络安全举报的，公安机关或国家安全机关应当及时依法做出处理，不属于本部门职责的，应当及时移送有权处理的部门。任何个人和组织从事危害网络安全的活动，或者提供专门用于从事危害网络安全活动的程序、工具，或者为他人从事危害网络安全的活动提供技术支持、广告推广、支付结算等帮助，或者设立用于实施违法犯罪

[①] 《工业和信息化部启动互联网行业专项整治行动》，载工业和信息化部官网，https://www.miit.gov.cn/jgsj/xgj/gzdt/art/2021/art_b86f1d15c9824f3297090330353ce2f3.html，最后访问日期：2022年4月20日。

活动的网站、通讯群组，或者利用网络发布涉及实施违法犯罪活动的信息，尚不构成犯罪的，由公安机关没收违法所得，并根据情节轻重，处以行政拘留和罚款。

在刑事领域，公安机关主要负责侵犯公民个人信息案件，非法侵入计算机信息系统案件，非法获取计算机信息系统数据案件，非法控制计算机信息系统案件，提供侵入、非法控制计算机信息系统程序、工具案件，破坏计算机信息系统案件，拒不履行信息网络安全管理义务案件，非法利用信息网络安全案件和帮助信息网络犯罪活动案件的侦查。国家安全机关主要负责通过窃取重要数据、攻击国防领域数据等方式进行的危害国家安全案件的侦查。

考虑到公安机关和国家安全机关工作的特殊性，《数据安全法》《网络安全法》《个人信息保护法》等法律规定了行刑衔接和职能保障机制。履行个人信息保护职责的部门在履行职责中，发现违法处理个人信息涉嫌犯罪的，应当及时移送公安机关依法处理。公安机关、国家安全机关因依法维护国家安全或者侦查犯罪的需要调取数据或者对关键信息基础设施进行网络安全检查时，有关组织、个人应当予以配合，并提供技术支持和协助。拒不提供技术支持和协助的，由有关主管部门责令改正或处以罚款。

（五）交通主管部门

随着大数据产业的蓬勃发展，网约车已成为人们生活的一部分，自动驾驶技术也越发成熟。基于这一背景，交通运输部在《交通运输信息化"十三五"发展规划》中提出"没有信息化，就没有交通运输现代化"。信息化是实现智慧交通的重要载体和手段，智慧交通是交通运输信息化发展的方向和目标。无论是公路领域的动态监测数据、收费数据，还是水路领域的港口运行数据、船舶位置数据，抑或是城市交通领域的车辆通行数据、流量监测数据，民航、铁路领域的旅客数据、购票数据，邮政领域的包裹数据、物流数据，出行领域的用户数据、行程数据等，共同形成了交通运输领域的大数据资源。不难发现，交通领域的数据来源众多、数量极大，且对于实时性的要求也较高，同样地，交通领域的数据安全也面临极大的风险，且交通领域的系统数据一旦受到攻击，轻则导致交通拥堵，重则引发大范围交通事故，导致大量人员伤亡。因此,《网络安全法》第三十一条也明确将交通领域的数据安全保护纳入可能危及国家安全、国计民生、公共利益的关键信息基础设施的重点保护领域。考虑到交通领域以交通工具为核心的监管特点,交通主管部门一般将权限下放至各地区而非进行统一管理。交通运输部下发的《网络预约出租汽车监管信息交互平台运行管理办法》中规定,各地交通运输主管部门应对网络安全实施等级保护,及时整改数据安全风险漏洞以防数据信息泄露、毁损或丢失,并且也鼓励联合监管、数据共享的高效模式。

交通领域数据安全监管的另一特点是与其他领域紧密结合,因此交通主管部门经常与其他部门合作对数据安全进行监管。交通运输部印发的《交通运输政务数据共享管理办法》中第四条明确提到了对于交通运输政务数据的职责划分问题,其中科技主管部门要负责管理、监督和评估政务数据共享工作,组织管理交通运输政务数据目录编制工作,组织推进数据共享交换平台政务数据接入,组织开展相关制度文件、标准规范的制修订和宣贯实施,监督部门共享平台的运行。交通运输部、工业和信息化部、公安部、商务部、国家工商总局、国家质检总局、国家互联网信息办公室共同发布的《网络预约出租汽车经营服务管理暂行办法》第二十九条至第三十三条更是进一步对各部门的监管职责进行了详细明确的规定:首先,出租车行政主管部门应当加强对网约车的市场监管,并应当协同政府部门共同完成车辆和驾驶员基本信息、服务质量、乘客评价信息、服务质量测评结果、乘客投诉处理情况、运营和交易等数据监督管理;其次,通信主管部门和公安、网信部门应当按照各自职责,对非法收集、存储、处理和利用个人信息的行为依法监督、处置;最后,发展改革、价格、通信、公安、人力资源社会保障、商务、人民银行、税务、工商、质检、网信等部门按照各自职责,对网约车经营行为实施相关监督检查,并对违法行为依法处理。

(六)金融主管部门

金融领域涉及社会经济层面的大量数据,如客户身份数据、交易数据、消费数据。金融数据不仅因其高度敏感性与私密而与个人人身、财产权益密切相关,而且一旦金融领域的关键信息基础设施遭到破坏,导致功能丧失或者数据泄露，就可能严重危害到国家安全、公共利益，因此对于金融领域的数据网络安全必须进行重点保护。金融业的数据化水平在所有行业中名列前茅，银行业、保险业、证券业和征信业四大主要的金融领域均已实现数字化，因此也面临多样化的数据安全风险，如银行业面临账户被窃取风险、保险业面临保险人身体健康数据泄露风险、证券业面临交易偏好数据泄露风险、征信业面临征信数据被篡改风险。2006年修正的《银行业监督管理法》第三十四条规定，银行业监督管理机构根据审慎监管的要求，可以检查银行业金融机构运用电子计算机管理业务数据的系统，以确保金融数据安全。

为更好地应对金融领域的数据安全风险，作为金融主管部门的中国人民银行、中国银行保险监督管理委员会、中国证券监督管理委员会先后单独或与其他行业主管部门一同发布了《中国人民银行关于银行业金融机构做好个人金融信息保护工作的通知》《关于促进互联网金融健康发展的指导意见》《中国人民银行金融消费者权益保护实施办法》《银行业金融机构数据治理指引》等规范性文件。其中，2015年7月中国人民银行等十部门出台的《关于促进互联网金融健康发展的指导意见》（银发〔2015〕221号）第二条明确提出："加强互联网金融监管，是促进互联网金融健康发展的内在要求。同时，互联网金融是新生事物和新兴业态，要制定适度宽松的监管政策，为互联网金融创新留有余地和空间。通过鼓励创新和加强监管相互支撑，促进互联网金融健康发展，更好地服务实体经济。互联网金融监管应遵循'依法监管、适度监管、分类监管、协同监管、创新监管'的原则，科学合理界定各业态的业务边界及准入条件，落实监管责任，明确风险底线，保护合法经营，坚决打击违法和违规行为。"《银行业金融机构数据治理指引》则设专章对网络金融数据安全的治理作出了详细规定，银行业监督管理机构应当通过非现场监管和现场检查对银行业金融机构数据治理情况进行持续监管。在监管中，可根据实际情况要求银行业金融机构通过内部审计机构或委托外部审计机构对其数据治理情况进行审计，并及时报送审计报告。对数据治理不满足相关法律法规或者审慎经营规则要求的银行业金融机构，银行业监督管理机构可要求其制订整改方案，责令限期改正，将数据治理与公司治理评价结果或监管评级挂钩或采取其他行政处罚措施。

(七) 自然资源主管部门

为了更好地开发与保护自然资源，自然资源主管部门依托信息技术，对土地、矿产、森林、草原、海洋等自然资源开展了系统的统计与数据化工程。自然资源部网站上设立了专门的数据服务栏目，在栏目下发布了第三次全国国土调查主要数据公报、中国矿产资源报告、全国矿产地数据库等诸多与自然资源相关的数据化报告。除了这些能够公开，并且积极鼓励科研机构、企业进行利用的数据外，自然资源领域还包含大量涉及国家秘密的数据，如地图数据、特定导航数据、特殊测绘数据、重点目标地理信息等涉及地理信息的数据，以及水利、地震、气象、环保检测等方面的数据。这些数据均属于重要数据甚至核心数据，一旦泄露将对国家安全造成巨大影响，因此必须由自然资源主管部门对此类数据进行严格监管。例如，为保障国家安全，所有的电子地图、导航设备，都需要加入国家保密插件。地图公司测绘地图，测绘完成后，送到国家测绘局，将真实坐标的电子地图进行加密，这样的地图才是可以出版和发布的，然后才可以让 GPS 公司处理。若真实的测绘数据被泄露，敌对国家便可通过获取少数控制点的精准坐标，结合卫星遥感找到同名控制点，对影像进行纠正，从而获得可直接用于导弹制导的矢量地图数据，对重要军事基地、国家政府所在地实施精准轰炸。因此，自然资源主管部门将自然资源与地理数据测绘，以及国家地理数据安全保密作为其核心任务之一。自然资源部监督管理民用测绘航空摄影与卫星遥感，拟订测绘行业管理政策，监督管理测绘活动、质量，管理测绘资质资格，审批外国组织、个人来华测绘，并负责审核国家重要地理信息数据与地图管理，审查向社会公开的地图，监督互联网地图服务，提供地理信息应急保障，指导监督地理信息公共服务。

(八) 卫生健康主管部门

卫生健康领域包含大量的重要数据，如基因数据、遗传资源等非公开的人口普查相关数据，以及涉及国家战略安全的药品在审批过程中提交的药品实验数据、各种医疗信息、《医疗器械分类规则》中第二类和第三类医疗器械临床实验数据等。我国的健康医疗领域数据量巨大，目前全国已有 20 多个省市申请了医疗健康大数据中心或产业园，医疗健康行业大数据占国内大数据市场规模的比重约为20%。① 随着"互联网+"的发展，网上问诊、网上医院不断发展，其中隐含着泄露患者隐私、个人敏感数据的风险，同时医疗大数据也属于国家重要的基础性战略资源，因此相关监管部门对于健康数据的收集、存储、使用、共享、公开等过程应实行全方位、全流程监管，包括事前监管互联网医疗数据的收集是否遵循合法、正当、必要的原则，有没有对收集、使用的规则进行公开，明确告知手机用户收集、使用信息的目的、方式和范围，是否征得用户同意。此外，医疗数据中存在许多涉及个人隐私的敏感数据，应当监管相关组织对数据进行分类、分级、脱敏处理，严格落实最小化使用规则。

2018年国务院办公厅印发的《关于促进"互联网+医疗健康"发展的意见》（国办发〔2018〕26号）第三部分明确规定了加强行业监管和安全保障，由国家卫生健康委员会联合国家互联网信息办公室等部门负责健全相关机构准入标准，加强事中事后监管，确保医疗健康服务质量和安全；监管互联网医疗健康服务平台等第三方机构提供服务人员的资质符合有关规定要求，并对所提供的服务承担责任；研究制定健康医疗大数据确权、开放、流通、交易和产权保护的法规；加强医疗卫生机构、互联网医疗健康服务平台、智能医疗设备以及关键信息基础设施、数据应用服务的信息防护，定期开展信息安全隐患排查、监测和预警。

（九）教育主管部门

教育领域的数据保护重点在于教学科研数据和师生个人信息等数据收集、传输、使用、共享等过程中的保密，尤其是在国家智慧教育推进的大背景之下，关于教育数据资源的风险评估、安全审计、保密审查、日常监测、应急处置等都需要有关部门对此进行指导、监督和管理。

教育部办公厅、国家互联网信息办公室秘书局、工业和信息化部办公厅、公安部办公厅、民政部办公厅、市场监管总局办公厅发布的《关于做好现有

---

① 王立梅：《健康医疗大数据的积极利用主义》，载《浙江工商大学学报》2020年第3期。

线上学科类培训机构由备案改为审批工作的通知》，要求严格落实《网络安全法》和《数据安全法》等法律法规相关要求，教育移动互联网应用程序（教育App）对于数据收集、储存、传输、使用等环节，满足条件的需要进行个人信息保护影响评估、认证或合规审计，并且需要由教育部门牵头、有关部门参与的协同工作机制，建立起常态化的管理和监督制度；网信、公安、电信部门要做好违规培训平台和应用软件（含App）的关停、下架等工作；明确对相关单位及负责人的问责考核机制。

（十）科技主管部门

科技领域的数据安全涉及自然科学、工程技术科学等领域在基础研究、应用研究、试验开发等过程中产生的数据，以及通过观测监测、考察调查、检验检测等方式取得并用于科学研究活动的原始数据及其衍生数据。对于科技领域的数据安全监管实行国家统筹、各部门与各地区分工负责的机制。国务院办公厅于2018年3月17日发布的《科学数据管理办法》中第七条至第十条明确规定了国务院科学技术行政部门、国务院相关部门、省级人民政府相关部门、有关科研院所、高等院校和企业等法人单位以及由主管部门委托有条件的法人单位建立的科学数据中心的分别职责。

三、专项执法活动

随着数字经济的飞速发展，数据安全形式也越发严峻。因此，网信、工信、公安、市监等数据安全主要监管部门单独或与其他部门联合，开展了多次专项执法活动。[①] 专项执法行动原本是对日常执法的补充，但在实践中，由于数据安全事件的跨地域性特点，地方监管机关的日常执法难以取得预期成效。因此，经实践验证具有良好效果的专项执法活动被多个监管部门认可，其中一些专项执法行动甚至已"常态化"，如"净网"行动已持续开展十多年。可以说，专项执法活动已成为我国数据安全监管的重要手段之一，在

---

① 截至本书出版，国家数据局尚未组建完成，未开展过专项执法活动。

"实践探索—总结归纳—推进实践"的进程中不断提升数据安全监管能力，对打击泛滥的数据黑产犯罪，维护民众的人身与财产安全具有重要意义。此外，专项执法活动还能够让监管部门和民众意识到数据安全保护的重要性和数据安全保护形式的严峻性，将企业与个人都纳入数据安全保护体系中。

（一）净网行动

净网行动始于2011年，一开始是公安部为了消除社会治安隐患而开展的治爆缉枪专项行动；2013年3月，全国"扫黄打非"办公室对"净网"行动进行整体部署，查处的重点转为传播淫秽色情和低俗信息的网站及一些网站的栏目、频道；之后，中央宣传部、国家互联网信息办公室、工业和信息化部、公安部、文化和旅游部、国家广播电视总局等单位也参与到净网行动中，涉及领域越来越广，打击面覆盖大部分突出网络违法犯罪，深入整治网络黑产、网络乱象，持续深化网络生态治理。在数据安全和个人信息保护方面，依托《数据安全法》《个人信息保护法》，2022年，全国公安机关累计侦办严重危害网络秩序和群众权益的突出违法犯罪案件8.3万起，其中侵犯公民个人信息案件1.6万余起，捣毁"猫池"窝点800余个，缴获"猫池"、GOIP等黑产设备1.1万台，关停接码平台130余个，查扣手机黑卡240万张，查获网络黑账号4200余万个。[①]

（二）电信和互联网行业提升网络数据安全保护能力专项行动

为应对数据过度采集滥用、非法交易及用户数据泄露等数据安全问题，工业和信息化部于2019年组织开展了电信和互联网行业提升网络数据安全保护能力专项行动。这一专项行动希望通过集中开展数据安全合规性评估、专项治理和监督检查，督促基础电信企业和重点互联网企业强化网络数据安全流程管理，及时整改消除重大数据泄露、滥用等安全隐患，在电信和互联网行业基本建立行业网络数据安全保障体系。

---

① 《公安机关"净网2022"专项行动成效显著》，载中华人民共和国中央人民政府官网，https：//www.gov.cn/xinwen/2023-01/10/content_5736093.htm，最后访问日期：2023年5月28日。

在具体实施层面，工业和信息化部将为期一年的数据安全保护专项行动划分为工作部署、重点保障、长效建设和总结提升四个阶段，提出了五大项十四小项重点任务，分别是加快完善网络数据安全制度标准：强化网络数据安全管理制度设计、完善网络数据安全标准体系；开展合规性评估和专项治理：开展网络数据安全风险评估、深化 App 违法违规专项治理、强化网络数据安全监督执法；强化行业网络数据安全管理：稳步实施网络数据资源"清单式"管理、明确企业网络数据安全职能部门、强化网络数据对外合作安全管理、加强行业网络数据安全应急管理；创新推动网络数据安全技术防护能力建设：加强网络数据安全技术手段建设、推动网络数据安全技术创新发展、加强专业支撑队伍建设；强化社会监督和宣传交流：强化社会监督和行业自律、加强宣传展示和国际交流。

（三）App 违法违规收集使用个人信息专项治理

2019 年 1 月 25 日，国家互联网信息办公室、工业和信息化部、公安部、市场监管总局四部门联合发布《关于开展 App 违法违规收集使用个人信息专项治理的公告》，受上述四部门委托，全国信息安全标准化技术委员会、中国消费者协会、中国互联网协会、中国网络空间安全协会成立了 App 违法违规收集使用个人信息专项治理工作组，在全国范围内组织开展 App 违法违规收集使用个人信息专项治理。自专项治理活动开展以来，多地取得显著成效，如 2021 年 6 月 11 日国家互联网信息办公室对 Keep 等 129 款 App 违法违规收集使用个人信息情况进行通报，[①] 2021 年 9 月 3 日海南省针对"加油海南"等 7 款 App 违法违规收集使用个人信息情况进行通报，[②] 2021 年 11 月 1 日海南省对"民生宝""快速问医生"等 7 款 App 违法违规收集使用个人信息情况进

[①] 《关于 Keep 等 129 款 App 违法违规收集使用个人信息情况的通报》，载国家互联网信息办公室官网，http://www.cac.gov.cn/2021-06/11/c_1624994586637626.htm，最后访问日期：2022 年 4 月 20 日。

[②] 《海南网信办发布关于对"加油海南"等 7 款 App 违法违规收集使用个人信息情况的通报》，载国家互联网信息办公室官网，http://www.cac.gov.cn/2021-09/02/c_1632170504334441.htm，最后访问日期：2022 年 4 月 20 日。

行通报，① 2021年12月14日浙江省对闪修侠等87款App违法违规收集使用个人信息情况进行通报，② 2022年2月14日浙江省对微记账等38款App违法违规收集使用个人信息情况进行通报等。③

（四）"守护消费"暨打击侵害消费者个人信息违法行为专项执法行动

在越来越多传统企业进行数字化转型的背景下，市场监督管理对数据安全监管也越发重视。市场监督管理部门直接面向企业这一最主要的数据处理者，不仅统一负责企业的登记注册，而且组织和指导市场监管综合执法工作。市场监督管理部门不仅可以单独对企业的数据安全合规状况、大型互联网平台的数据垄断问题进行监管；而且《数据安全法》规定的一些行政处罚措施，如吊销相关业务许可证和吊销营业执照，其执行都有赖于市场监督管理部门的参与。

为保障消费者的个人信息安全，市场监管总局印发了《关于开展"守护消费"暨打击侵害消费者个人信息违法行为专项执法行动的通知》，决定于2019年4月1日至9月30日，在全国范围内部署开展专项执法行动，重点打击消费领域侵害消费者个人信息违法行为，切实维护消费者合法权益，取得了阶段性成果。在房产租售、装饰装修、教育培训等重点行业，查处了一批未经消费者同意，收集、使用、泄露、出售或者非法向他人提供消费者个人信息等侵害消费者个人信息案件。④ 市场监督管理部门将根据《消费者权益保护法》第二十九条、第五十六条对侵犯消费者个人信息的违法行为采取相应

---

① 《海南省互联网信息办公室关于对"民生宝""快速问医生"等7款App违法违规收集使用个人信息情况的通报》，载国家互联网信息办公室官网，http://www.cac.gov.cn/2021-10/29/c_1637102894416330.htm，最后访问日期：2022年4月20日。

② 《浙江关于闪修侠等87款App违法违规收集使用个人信息情况的通报》，载国家互联网信息办公室官网，http://www.cac.gov.cn/2021-12/14/c_1641080798914299.htm，最后访问日期：2022年4月20日。

③ 《浙江关于微记账等38款App违法违规收集使用个人信息情况的通报》，载国家互联网信息办公室官网，http://www.cac.gov.cn/2022-02/11/c_1646186253874039.htm，最后访问日期：2022年4月20日。

④ 《市场监管总局开展专项执法行动 切实保护消费者个人信息不受侵害》，载市场监管总局官网，https://www.samr.gov.cn/zfjcj/zfjg/wfxwjajcb/201907/t20190705_303235.html，最后访问日期：2022年4月20日。

的行政处罚，同时加大专项执法行动成果宣传，增强消费者维权意识和能力，切实保护消费者合法权益。

四、行业自律与自我监管

《数据安全法》第十条要求相关行业组织在开展数据活动时加强行业自律。行业自律，是指相同或者相似类型的企业按照章程或者自制规程，对自身行为进行自我规范的行为。在数据安全领域，行业自律需要互联网企业对其自身数据处理活动进行自我约束、主动维护数据安全、参与数据安全管理。通过行业组织引导行业自律，已成为行业立法的通常做法。

随着数字经济的发展，越来越多的国家意识到传统的单一式监管手段已无法有效应对瞬息万变的互联网环境，在数据安全领域要"打造新时代共建共治共享的社会治理格局"，就必须将政府监管和行业自律有机结合起来，采取"监督与监控并重"的措施，与行业自律组织建立密切协作的关系，充分发挥行业自律机制的功能与价值。[1] 除了《数据安全法》之外，我国《网络安全法》第十一条、《食品安全法》第九条、《广告法》第七条等也规定了相关领域要加强行业自律，制定相应的行为规范，指导会员加强保护，促进行业健康发展，这说明，在我国将政府公权监管与行业自律结合在立法层面已成为一种共识。[2]

在数据安全领域，我国已制定了一批行业自律规则，如工业和信息化部网络安全管理局制定的《电信和互联网行业网络数据安全自律公约》，中国互联网协会发布的《网络数据和用户个人信息收集、使用自律公约》《互联网终端软件服务行业自律公约》《互联网搜索引擎服务自律公约》，中国信息通信研究院发起签署的《数据流通行业自律公约》，广东省通信管理局发起签署的《广东省App用户个人信息保护自律公约》。行业自律通过企业自愿的非强制性的方式加强数据安全管理，具有很强的正面激励和榜样的作用，可以对行

---

[1] 许玉镇：《网络治理中的行业自律机制嵌入价值与推进路径》，载《吉林大学社会科学学报》2018年第3期。

[2] 龙卫球主编：《中华人民共和国数据安全法释义》，中国法制出版社2021年版，第31页。

业内其他企业起到良好的示范作用。

行业自律这一自我监管模式的问题在于法律效力未定、追责困难、实践中难以落地。行业自律公约本身会对公约的实施作出规定，如《互联网终端软件服务行业自律公约》第二十八条至第三十条规定，签署单位应当自觉遵守本公约各项规定，违反本公约并造成不良影响的，任何单位和个人均有权向本公约执行机构进行举报。本公约执行机构在查证核实或者组织测评后，视情况给予内部警告、公开谴责等处罚。设立行业调解委员会，建立终端软件测评机制及终端软件企业间争议和纠纷调解机制，由本公约执行机构组织实施。具体实施细则另行规定。签署单位之间发生争议和纠纷时，应当本着互谅互让、维护行业团结和整体利益的原则，争取以协商方式解决，也可以提请本公约执行机构进行调解。本公约执行机构有义务通过合理合规的方式尽快组织相关调解工作，并将调解结果通报各相关单位。通过行业调解无法解决的，可以向有关管理部门提出处理建议。

但由于行业自律规则的法律效力未定，法院的认定结果也各不相同，有的法院认为行业自律公约可以成为人民法院认定行业惯常行为标准和公认商业道德的重要渊源之一，用来证明某一行为是否违法；也有的法院认为行业自律公约并非普遍签署，并不具有行业惯例的效力，不具有法律约束力，因而不得在庭审当中作为确立权利义务的规范援引。若在实践中，法院因行业自律规则缺乏明确法律授权而怠于承认其约束力，使得未遵守行业自律要求的企业无法被有效追责，则用户不但不会因为互联网公司加入某一行业自律公约而对其更加信任，反而会质疑整个行业的可信度。[1]

【典型案例】 133 家企业签署数据安全自律公约[2]

为切实做好电信和互联网行业网络数据安全保护，持续提升行业数据安全治理水平，工业和信息化部网络安全管理局指导中国互联网协会充分发挥

---

[1] 赵海乐：《数字贸易谈判背景下的个人信息保护行业自律规范构建研究》，载《国际经贸探索》2021 年第 12 期。
[2] 《加强数据安全行业自律 133 家企业签署〈电信和互联网行业网络数据安全自律公约〉》，载工业和信息化部官网，https://www.miit.gov.cn/xwdt/gxdt/sjdt/art/2020/art_b035202ad17944afa77e0efff643f3b0.html，最后访问日期：2022 年 4 月 20 日。

行业组织自律职能，制定发布了《电信和互联网行业网络数据安全自律公约》（以下简称《自律公约》）。2020年11月，在近期举办的第六届中国互联网法治大会数据安全论坛上，中国互联网协会已累计组织中国电信、中国移动、中国联通、腾讯、百度、京东、360、爱奇艺等133家基础电信企业和重点互联网企业签署了《自律公约》。《自律公约》主要倡导了企业在网络数据安全责任上的五类要求：一是明确管理责任部门，制定管理制度规范；二是加强网络数据资产梳理和分类分级管理；三是深化网络数据安全合规性评估；四是依法规范数据对外合作安全管理；五是建立完善用户举报与受理机制。

第三节　数据安全合规的基本原则

数据安全合规的基本原则，是指规范数据的收集、存储、使用、加工、传输、提供、公开等数据全生命周期的处理活动，并指导数据安全合规监督管理的基础性法律准则，是贯穿于数据安全合规的主导思想。[1] 总体上，数据安全合规，应当遵守法律、法规，尊重社会公德和伦理，遵守商业道德和职业道德，诚实守信，履行数据安全保护义务，承担社会责任，不得危害国家安全、公共利益，不得损害个人、组织的合法权益。[2] 通过对数据合规相关规范性文件进行分析、提炼，可将我国数据安全合规应遵循的基本原则归纳为合法性原则、合理性原则、平衡性原则和公益性原则。

一、合法性原则

由于任何数据处理活动在客观上都可能影响数据主体的正当权益、公共安全乃至国家安全，因此数据安全合规需要遵循的首要原则是合法性原则。合法性原则，是指经过数据安全合规，必须保证数据处理活动不能侵害组织

---

[1] 何渊主编：《数据法学》，北京大学出版社2020年版，第12页。
[2] 《数据安全法》第八条。

和个人的合法利益，不能影响国家安全、公共安全、经济安全和社会稳定，不能侵犯国家秘密、商业秘密和个人隐私。① 数据安全合规的合法性原则应同时在两个层面得到体现：

一是形式上的合法，合规方案必须符合所有相关法律、行政法规、司法解释、部门规章、地方性法规、地方政府规章、强制性标准的规定，而非仅满足其中某一部或某几部法律。欧盟数据保护委员会（European Data Protection Broad，EDPB）的前身，第29条工作组（Article 29 Data Protection Working Party）指出，应对合法中的"法"做最为广义的解释，在欧盟立法体系中，应包括各种形式的成文法和普通法、初级立法和次级立法；立法、市政法令、先例、宪法原则、基本权利、其他法律原则及判例，换言之，所有法院在审理案件时可能考虑到的法律规范都属于合法的范畴。② 当数据需要跨境传输时，需要对数据进行二重甚至多重合规，即数据处理活动必须符合每一个数据出口国和进口国的相关规定；当数据中包含个人信息时，数据处理活动必须满足《个人信息保护法》中关于个人信息保护的具体规则，并遵循合法、正当、必要、诚信原则，目的限制原则，公开透明原则，准确性原则，责任承担原则等个人信息处理原则对包含个人信息的数据进行处理。

二是实质上的合法，数据处理活动必须依照合规方案开展，合规不能只停留在纸面上。数据安全合规的实现有赖于数据处理者建立的严格内部管理制度和科学合理的操作规程，将数据合规工作标准化、系统化、制度化。③ 不管处理何种类型的数据，在内部管理上，企业至少要按照法律、法规的规定，采取网络安全等级保护制度，建立健全全流程数据安全管理制度，组织开展数据安全教育培训，加强风险监测与风险补救机制建设，建立健全信息报告制度。

数据安全合规的合法性原则，还要求数据安全合规能够涵盖数据收集、存储、使用、加工、传输、提供、公开的全过程。例如，在处理资格问题上，法律、行政法规规定提供数据处理相关服务应当取得行政许可的，服务

---

① 何渊主编：《数据法学》，北京大学出版社2020年版，第17页。
② 程啸：《个人信息保护法理解与适用》，中国法制出版社2021年版，第79页。
③ 梁雅丽：《企业经营中的数据安全合规与刑事风险提示》，载《中国律师》2021年第10期。

提供者应当依法取得许可；在数据的收集和使用问题上，开展具体的数据处理活动时，任何组织、个人收集数据，均应当采取合法、正当的方式，不得窃取或者以其他非法方式获取数据。法律、行政法规对收集、使用数据的目的、范围有规定的，应当在法律、行政法规规定的目的和范围内收集、使用数据；在数据传输和提供问题上，从事数据交易中介服务的机构提供服务，应当要求数据提供方说明数据来源，审核交易双方的身份，并留存审核、交易记录。[①]

二、合理性原则

数据安全合规的合理性原则是比例原则在数据安全合规领域的具体适用，其具体要求是在进行数据安全合规时，采取的措施不仅要符合法律规定，而且必须能够实现预定的数据处理目标。由于不同的数据处理活动对数据安全合规的要求不同，因此数据安全合规的首要任务是对数据进行分类分级，在分类分级的基础上对重要数据进行重点保护。这一原则在我国立法上也得到了充分体现，如《数据安全法》第二十一条规定，国家建立数据分类分级保护制度，根据数据在经济社会发展中的重要程度，以及一旦遭到篡改、破坏、泄露或者非法获取、非法利用，对国家安全、公共利益或者个人、组织合法权益造成的危害程度，对数据实行分类分级保护；《网络安全法》第二十一条规定，国家实行网络安全等级保护制度。网络运营者应当按照网络安全等级保护制度的要求，履行安全保护义务，保障网络免受干扰、破坏或者未经授权的访问，防止网络数据泄露或者被窃取、篡改。

数据安全合规保障的安全应是动态的数据安全而非静态的数据安全，因此合规方案的制订并不是一劳永逸的，而是需要根据法律政策的变化、数据所处环境的不同、技术能力的进步等因素进行调整。正如个人信息保护需要依据具体场景进行判断，数据安全合规也需要引入场景化原则，结合具体的数据处理环境进行分别合规。这也意味着，不同的数据处理者采取的数据安

---

① 《数据安全法》第三十二条、第三十三条、第三十四条。

全合规方案应是不同的，完全照搬照抄其他数据处理者的合规方案并不可取。

在实践层面，我国法律将保障数据安全的措施分为技术措施和其他必要措施两类，其他必要措施中，最为重要的是组织措施。因此，数据安全合规的合理性要求至少在技术措施和组织措施上，能够实现预定的数据处理目标。

技术措施，是指数据处理者采取的保障数据活动在安全范围内开展的技术方法或技术手段。为保障数据安全，应充分利用人工智能、大数据分析等技术，积极落实网络安全管理和技术防范措施，强化网络安全监测、态势感知、通报预警和应急处置等重点工作，综合采取数据安全保护、保卫、保障措施，防范和遏制重大数据安全风险、事件发生。[①] 现阶段，在数据安全领域较为流行的技术措施有差异隐私技术、多方安全计算、联邦学习等，这些用以保障数据安全的技术措施虽然在技术原理和实现方式上各不相同，但其遵循的理念是类似的，即在不接触数据具体内容的情况下实现对数据的利用，其最终目标是在对数据进行处理的过程中对数据本身的内容一无所知。[②] 在数据安全合规实践中，具体采取何种技术措施，应在综合考量数据的类别、处理方式、处理目的、隐含风险的大小等因素的基础上确定。

组织措施，是指数据处理者在对内部数据处理程序分工和工作流程进行合理设计的基础上，建立的内部组织架构与管理规章制度。根据处理数据类别和敏感程度的不同，数据安全合规需要采取的组织措施也不尽相同。例如，重要数据的处理者需要明确数据安全负责人和管理机构、对其数据处理活动定期开展风险评估并向有关主管部门报送风险评估报告、经过安全评估后跨境传输重要数据，但一般数据的处理者并不需要采取这些额外的组织措施；关键信息基础设施的运营者在一般网络安全保护义务的基础上，还需要采取设置专门安全管理机构和安全管理负责人，定期对从业人员进行网络安全教育、技术培训和技能考核，制订网络安全事件应急预案并定期演练等组织措施保障关键信息基础设施的安全。

[①] 《贯彻落实网络安全等级保护制度和关键信息基础设施安全保护制度的指导意见》第二条。
[②] 郭旨龙：《个人信息保护与数据利用的平衡路径》，载《保密信息》2020年第9期。

三、平衡性原则

平衡是一种各利益主体的核心利益得到保护和实现,并让渡非核心利益作为他方实现其核心利益的条件和基础的张力状态。[①] 平衡性原则,是指开展数据合规,要兼顾数据安全保护与数据利用与流通,实现数据安全和数据利用的平衡。平衡原则是世界各国制定数据安全相关法律法规的核心原则。虽然各国在制定数据安全相关法律法规时,会因为数据保护理念、数据经济发展水平和立法传统的不同,而有不同的立法偏好。但此种偏好并非在数据安全保护和数据利用与流通之间进行非此即彼的二元选择,而是在同时强调数据保护和数据利用的基础上,选择稍微偏重哪一方,其背后的指导思想始终是平衡原则。

例如,我国《数据安全法》将"规范数据处理活动,保障数据安全,促进数据开发利用,保护个人、组织的合法权益,维护国家主权、安全和发展利益"作为立法宗旨;美国《加州隐私权法案》(*California Privacy Rights Act*,CPRA)也在立法目的一节规定,法律的实施要同时注意对商业和创新的影响,要在不损害或削弱消费者隐私的情况下促进商业效率的提高;最强调数据安全的欧盟《通用数据保护条例》,也在第一条第三款强调"不得以保护与处理的个人数据相关的自然人为由,限制或禁止个人数据在欧盟内部的自由流动"。

现代数据安全保护制度建立的现实基础是,信息革命后,以计算机为代表的自动化处理系统处理数据的能力显著提高。数据处理产生的风险与数据价值呈正相关:数据处理能力越强,数据能够被挖掘出的价值越高,数据处理活动引发的数据安全风险也越高。因此,从某种意义上来说,现代数据安全保护制度的核心目的便是通过制度性约束,在促进数字经济发展、挖掘数据价值的同时,将数据利用带来的风险降至最低,从而实现对国家安全、个

[①] 张新宝:《从隐私到个人信息:利益再衡量的理论与制度安排》,载《中国法学》2015 年第 3 期。

人和组织合法利益的保护。

企业进行数据合规的目的是保障企业能够持续稳定地开展业务,而非将数据安全作为企业的最终目的,否则企业不收集、不分析、不传输、不存储任何数据即可。因此,企业在进行数据安全合规,采取相应的技术措施和其他必要措施以保障数据安全时,要综合考虑采取的措施对具体业务开展的影响,当存在多种合规方案时,应尽可能选择对企业影响最小的一种,避免企业成为数据孤岛。

对于不同的数据处理者,数据合规的要求也应有所区别,对于业务涉及网络销售、生活服务、社交娱乐、信息资讯、金融服务、计算应用六大类中至少两类的超级互联网平台,应施加较高的合规要求,明确内部合规治理结构,增设"守门人义务",强化社会外部力量监督。其中,"守门人义务",是指平台型数据处理者需要对平台生态内提供服务的第三方数据处理者通过制定合理的平台规则,一方面要求规则设定本身需要遵循公平、公正、公开的原则,接受监管和司法审查以及公众监督;另一方面需要平台对第三方遵守的情况进行监督,必要时需采取停止接入等措施。

此外,我国数据安全合规的目标应是形成社会层面的合力,以实现民众利益或福利的最大化,而非仅在短时间内实现个人数据权利的最大化。为实现这一目的,数据安全合规也并非越严格越好,以较低价格或者免费获得数字化的产品和服务也是必要的。[①] 这也决定了,数据安全合规并非具有不可挑战性,在特殊情况下,对数据安全的保护也需要让位于其他事务。例如,根据《数据安全法》第三十五条的规定,公安机关、国家安全机关因依法维护国家安全或者侦查犯罪的需要调取数据,应当按照国家有关规定,经过严格的批准手续,依法进行,有关组织、个人应当予以配合。总之,将平衡性原则融入数据安全合规的全过程,不仅有利于企业创造更多的经济价值,也有利于推动信息技术的发展,促进数字经济的繁荣。[②]

[①] 何渊主编:《数据法学》,北京大学出版社2020年版,第19页。
[②] 程啸:《个人信息保护法理解与适用》,中国法制出版社2021年版,第14页。

四、公益性原则

《数据安全法》第二十八条规定："开展数据处理活动以及研究开发数据新技术，应当有利于促进经济社会发展，增进人民福祉，符合社会公德和伦理。"本条规定是《民法典》公序良俗原则在网络与数据法领域具象化的价值导向。数据处理者应出于良善的目的并采用符合社会公德的手段开展数据处理活动，而不被允许将收集的数据用于违背社会伦理、克减社会公共利益的途径。开展数据处理活动是一把"双刃剑"：一方面，科学技术是第一生产力。数据被誉为"信息时代的能源"，没有数据流转便没有物联网、人工智能、区块链等新兴科技的发展，数据新技术蕴含着巨大的经济价值。另一方面，技术始终是实现人类目标的手段。[1] 庞大数据流和作为商业秘密的算法，是普通人看不见、摸不着的"黑匣子"，并不如传统领域一般容易检查与评价。[2] 数据处理者不仅面临数据泄露、系统崩溃等技术风险，还须避免发生科技伦理问题。基于此，《数据安全法》第四章对社会公共利益的保障内化为数据处理者合规建设的法定环节，使得数据安全义务不仅不限于安全保障技术措施的内容，还覆盖了对公共利益的审慎注意义务，更要求其在收集、加工、流转等数据活动中积极追求符合社会道德与科技伦理的效果。此种意义下，数据安全义务的外延已超越"技术安全"本身。

义务主体进行数据合规治理时，应谨防逾越数据活动的"伦理红线"。实践中典型的违背社会公共利益的数据处理活动包括歧视性定价、侵犯个人隐私、搜索排名等权利异化。以"大数据杀熟"为例，所谓"杀熟"，本质是算法歧视，商家依据大数据所反映的消费者偏好针对同一商品或服务实施不同定价，榨取消费者剩余：对黏性强、消费意愿高的"熟客"展示较高价格，对黏性弱、尚未树立消费意愿的"新客"则展示较低价格，"不同的"消费者往往不知情地接受了差异化定价——在经济学中属于"一级价格歧视"，又称

---

[1] ［美］布莱恩·阿瑟：《技术本质》，曹东溟、王健译，浙江人民出版社2018年版，第26页。
[2] 张凌寒：《数据生产论下的平台数据安全保障义务》，载《法学论坛》2021年第2期。

"完全的价格歧视"。人只能是目的而不能是手段。本是服务于人的商品和服务，却因不良商家滥用大数据分析等技术将用户沦为攫取利益的手段、沦为数字经济生产中的工具。这一行为不仅违反市场规则，更有悖商业道德，腐蚀健康发展的经济社会。符合社会公共利益义务就是要从社会意义上限缩此种过分自私的数据处理之影响范围、减少对他人的有害行为、消除两败俱伤的争斗以及社会生活中潜在的分裂力量从而加强社会和谐。①

【典型案例】胡女士诉上海某旅游商务有限公司侵权纠纷案②

胡女士是某旅游平台享受8.5折优惠价的钻石贵宾客户。2020年7月，原告胡女士通过该公司App以2889元订购了某酒店一间客房，然而酒店对同一房型的线下挂牌价仅为1377.63元。胡女士不仅没有享受应有优惠，反而多支付了一倍的房价。经沟通，该公司平台以其非订单的合同相对方为由仅退还了部分差价。胡女士以该公司平台采集个人非必要信息、进行"大数据杀熟"为由诉至法院，提出两项诉讼请求：其一，退一赔三；其二，该公司App为其增加不同意"服务协议"和"隐私政策"时仍可继续使用的选项。

一审法院认为：就第一项请求，被告作为中介平台对标的实际价值有如实报告义务。被告向原告承诺享有优惠价，却无价格监管措施，向原告展现了一个溢价100%的失实价格，未践行承诺。故被告存在虚假宣传、价格欺诈和欺骗行为，支持原告退一赔三。就第二项请求：用户下载该公司App后须点击同意"服务协议""隐私政策"方能使用，是以拒绝提供服务形成对用户的强制。该公司App的"隐私政策"还要求用户授权该公司自动收集日志信息、设备信息、软件信息、位置信息等个人信息，超越了形成订单必需的要素信息范围。而且，相关"服务协议""隐私政策"均要求用户特别授权该公司将用户信息分享给被告可随意界定的关联公司、业务合作伙伴进行进一步商业利用，既无必要性，又无限加重用户个人信息使用风险。原告因之不同意被告现有"服务协议"和"隐私政策"应予支持——这亦构成本案"大数

---

① [美] E. 博登海默：《法理学——法律哲学与法学方法》，邓正来译，中国政法大学出版社1999年版，第387页。
② 《浙江一女子以携程采集非必要信息"杀熟"诉请退一赔三获支持》，载《人民法院报》2021年7月13日。

据'杀熟'第一案"之称号来源。

经某旅游公司上诉，二审法院维持了一审对于被告构成欺诈的认定，但驳回了原告的第二项诉讼请求。二审法院首先追认了胡女士具有非必要个人信息使用拒绝权，某旅游App的"隐私政策"明确载明该公司可能将订单数据用于分析从而形成用户画像，且消费者胡女士确实支付了不合理高价并没有得到适当补偿，因此其关于"大数据杀熟"的诉请有一定事实支持，确认了该公司处理消费者个人信息的行为超出了法律允许的范围。但消费者不可因"服务协议""隐私政策"中个别侵犯消费者个人信息权益的条款而要求公司增加"不同意使用信息仍可使用App"的选项。虽然该决定可能会达到制止或预防侵权行为发生的目的，但亦会对众多用户的利益产生深远影响，应当慎重选择平衡信息提供者利益、数据平台使用者利益和公共利益。

第二章 数据安全合规基础制度

《数据安全法》第三章规定了包括数据分类分级保护制度，国家数据安全风险评估、监测预警机制，国家数据安全应急处置机制，国家数据安全审查机制，数据出口管制制度，数据领域对等反歧视措施在内的数据安全基础制度。数据安全基础制度作为国家层面的顶层设计，其义务主体一般为政府部门，并不能直接指导数据安全合规工作，但能够给数据安全合规工作提供明确的指引。事实上，《数据安全法》第四章规定的数据安全保护义务便是从数据处理者义务视角对数据安全基础制度的转化性规定。

第一节 数据分类分级保护制度

一、数据分类分级保护制度概述

数据作为信息的记录，一般以数据库等集合形式呈现。实践中，一个数据库往往包含各种类别迥异、敏感程度不一的不同类型数据，而非单一数据的集合。数据的这一特点决定了无论是平衡数据利用与数据安全保护之间的矛盾，促进数字经济稳定发展，对数据进行精细化、规范化管理，还是促进数据流通，首要任务都是对数据进行分类分级。[①] 因此，加快培育数据市场，加强数据资源整合和安全保护，必须推动完善适用于大数据环境下的数据分

[①] 高磊、赵章界、林野丽、翟志佳：《基于〈数据安全法〉的数据分类分级方法研究》，载《信息安全研究》2021年第10期。

类分级保护制度。①

数据分类，是指根据数据的属性对产生、采集、加工、使用或管理的数据进行区分和归类，确定某一数据属于何种类别。数据分级，是指按照数据重要性和敏感性的不同对分类后的数据进行定级，采取不同等级的保护措施。

数据分类与数据分级密不可分，但又属于不同的维度，在逻辑顺序上，应当是先"分类"后"分级"。数据分类是建立统一、准确、完善的数据架构，进行数据分级的基础，数据分级则有助于行业机构根据数据不同级别，确定数据在其生命周期的各个环节应采取的数据安全防护策略和管控措施，确保数据的完整性、保密性和可用性。为保证数据分类分级的切实可用，数据分类分级应当满足以下原则：一是科学性原则，应按照数据的多维特征及其相互间的逻辑关联进行科学和系统的分类，按照大数据安全需求确定数据的安全等级。二是稳定性原则，应以数据最稳定的特征和属性为依据制定分类和分级方案。三是实用性原则，要确保每个类目下有数据，不设没有意义的类目，数据类目划分要符合对数据分类的普遍认识，数据分级要确保分级结果能够为数据保护提供有效信息，能够提出具体的分级安全要求。四是扩展性原则，数据分类和分级方案在总体上应具有概括性和包容性，能够针对各种类型的数据开展分类和分级，并满足将来可能出现的数据的分类和分级要求。②

二、《数据安全法》关于数据分类分级保护制度的规定

《数据安全法》第二十一条确立了"重要性+危害性"的数据分类分级依据，即根据数据在经济社会发展中的重要程度，以及一旦遭到篡改、破坏、泄露或者非法获取、非法利用，对国家安全、公共利益或者个人、组织合法权益造成的危害程度对数据进行分类分级。在职权分工上，本条规定的数据分类分级保护制度包括国家、地区和行业三个层面，与《数据安全法》第五条、第六条所确立的数据安全权属、职权划分保持一致，中央层面的国家数

---

① 《中共中央 国务院关于构建更加完善的要素市场化配置体制机制的意见》第六条第二十二项。
② 《信息安全技术 大数据安全管理指南》（GB/T 37973—2019）第 7.1 条。

据安全工作协调机制承担统筹协调的职责，各地区、各部门在中央的统一协调之下制定重要数据目录，推动重要数据统一认定标准的建立。[①]

本条特别强调了"重要数据"的重点保护。根据国家互联网信息办公室制定的《数据出境安全评估办法》的定义，重要数据是指一旦遭到篡改、破坏、泄露或者非法获取、非法利用等，可能危害国家安全、经济运行、社会稳定、公共健康和安全等的数据。

从数据安全合规的视角来看，重要数据的处理者所需承担的额外数据保护义务便是数据分类分级保护制度的转化性规定，两者相结合共同推动数据分类分级保护制度的落实。具体而言，数据处理者开展数据处理活动，履行数据安全保护义务，应建立在网络安全等级保护制度的基础上（第二十七条第一款）；重要数据的处理者应当明确数据安全负责人和管理机构，以落实数据安全保护责任（第二十七条第二款）；重要数据的处理者应当按照规定对其数据处理活动定期开展风险评估，并向有关主管部门报送风险评估报告（第三十条第一款）；境内运营中收集和产生的重要数据的出境安全管理，适用《中华人民共和国网络安全法》和出境安全管理办法的相关规定（第三十一条）；违反《数据安全法》规定，向境外提供重要数据的，由有关主管部门责令改正，给予警告，可以并处罚款，情节严重的，可以责令暂停相关业务、停业整顿、吊销相关业务许可证或者吊销营业执照（第四十六条）。

三、基于现行法的数据分类分级方案

（一）基于现行法的数据分类方案

数据分类在具体操作层面可拆分为八个步骤：①确定业务一级子类——基本业务条线；②确定每个业务条线下所有的业务管理主体；③确定每个业务管理主体对应的管理范围，明确对应关系；④命名映射关系——业务二级子类，即对步骤三完成后确定的各类业务"管理主体—管理范围"映射关系

[①] 龙卫球主编：《中华人民共和国数据安全法释义》，中国法制出版社2021年版，第71页。

进行命名，得到业务二级子类的命名；⑤确定业务二级子类的管理范围对应的管理对象，即找到业务二级子类下的全部数据，得到每个业务子类对应的数据总和；⑥按照数据细分方法对各个"单类业务数据总和"分别细分，得到数据一级子类；⑦命名数据一级子类，即对步骤六完成后确定的数据一级子类命名；⑧对已划分明确的数据一级子类进一步细分，细分后产生一个或者多个数据子集。①

在理论层面，根据不同的维度，可对数据进行不同的分类：公民个人维度，按照数据是否可识别自然人或与自然人关联，可将数据分为个人信息、非个人信息；公共管理维度，按照国家机关对数据的管理、共享开放程度，可将数据分为公共数据、社会数据；信息传播维度，按照数据是否具有公共传播属性，可将数据分为公共传播数据和非公共传播数据；行业领域维度，按照数据处理涉及的行业领域，可将数据分为工业数据、电信数据、金融数据、交通数据、自然资源数据、卫生健康数据、教育数据、科技数据等；组织经营维度，按照业务生产和经营管理的需要，可将数据分为用户数据、业务数据、经营管理数据、系统运行和安全数据。②

现行的法律法规，虽然规定应建立数据分类制度，但并未给出具体详尽的方案，仅一些部门规章与地方性法规进行了探索，提出了一些尝试性方案。例如，《深圳经济特区数据条例》第二条将数据分为个人数据和公共数据两大类，其中个人数据是指载有可识别特定自然人信息的非匿名化数据；公共数据是指公共管理和服务机构在依法履行公共管理职责或者提供公共服务过程中产生、处理的数据。

对现有的数据分类方案进行归类，较为常见的业务一级子类划分方案有以下几种：一是根据数据的来源和用途划分，分为科研数据、社交数据、电子商务数据；二是根据数据的行业和领域划分，分为工业数据、交通数据、电信数据；三是根据数据主体划分，分为个人数据、企业数据和国家数据（公共数据、政务数据）。③ 这三种是我国规范性文件中较为常见的分类方案，

---

① 洪延青：《国家安全视野中的数据分类分级保护》，载《中国法律评论》2021年第5期。
② 《网络安全标准实践指南 网络数据分类分级指引》（TC260-PG-20212A）第4.1条。
③ 朱晓武、黄绍进：《数据权益资产化与监管》，人民邮电出版社2020年版，第73—78页。

各有其优势和劣势，在实践中均有企业采用。但从促进数据流通与加强数据安全保护角度着眼，考虑到实践中的可操作性，本书更认同第二种分类方案，即根据数据的行业和领域划分。理由如下：

首先，此种分类方式更为科学，更符合现行法的规定。《数据安全法》第二十一条第一款后半段与第三款规定，国家数据安全工作协调机制统筹协调有关部门制定重要数据目录，加强对重要数据的保护。各地区、各部门应当按照数据分类分级保护制度，确定本地区、本部门以及相关行业、领域的重要数据具体目录，对列入目录的数据进行重点保护。重要数据目录的制定需要按照不同的地区和部门（行业、领域）分别开展，其中垂直的行政区划层层嵌套，上一级完全涵盖下一级，不适合作为分类的依据，因此应当按照不同的部门（行业、领域）将数据划分为业务一级子类。若按照其他方式分类，则势必要在确定业务一级子类的基础上，再根据行业和领域进行业务二级划分，这种划分不但程序更为繁杂，而且在各部门制定的数据目录中也难以体现。

其次，此种分类方式更为稳定与周延，涵盖面广且不同类别之间交叉较少。按照数据的来源和用途进行划分稳定性较差，随着物联网设备的不断增加，新的数据来源也不断涌现，名目繁多，难以穷尽，因此以数据来源和用途进行的分类更适宜作为业务一级子类下的业务二级子类，当出现新的数据来源时，在对应行业的数据目录中增加对应的业务二级子类即可，而无须不断制定新的数据目录。按照数据主体进行的划分则明显存在逻辑上的缺漏，周延性不足。企业数据是企业所有的数据、国家数据是国家所有的数字自无问题，但在一般语境下，个人数据是指能够识别特定自然人的数据而非个人所有的数据，数据范围相互交叉，容易引起歧义。况且，虽然数据既能够以电子形式呈现，又能够以其他形式呈现，但大数据时代具有讨论价值的数据往往是以机器可读形式存在的，对分析、存储设备有较高的要求，个人几乎不可能在合法情形下处理数据，基于主体的数据分类未必体现相应主体的利益，不适宜作为分类依据。[①]

[①] 许可：《数据安全法：定位、立场与制度构造》，载《经贸法律评论》2019年第3期。

最后，此种分类方式更为实用，能更好地促进数据的流通和利用。数据分类的目标是促进数据流通与加强数据保护。绝大多数的数据处理者在自身产生、收集的数据之外，还会对其他主体共享、提供的数据进行处理。为了使数据处理活动更为高效，数据处理者一般会根据自身的实际需求获取特定类别的数据，而以行业划分业务一级子类、数据来源为业务二级子类进行分类的数据更容易被有需求的数据处理者所定位。

基于此，可参考我国的行业分类目录，将数据分为农林牧渔业，采矿业，制造业，电力、热力、燃气及水生产和供应业，建筑业，批发和零售业，交通运输、仓储和邮政业，住宿和餐饮业，信息传输、软件和信息技术服务业，金融业，房地产业，租赁和商务服务业，科学研究和技术服务业，水利、环境和公共设施管理业，居民服务、修理和其他服务业，教育，卫生和社会工作，文化、体育和娱乐业，公共管理、社会保障和社会组织，国际组织二十大类。[①] 当然，这并不意味着实践中必须严格地将数据分为二十大类，也可根据实际情况对其中某些类别进行合并、分列。

在业务一级子类的基础上，各部门可在国家数据安全工作协调机制的统筹协调下，制定本领域的具体分类分级指南。例如，工业和信息化部颁布的《工业数据分类分级指南（试行）》第六条和第七条根据第五条确立的工业数据分类标准，给出了工业领域的数据分类范例："工业企业工业数据分类维度包括但不限于研发数据域（研发设计数据、开发测试数据等）、生产数据域（控制信息、工况状态、工艺参数、系统日志等）、运维数据域（物流数据、产品售后服务数据等）、管理数据域（系统设备资产信息、客户与产品信息、产品供应链数据、业务统计数据等）、外部数据域（与其他主体共享的数据等）。""平台企业工业数据分类维度包括但不限于平台运营数据域（物联采集数据、知识库模型库数据、研发数据等）和企业管理数据域（客户数据、业务合作数据、人事财务数据等）。"[②]

[①] 《国民经济行业分类》（GB/T 4754—2017）。

[②] 《工业数据分类分级指南（试行）》，指南第五条确立的分类标准为：工业企业结合生产制造模式、平台企业结合服务运营模式，分析梳理业务流程和系统设备，考虑行业要求、业务规模、数据复杂程度等实际情况，对工业数据进行分类梳理和标识，形成企业工业数据分类清单。

(二) 基于现行法的数据分级方案

数据分级在具体操作层面可分为四个步骤：①确定影响对象，即确定需定级的某类数据的安全属性（完整性、保密性、可用性）遭到破坏后可能影响的对象；②确定影响范围，即确定该类数据安全属性遭到破坏后可能影响的范围；③确定影响程度，即确定该类数据安全属性遭到破坏后可能影响的程度；④综合上述三要素，对数据定级。①

对数据进行分级的核心在于准确判断数据遭到破坏后可能影响的对象、范围和程度三个分级因素，并基于此将数据分为不同的级别进行保护。根据《数据安全法》《网络安全法》的表述，可在综合考量数据重要性和风险程度的基础上，按照风险由低到高将数据分为一般数据、重要数据和核心数据三级，对每一领域的重要数据进行重点保护，对核心数据实行更为严格的管理与保护制度。

有争议的是，重要数据、核心数据到底是对数据的分类还是分级。② 产生这一争议的核心原因是分类和分级都是对数据的划分，分级在本质上也是一种分类。但当分类与分级并列，且需要做出区分时，不同分类之间更体现平等关系，而分级更侧重"区分级别，分别保护"这一核心特征。一般数据、重要数据、核心数据的保护要求逐级递增，更符合分级的特征。况且在逻辑关系上，应是先分类后分级，分类的目的是更好地分级，若直接按照重要与否进行分类，分类完成后便不再需要分级环节。因此，本书认为，一般数据、重要数据、核心数据是一种分级而非分类，对应到现有的分类分级方案中，一般数据可对应低敏感数据；重要数据可对应中敏感数据；核心数据可对应高敏感数据。不同级别数据影响对象和影响程度如表3所示：③

---

① 洪延青：《国家安全视野中的数据分类分级保护》，载《中国法律评论》2021年第5期。
② 王春晖：《〈中华人民共和国数据安全法〉十大法律问题解析》，载《保密科学技术》2021年第9期。
③ 《网络安全标准实践指南 网络数据分类分级指引》（TC260-PG-20212A）第6.2条。

表 3　不同级别数据安全影响程度

基本级别	影响对象			
	国家安全	公共利益	个人合法权益	组织合法权益
核心数据	一般危害、严重危害	严重危害	—	—
重要数据	轻微危害	一般危害、轻微危害	—	—
一般数据	无危害	无危害	无危害、轻微危害、一般危害、严重危害	无危害、轻微危害、一般危害、严重危害

以信息传输领域的通信数据为例。在分类方法上，可将通信数据这一业务二级子类细分为标识类、用户属性类、用户行为类、环境数据类、统计数据类五个数据一级子类；在分级方法上，可将数据分为一般数据、重要数据和核心数据三级。三种不同级别的数据在一定条件下可以互相转化，如核心数据通过脱敏、加密可以变成重要数据，重要数据通过泛化、去标识化可以转化成一般数据；而重要数据联合标识类数据可以升级成核心数据。具体分类体系见图 1：

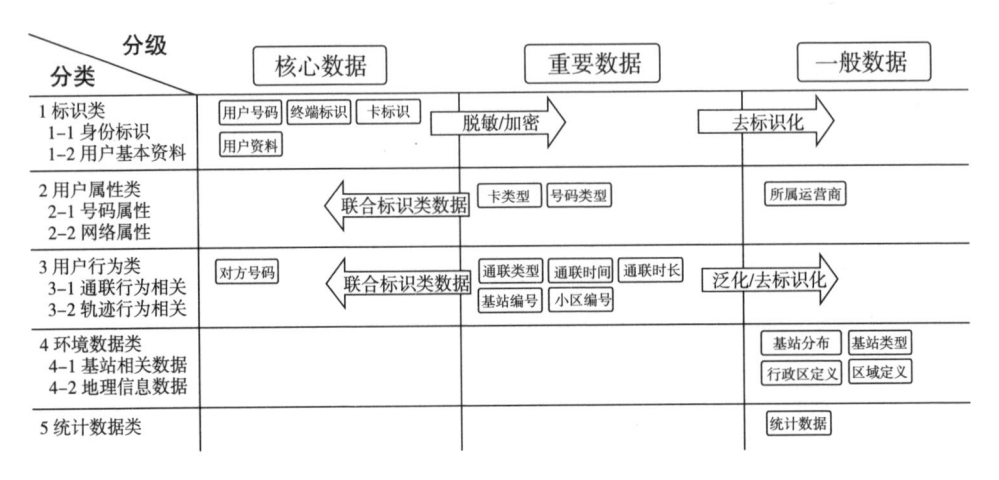

图 1　数据分类分级示意图

第二节　国家数据安全机制

当前引发数据安全风险的因素主要有以下几点：

一是竞争激烈，争夺数据流通话语权。在大数据时代，国家发展越来越依赖网络，数据安全直接关系到社会稳定和国家发展。在数字经济时代，一国对数据资源掌控力以及保障数据安全的能力也将成为国家竞争力的体现。[①]为了抢占数字经济发展的优势，世界各国开始将大数据发展定位为国家发展战略，纷纷加入网络空间的话语权争夺战之中。世界各国在争夺和抢占网络空间话语权时，侵害数据主权、数据跨境导致数据泄露等数据安全事件时有发生。

二是立法不够完善。我国的《数据安全法》《网络安全法》《个人信息保护法》中有关数据安全的规定多为原则性规定，较为宽泛，缺乏相关配套法规，制度在操作上具有一定难度。

三是协同合作经验不足。无论是数据安全事件评估，还是数据安全预警、应急处置机制，数据安全治理都离不开各部门、各机构以及其他社会各方力量的协同合作、高效配合。《数据安全法》第六条规定："各地区、各部门对本地区、本部门工作中收集和产生的数据及数据安全负责。工业、电信、交通、金融、自然资源、卫生健康、教育、科技等主管部门承担本行业、本领域数据安全监管职责。公安机关、国家安全机关等依照本法和有关法律、行政法规的规定，在各自职责范围内承担数据安全监管职责。国家网信部门依照本法和有关法律、行政法规的规定，负责统筹协调网络数据安全和相关监管工作。"这明确表明数据安全的各项工作由国家网信部门进行协调。第十二条规定："任何个人、组织都有权对违反本法规定的行为向有关主管部门投诉、举报。收到投诉、举报的部门应当及时依法处理。有关主管部门应当对投诉、举报人的相关信息予以保密，保护投诉、举报人的合法权益。"这说明

[①] 阙天舒、王子玥：《数字经济时代的全球数据安全治理与中国策略》，载《国际安全研究》2022年第1期。

数据安全的维护不仅仅是政府机构的职责，任何个人、任何组织都可以为数据安全保障贡献一份力量。

因此，为维护数据安全，提高数据安全保障能力，需要以总体国家安全观为指导，构建数据安全机制，通过配套规范不断细化《数据安全法》《网络安全法》《个人信息保护法》等法律法规的相关规定，建立健全数据安全治理体系。国家数据安全机制是从国家层面自上而下构建的一系列制度的总称，包含数据安全风险评估、监测、应急处置、安全审查等具体制度。这些具体制度相互衔接，覆盖数据处理活动的全过程，并与国家网络安全机制紧密相关，共同构筑起我国的数据安全屏障。

一、国家数据安全风险评估、监测预警机制

数据安全风险，是指存在于数据生命周期的，对数据的有效保护、合法利用和持续安全状态造成的内部、外部安全威胁。数据安全风险可能发生于数据生命周期中产生、存储、使用、分享、归档和销毁等各个环节，且不同环节面临的具体安全风险亦有差异，总体上可将其表现形式分为两种：一是直接针对数据本身实施删除、修改、增加等破坏行为；二是通过对数据载体的破坏间接破坏数据安全性、保密性和可用性。应对数据安全风险依赖行之有效的技术措施与组织（管理）措施，在法律层面，规制的重点主要在后者，即如何通过组织机构的设置、调整和管理机制的完善，保障数据安全。①

我国现阶段，数据安全与网络安全、国家安全深度绑定，数据安全风险众多、数据安全事件频发的现状，决定了仅在个体层面，通过规定数据处理者义务的方式，要求数据处理者进行自我管理，已不足以实现对数据安全风险的全局把握与监测预警，因此，有必要在国家层面构建起集中统一、高效权威的数据安全风险评估、报告、信息共享、监测预警机制。②

在法律层面，最早规定建立安全风险评估与监测预警机制的是《网络安

---

① 裴炜：《刑事跨境取证中的数据安全风险及其应对》，载《国家检察官学院学报》2021年第6期。
② 龙卫球主编：《中华人民共和国数据安全法释义》，中国法制出版社2021年版，第73页。

全法》。根据《网络安全法》的规定，国家应建立网络安全监测预警和信息通报制度。国家网信部门应当统筹协调有关部门建立健全网络安全风险评估机制，加强网络安全信息收集、分析和通报工作，按照规定统一发布网络安全监测预警信息。负责关键信息基础设施安全保护工作的部门，应当建立健全本行业、本领域的网络安全监测预警和信息通报制度，并按照规定报送网络安全监测预警信息。当网络安全事件发生的风险增大时，有关部门应当按照规定的权限和程序，并根据网络安全风险的特点和可能造成的危害，组织有关部门、机构和专业人员，对网络安全风险信息进行分析评估，预测事件发生的可能性、影响范围和危害程度。[1]

《数据安全法》与《网络安全法》的规定一脉相承，可将第二十二条看作网络安全风险评估与监测预警机制在数据领域的专门规定。虽然数据安全和网络安全的评估和监测预警工作可以相互独立，但在实践中往往是不可分割的，数据安全是网络安全的重要组成部分，当网络面临安全风险时，数据安全往往也会受到威胁。国家在构建安全风险评估、监测预警机制的过程中，应将数据安全和网络安全有机结合在一起，而非分别建立两套互不隶属、互不配合的安全风险评估与监测预警机制。

国家数据安全风险评估、监测预警机制的运行可同时由以下两种方式推动。一是在国家数据安全工作协调机制的统筹协调下，有关部门加强数据安全风险信息的获取、分析、研判、预警工作，积极主动地对全国范围内的关键信息基础设施等重点领域的数据安全风险信息进行收集，并进行安全评估。二是有关部门畅通数据处理者提交风险评估报告的渠道，搭建数据威胁信息共享平台，统一汇集、存储、分析、通报、发布数据安全威胁信息，对重要数据的处理者按照规定对其数据处理活动定期开展风险评估后形成的风险评估报告中涉及的风险因素进行归纳总结并进行核验。数据的风险评估至少应包括以下内容：数据处理者的身份，处理数据的种类、数量，开展数据处理活动的情况，可能面临的数据安全风险及相应的应对措施是否有效。

由于数据安全风险的防范需要发挥社会各方面的作用，因此还需要构建

---

[1] 《网络安全法》第五十一条、第五十二条、第五十三条、第五十四条。

起高效的信息共享机制，支持有关部门、行业组织、企业、教育和科研机构、有关专业机构等在数据安全风险评估、防范、处置等方面开展协作，在发现风险点后第一时间进行分享，群策群力，分析风险发生的现实可能性、可能造成的危害程度与影响范围大小，并在最短时间内制定应对措施，防止损害的进一步扩大。

在对数据安全风险进行全面评估，多主体信息共享的同时，还需构建切实可行的数据安全监测预警机制。数据安全监测预警机制，是指基于数据安全信息的信息源，通过采用各种技术手段持续动态地监测风险和恶意行为，由及时提供警告的机构、制度、网络、举措等共同组成的机制，其作用在于能够促进实现提前反馈，及时布防，防止或者减少风险发生的可能性，最大限度地消除或降低事故发生的概率。[1] 根据《公共互联网网络安全威胁监测与处置办法》的规定，需对以下数据安全风险进行重点监测：被用于实施网络攻击的恶意程序，包括木马、病毒、僵尸程序、移动恶意程序等；网络服务和产品中存在的安全隐患，包括硬件漏洞、代码漏洞、业务逻辑漏洞、弱口令、后门等；网络服务和产品已被非法入侵、非法控制的网络安全事件，包括主机受控、数据泄露、网页篡改等。监测机制的核心在于实时与动态，当根据系统预设模型发现某一重要数据将面临安全风险，或某一指数出现不正常波动，数据安全事件发生的风险增大，进入预警期后，应及时调配资源，加强对风险点的监测，组织有关部门和机构、专业技术人员、有关专家学者，随时对突发数据安全事件信息进行分析评估，预测发生突发事件可能性的大小、影响范围和强度以及可能发生的突发事件的级别，并在有必要的情况下及时向社会公众发布警示信息。

二、国家数据安全应急处置机制

即使有数据安全风险评估和监测预警机制，数据安全事件仍然是不可避免的。为尽可能地将数据安全事件所导致的危害结果与负面影响限缩在最小范围

---

[1] 龙卫球主编：《中华人民共和国数据安全法释义》，中国法制出版社2021年版，第74页。

内，防止风险外溢，有必要在国家、行业主管部门和数据处理者三个层级建立数据安全应急处置机制。国家层面，由国家网信部门在国家数据安全协调工作机制下，协调有关部门建立健全数据安全应急处置机制，制订网络安全事件应急预案，并定期组织多部门联合演练；行业主管部门层面，由各部门根据本部门主管行业、领域中数据安全事件的实际情况，建立本行业内的数据安全应急处置机制，制订具有针对性的数据安全预案；数据处理者层面，应根据具体的数据处理活动，建立组织内部的数据安全应急处置机制，发生数据安全事件时，应当立即采取处置措施，按照规定及时告知用户并向有关主管部门报告。

数据安全应急处置机制可细分为两个步骤：一是制订应急预案，采取相应的应急处置措施；二是向社会发布与公众有关的警示信息。

（一）制订应急预案，采取应急措施

《数据安全法》中关于国家数据安全应急处置机制的相关规定，与《网络安全法》中关于国家网络安全应急处置机制的规定相衔接，是网络安全应急处置机制在数据安全领域的细化规定。因此，在《数据安全法》仅规定数据安全应急处置机制的宏观框架，缺乏配套的细化法规时，在具体操作层面，可参考《网络安全法》《突发事件应对法》《安全生产法》等法律，以及《国家网络安全事件应急预案》《突发事件应急预案管理办法》等网络安全应急处置机制的细化规定。

数据安全应急预案，是指数据安全主管部门或数据处理者等为依法、迅速、科学、有序地应对突发事件，最大限度地减少突发事件及其造成的损害而预先制订的工作方案，具体规定突发事件应急管理工作的组织指挥体系与职责和突发事件的预防与预警机制、处置程序、应急保障措施以及事后恢复与重建措施等内容。[①]

应急预案的制订，具体包括预案编制，预案审批、备案和公布，应急演练，预案评估、备案和修订，培训和宣传教育等环节。数据安全主管部门应提供组织保障和经费支持，指定专门机构和人员负责相关具体工作，并将应

---

① 《突发事件应急预案管理办法》第二条；《突发事件应对法》第十八条。

急预案制订相关事宜所需的经费纳入预算统筹安排。数据安全应急预案的制订需遵循统一领导、分级负责，统一指挥、密切协同、快速反应、科学处置，谁主管谁负责、谁运行谁负责的原则，依据有关法律、行政法规和制度，紧密结合实际，合理确定内容，切实提高针对性、实用性和可操作性。国家和有关主管部门制订的应急预案应侧重明确突发事件的应对原则、组织指挥机制、预警分级和事件分级标准、信息报告要求、分级响应及响应行动、应急保障措施等，重点规范国家层面应对行动，同时体现政策性和指导性；地方制订的应急预案应侧重明确突发事件的组织指挥机制、信息报告要求、分级响应及响应行动、队伍物资保障及调动程序、政府职责等，重点规范地方层面的具体层面应对行动，同时体现指导性。[①] 根据数据安全事件社会危害程度、影响范围的不同，可将数据安全事件从高到低分为特别重大数据安全事件、重大数据安全事件、较大数据安全事件和一般数据安全事件四级，分别用红色、橙色、黄色和蓝色标示。

有关部门采取的应急措施应包括技术措施和其他必要的处置措施两部分，涵盖应急启动、应急处置、后期恢复处置、应急处置保障等数据安全事件管理的全生命周期。在多大范围内采取应急措施，以及投入多少人力物力应立足于"防止危害扩大，消除安全隐患"的最终目标，并根据数据安全事件的等级进行及时调整。以数据安全响应机制为例，数据安全事件的应急响应机制可分为四级，分别对应特别重大、重大、较大和一般数据安全事件。启动一级响应时，需成立专门的应急指挥中心并24小时值班，履行应急处置工作的统一领导、指挥、协调职责，有需要时，经国务院决定或者批准，可以在特定区域对网络通信采取限制等临时措施；启动二级响应时，数据安全事件发生的地区和部门的应急指挥机构进入应急状态，处置中需要其他地区、部门或者国家网络安全应急技术支撑队伍配合和支持的，由网信部门进行协调；启动三、四级响应时，由事件发生的地区和部门按相关预案进行应急响应。[②]

---

① 《突发事件应急预案管理办法》第八条。
② 《国家网络安全事件应急预案》第4.2条。

(二) 发布警示信息

有关主管部门在数据安全事件发生时,有义务及时向社会发布与公众有关的警示信息。数据安全事件与台风、寒潮、森林火灾等突发安全事件的区别在于,其表现形式不直观,民众最多只能通过程序崩溃、系统无法登录等情况感受到针对数据载体的计算机信息系统的破坏行动,而无法感知到针对数据本身的破坏行为。因此,当数据安全事件发生时,为避免损害进一步扩大,有关部门应通过官方渠道,经审批后,统一、及时、准确地发布相关警示信息。发布警示信息时,一方面,要保证消息的准确性,若情况发生变化,应及时做出调整并发布新的警示信息;另一方面,要对警示信息进行详细阐述和解释,避免民众拭目而观或引发过度恐慌。同时,在发布警示信息时,应同时告知民众避免风险、消除安全隐患的有效措施,防止危害进一步扩大。

三、国家数据安全审查机制

我国的国家安全制度已由《国家安全法》在法律层面确立。《国家安全法》规定,国家建立国家安全审查和监管的制度和机制,对影响或者可能影响国家安全的外商投资、特定物项和关键技术、网络信息技术产品和服务、涉及国家安全事项的建设项目,以及其他重大事项和活动,进行国家安全审查,有效预防和化解国家安全风险。大数据时代,不但数据本身蕴含着可以被解读和分析的国家政治、经济、军事等各方面的重要信息,而且随着数据生产和使用范围与领域的日益扩展,对国家而言数据也已经成为基础性战略资源。[1] 因此,对数据安全的重视,被上升到"数据主权"的高度,对数据安全的保护,尤为强调国家安全的立场。[2] 因此,可将数据安全审查视作对"网络信息技术产品和服务"进行国家安全审查在网络和数据领域的具体体现。

结合数据安全现状,应重点对以下国家安全风险因素进行数据安全审查:

---

[1] 黄志雄:《网络主权论》,社会科学文献出版社2017年版,第27页。
[2] 杨蓉:《从信息安全、数据安全到算法安全——总体国家安全观视角下的网络法律治理》,载《法学评论》2021年第1期。

计算机信息系统以及计算机信息系统中存储、处理或者传输的数据和应用程序受到删除、修改、增加、干扰的风险；数据处理者遵守中国法律、行政法规、部门规章的情况；核心数据、重要数据或者大量个人信息被窃取、泄露、毁损以及非法利用、非法出境的风险；上市存在的关键信息基础设施、核心数据、重要数据或者大量个人信息被外国政府影响、控制、恶意利用的风险；其他可能危害数据安全的因素。

与数据安全风险评估、监测预警机制和数据安全应急处置机制存在两点明显不同。一是主体不同，数据处理者本身开展的审查活动并不属于《数据安全法》规定的数据安全审查机制的一部分，相关监管部门才是义务主体。在分工上，中央国家机关各部门依照法律、行政法规行使国家数据安全审查职责，依法作出数据安全审查决定或者提出安全审查意见并监督执行；省、自治区、直辖市依法负责本行政区域内有关国家数据安全审查和监管工作。二是审查范围不同，国家数据安全风险评估、监测预警机制和国家数据安全应急处置机制原则上覆盖范围应尽可能大，将尽可能多的数据处理者纳入机制中；但国家数据安全审查机制仅对影响或者可能影响国家安全的数据处理活动进行国家安全审查，并不是一种常规常态化的审查机制。国家安全是指国家政权、主权、统一和领土完整、人民福祉、经济社会可持续发展和国家其他重大利益相对处于没有危险和不受内外威胁的状态，以及保障持续安全状态的能力。[①] 因此，只有当重要数据面临严重安全威胁，已危及国家安全时，才需要启动数据安全审查机制。例如，规模较小的互联网公司在国外上市并不一定需要进行安全审查，只有赴境外上市的互联网公司掌握超过10万用户的普通个人信息数据时，申报网络安全审查才是必需的。

国家数据安全审查机制在实施层面，由于网络安全审查和数据安全审查在价值定位和审查重点上有类似性，网络安全审查以可验证性技术标准为基础也能满足数据安全审查的透明度要求，因而两者具有较强的制度兼容性，可参照网络安全审查的相关规定，将数据安全审查也分为三个步骤。[②] 第一

[①] 《国家安全法》第二条。
[②] 刘金瑞：《数据安全范式革新及其立法展开》，载《环球法律评论》2021年第1期。

步，当数据处理者预判将要开展的数据处理活动存在安全风险，影响或可能影响国家安全时，主动向数据安全审查机构申报数据安全审查。第二步，由数据安全审查机构根据申报材料确定是否需要进行审查，并书面通知当事人，认为需要审查的，在 30 日内完成初步审查。第三步，在初步审查的基础上，形成审查结论建议，并将审查结论建议发送给数据安全审查机制成员单位、相关部门征求意见，意见一致的，以书面形式将审查结论通知当事人；意见不一致的，按照特别审查程序处理，听取不同单位和部门意见后进行评估，直至形成新的审查结论，而后书面通知当事人。

国家数据安全审查机制的一大特点是数据安全审查机构依法作出的安全审查决定为最终决定，是法定的行政终局行为，一经作出立即生效，不会进入行政复议或行政诉讼程序。将数据安全审查规定为行政终局行为主要出于以下几点考量：一是国家安全审查是一种与国家安全密切相关的"类国防行为"，是法律授权的特定主体，代表整个国家，以国家的名义实施，数据安全审查关系到国家和民族的整体利益，即使这种行为会影响某些公民、法人或者其他组织的利益，但在此种情况下，公民、法人或者其他组织的个别利益要服从国家的整体利益。二是数据安全审查的专业性和时效性强，行政复议与行政诉讼流程长，且缺乏专业性人才，难以满足数据安全审查的需要。三是有利于维护国家安全审查决定的确定性，避免因为不确定性影响"数据处理者"的权益。[1]

第三节　数据出口管制制度

一、数据出口管制制度概述

《出口管制法》第二条规定，管制物项，是指两用物项、军品、核以及其他与维护国家安全和利益、履行防扩散等国际义务相关的货物、技术、服务

---

[1] 龙卫球主编：《中华人民共和国数据安全法释义》，中国法制出版社 2021 年版，第 79 页。

等物项。出口管制，是指国家对从中华人民共和国境内向境外转移管制物项，以及中华人民共和国公民、法人和非法人组织向外国组织和个人提供管制物项，采取禁止或者限制性措施。国家实施数据出口管制制度，意味着国家禁止或限制与维护国家安全和利益、履行国际义务相关的属于管制物项的数据向境外传输。在规制对象上，不仅可对境内的数据处理者进行出口管制，境外的组织和个人违反数据出口管制管理规定，危害中华人民共和国国家安全和利益，妨碍履行防扩散等国际义务的，也可以依法处理并追究其法律责任。

数据并非传统意义上的出口管制对象，但在信息时代越来越多的国家把出口管制的客体从有体物扩展到信息技术、软件、数据等无形物。[1] 例如，美国《2018年出口管制法》（The Export Controls Act of 2018）第1758节便将不属于《1950年国防产品法》（Defense Production Act of 1950）第721（a）（6）（A）节（i）至（v）项所规定的关键技术，但对美国国家安全至关重要的"新兴和基础技术"（Emerging and Foundational Technologies）正式引入美国出口管制领域。"新兴和基础技术"的范围十分广泛，具有开放性和不确定性，既包括芯片、5G等前沿技术，也包含知识产权、数据等无形物。[2]

在出口管制问题上，中国的基本立场是：坚持国家总体安全观，认真履行国际义务和承诺，积极推进国际合作协调，坚决反对滥用出口管制措施。因此，数据出口管制应当遵守公正、合理、非歧视原则，不应当损害其他国家和平利用出口数据的正当权益，在全球化日益深入、新技术不断涌现的时代背景下，我们既需要对数据风险和威胁实施有效管控，营造有利于经济社会发展的数据安全环境，也要积极推动数字科技进步的普惠共享，不断增进全人类福祉。[3]

《数据安全法》第十一条规定，国家积极开展数据安全治理、数据开发利用等领域的国际交流与合作，参与数据安全相关国际规则和标准的制定，促进数据跨境安全、自由流动。但数据的跨境自由流通不可避免地会带来数据

---

[1] 陈晖：《从〈出口管制法〉看进出口立法的五点新变化》，载《海关法评论》2021年第10期。
[2] 参见欧福永、罗依凯：《美国〈2018年出口管制法〉评析与启示》，载《河北法学》2022年第2期。
[3] 中华人民共和国国务院新闻办公室：《中国的出口管制》，载《人民日报》2021年12月30日，第18版。

安全风险，给个人的人身和财产、企业的商业利益和商誉以及公共安全、国家安全造成冲击。① 从这个角度而言，数据出口管制制度充当了数据自由流通和数据安全这对矛盾的平衡器。原则上，数据处理者可通过国家认证、标准合同条款、约束性企业规则等法律工具进行数据跨境传输，例外情况是，当跨境传输的数据与国家安全和利益紧密相关时，需要对其进行限制，甚至禁止。有学者认为，我国对数据跨境流动的基本态度倾向是以数据本地化为一般情况，数据出境为特殊例外。② 本书认为，这是一种对《网络安全法》和《数据安全法》的误读，直接将数据等同于个人信息。虽然数据的出口管制并不仅针对重要数据，与国家安全和利益、履行国际义务相关的一般数据也可能属于管制数据，但一般数据除非规模达到一定程度一般不会被认为与国家安全和利益直接相关。况且，在企业走出国门的过程中，数据出口是不可避免的，若是将所有数据的出境都视为特殊例外，主管部门不可能负担如此巨大的审核压力，反而会导致数据出口管制制度流于形式。

具体操作层面，国家实行统一的出口管制制度，通过制定管制清单、名录或者目录、实施出口许可等方式进行管理，其中最为核心的是许可证机制。需要数据出口经营者向国家出口管制管理部门申请许可。国家出口管制管理部门综合考虑国家安全和利益、国际义务和对外承诺、出口数据敏感程度、出口目的国家或地区、最终用户和最终用途、数据出口经营者的相关信用记录等因素后，对数据出口的申请作出准予或者不予许可的决定，对准予出口的，颁发出口许可证。如果数据出口经营者建立有出口管制内部合规制度，且运行情况良好的，国家出口管制管理部门可以对其出口数据给予通用许可等便利措施。

在救济程序上，与国家数据安全审查机制不同的是，有关组织或者个人对国家出口管制管理部门的不予许可决定不服的，可以依法申请行政复议。数据出口管制的行政复议，原则上采取书面审查，但是申请人提出要求或者行政复议机关负责法制工作的机构认为有必要时，可以向有关组织和人员调

---

① 郑曦：《刑事数据出境规则研究》，载《中国政法大学学报》2022年第2期，第140页。
② 薛亦飒：《多层次数据出境体系构建与数据流动自由的实现——以实质性审查制变革为起点》，载《西北民族大学学报（哲学社会科学版）》2020年第6期，第65页。

查情况，听取申请人、被申请人和第三人的意见。在对不予许可数据出口的行为进行审查后，根据实际情况做出维持、撤销、变更或者确认该具体行政行为违法的决定，并可责令被申请人在一定期限内重新作出具体行政行为。与国家数据安全审查机制相同的是，行政复议决定为最终裁决，即使数据出口经营者对复议机关做出的决定不服，也无法在法院提起行政诉讼。

二、数据出口管制与数据出境评估

我国的数据跨境流动基本管理制度由数据出境评估制度和数据出口管制制度两部分构成，其中是否需要对数据进行出口管制，也建立在数据出境评估的基础上，在逻辑上未经过评估无法确定数据与维护国家安全和利益、履行国际义务相关。因此，可参考数据出境安全评估的相关规范性文件，确定需要进行出口管制数据的范围。

对《网络安全法》《数据安全法》《个人信息保护法》《数据出境安全评估办法》等与数据出境相关的规范性文件进行提炼可知，与国家安全和利益、履行国际义务相关的数据可分为两大类：一类是数据本身重要程度较高，与国家安全紧密相关；另一类是数据本身重要性不高，但出境数量达到了一定量级。前者主要是指，与国家安全、经济发展以及公共利益密切相关，一旦未经授权披露、丢失、滥用、篡改或销毁，或汇聚、整合、分析后，可能造成危害国家安全、损害公共利益等严重后果的重要数据。如包含核设施、化学生物、国防军工、人口健康等领域信息的数据，大型工程活动、海洋环境以及敏感地理信息数据，包含关键信息基础设施的系统漏洞、安全防护等网络安全信息的数据。根据重要数据处理者身份的不同，对其出境安全管理要求也不同，关键信息基础设施的运营者在中华人民共和国境内运营中收集和产生的重要数据的出境安全管理，适用《网络安全法》的规定；其他数据处理者在中华人民共和国境内运营中收集和产生的重要数据的出境安全管理办法，由国家网信部门会同国务院有关部门制定。后者主要是指，含有或累计含有50万人以上个人信息的数据，数据量超过1000GB的数据。根据《数据出境安全评估办法》，当数据处理者向境外提供重要数据、关键信息基设施运营者和处理 100 万人以上个人信息的数据处理者向境外提供个人信息、自上年 1 月 1 日起累计向境外提供 10 万人个人信息或者 1 万人敏感个人信息的数据处理者向境外提供个人信息时，需要通过所在地省级网信部门向国家网信部门申报。

三、违反出口管制措施的处罚

在《数据安全法》《出口管制法》等法律出台之前，我国行政机关便对数据违规向境外传输事件做出了行政处罚。2015 年 9 月 7 日，中华人民共和国科技部对深圳华大基因科技服务有限公司，做出了国科罚〔2015〕2 号行政处罚决定书。决定书中提到，华大科技与华山医院在与英国牛津大学开展"中国女性单相抑郁症的大样本病例对照研究"国际科研合作项目时，华大科技未经许可将部分人类遗传资源信息从网上传输出境。该违规传输数据的行为违反了《人类遗传资源管理暂行办法》第四条、第十一条、第十六条规定，根据《人类遗传资源管理暂行办法》第二十一条及《中华人民共和国行政处罚法》的规定，做出"立即停止该研究工作的执行；销毁该研究工作中所有未出境的遗传资源材料及相关研究数据；停止华大科技涉及我国人类遗传资源的国际合作，整改验收合格后，再行开展"三项处罚措施。[①]

由于缺乏法律的明确规定，在数据处理者违反出口管制规定违法出口数据时，行政机关只采取叫停、销毁数据等行政处罚措施，而无法对涉事企业和主管人员采取更为严厉的处罚。因此，《数据安全法》《网络安全法》和《出口管制法》都规定了违反数据出口管制制度、未经审批或许可，违法违规向境外提供数据的具体处罚措施。根据违法情节不同，最重可对数据处理者处以一千万元或违法经营额二十倍罚款，并可以没收违法所得，责令暂停相关业务、停业整顿、吊销相关业务许可证或者吊销营业执照，对直接负责的主管人员和其他直接责任人员处十万元以上一百万元以下罚款。自处罚决定

---

① 中华人民共和国科技部行政处罚决定书国科罚〔2015〕2 号，载科技部官网，https://fuwu.most.gov.cn/html/rlycxzcf/20150907/123123231.html，最后访问日期：2022 年 4 月 20 日。

生效之日起，国家出口管制管理部门可以在五年内不受理其提出的出口许可申请；对其直接负责的主管人员和其他直接责任人员，可以禁止其在五年内从事有关出口经营活动，因出口管制违法行为受到刑事处罚的，终身不得从事有关出口经营活动；依法将出口经营者违反本法的情况纳入信用记录。

第四节　数据领域对等反歧视措施

一、数据领域对等反歧视措施设立背景

中国一直以来，都高举和平、发展、合作、共赢的旗帜，推动建设相互尊重、公平正义、合作共赢的新型国际关系，推动构建人类命运共同体。然而，近年来，某些西方国家出于政治操弄和意识形态偏见，违反国际法和国际关系基本准则，粗暴干涉中国内政，打压中国科技与经济的发展，依据其本国法律对中国有关国家机关、国家工作人员实施所谓"制裁"。[①]

基于此，2021年6月10日，我国于第十三届全国人民代表大会常务委员会第二十九次会议通过了《反外国制裁法》，提出"中华人民共和国反对霸权主义和强权政治，反对任何国家以任何借口、任何方式干涉中国内政。外国国家违反国际法和国际关系基本准则，以各种借口或者依据其本国法律对我国进行遏制、打压，对我国公民、组织采取歧视性限制措施，干涉我国内政的，我国有权采取相应反制措施"，以法律形式确立了我国将对他国对我国公民和组织的歧视行为采取对等反歧视措施。

作为全球性的数字经济大国，中国在全球数据博弈中正经历"攻守易型"的伟大转变，中国已深度参与到全球数据流通规则的制定中，在国家主权、安全和利益不受侵害的前提下，积极推动数据的合法跨境流通。中国的这一

[①] 《全国人大常委会法工委负责人就反外国制裁法答记者问》，载新华网，http：//www.xinhuanet.com/politics/2021-06/10/c_1127551967.htm，最后访问日期：2022年4月20日。

立场是一以贯之的，国内立法与签订的国际条例都体现了中国希望营造安全、高效的数据跨境流通制度的努力，如《个人信息保护法》第四十一条强调，中华人民共和国主管机关根据有关法律和中华人民共和国缔结或者参加的国际条约、协定，或者按照平等互惠原则，处理外国司法或者执法机构关于提供存储于境内个人信息的请求；中国签订的《区域全面经济伙伴关系协定》（Regional Comprehensive Economic Partnership，RCEP），便确立了"禁止数据本地化"和"数据自由流动"的基本原则，只有在"公共政策"的考量下，才允许数据本地化和限制数据流动。[①]

构筑数据跨境流动环境的原则是公平和对等，与其他领域一样，中国企业走出国门、参与国际数字领域竞争的过程中，不可避免地会遭受不公平对待。因此，《数据安全法》引入了国际法对等原则以消减贸易歧视，并与《反外国制裁法》《阻断外国法律与措施不当域外适用办法》等规范性文件相衔接，规定了数据领域的对等反歧视措施——"任何国家或者地区在与数据和数据开发利用技术等有关的投资、贸易等方面对中华人民共和国采取歧视性的禁止、限制或者其他类似措施的，中华人民共和国可以根据实际情况对该国家或者地区对等采取措施"。数据领域对等反歧视措施的设立为我国在数据跨境流动中依法、合法采取反制措施赋权，增大了我国在数据跨境流动过程中的域外保护管辖权，保障了本国企业公平参与国际数字领域的竞争，有利于维护企业的合法权益，最终实现对本国的数据主权、数据安全与国家利益的保障。

二、数据领域的歧视措施与反歧视措施

可信、安全、自由的数据跨境流通是全球的共同福祉，在数据跨境流通和数据跨境投资、贸易领域中，各国应遵循"数据保护随数据而行"的原则，避免他国的跨境数据遭致权利减损，亦不得歧视性对待他国数据。理想状态下，各国应通过在WTO和联合国框架下的磋商，形成兼顾本国诉求和他国主

[①] 许可：《全球数据博弈：中国的新战略思考》，载《中国信息安全》2021年第2期，第56页。

张的全球数据治理规则。[①]但现状是，各国在数据跨境流通、投资和贸易领域互不信任，互设壁垒，存在大量的歧视性措施。总体上，数据领域的歧视性禁止、限制或其他类似措施可分为两大类，对数据本身的歧视与对5G基站等数字化设备或产品的歧视。

对数据本身的歧视，即带有偏见地评估其他国家的数据保护水平，从而将某一国排除在数据跨境传输范围外。判断是否歧视的核心在于是否将政治体制、立法模式等与国家安全、数据安全等完全无关的因素纳入数据保护水平评估中。例如，根据欧盟《通用数据保护条例》第四十五条的规定，欧盟的成员国可基于"充分性决议"（adequacy decision）向第三国或国际组织传输个人数据。在评估保护程度是否充分时，欧盟主要考虑以下因素：（1）第三国的法治、尊重人权和基本自由程度，是否对个人数据传输做出了规制，以及权利主体是否有救济渠道；（2）第三国是否存在一个或多个负责数据保护的独立监管机构；（3）是否签订了与个人数据保护有关的国际条例，做出了相关承诺。

在数据保护实践中，这三个考量因素的内涵与外延并不明确，因此第三国是否满足欧盟的充分性要求，在很大程度上取决于数据保护机构的自由裁量。若欧盟的数据保护机构在进行审查前，便假定第三国的个人数据保护水平不如欧盟，在对照欧盟和第三国的数据保护机制时，只要发现有与欧盟不同的规定，便认定其保护程度不如欧盟，从而对数据的跨境传输做出限制，则欧盟数据保护机构的"充分性"审查便是歧视性的。有学者指出，第三国充分性评估模式最大的缺点是"一国政府可能会歧视性地评估第三国的个人数据保护水平，从而可能违反服务贸易总协定（GATS）'一般例外'条款的条件——成员国采取的措施应当不构成'任意的'或'无端的'，或者'变相的服务贸易限制'"。[②]事实上，欧盟也意识到，数据保护委员会在进行评估时，可能会先入为主地做出判断，从而歧视性地低估某些国家的数据保护

[①] 许可：《自由与安全：数据跨境流动的中国方案》，载《环球法律评论》2021年第1期，第35页。

[②] 张金平：《跨境数据转移的国际规制及中国法律的应对——兼评我国〈网络安全法〉上的跨境数据转移限制规则》，载《政治与法律》2016年第12期，第143页。

水平，因而在充分性决议外，还规定可通过标准合同条款和约束性企业规则向"白名单"外的第三国或国际组织传输个人数据。

任何国家或地区在数据领域对中国采取歧视性的禁止、限制或者其他类似措施的，中国可以根据实际情况对该国家或者地区对等采取措施。需要注意的是，对等措施仅适用于国与国之间对权利加以限制的方面，而不适用于权利赋予方面，因此某一国家虽然赋予中国许多权利，但只要在某一方面对中国采取歧视性限制，中国便可采取对等措施。

国务院有关部门可以决定将直接或者间接参与制定、决定、实施数据领域歧视性限制措施的个人、组织列入反制清单，并予以公告。同时，对列入反制清单个人的配偶和直系亲属、列入反制清单组织的高级管理人员或者实际控制人、由列入反制清单个人担任高级管理人员的组织、由列入反制清单个人和组织实际控制或者参与设立和运营的组织采取反制措施。具体的反制措施，包括不予签发签证、不准入境、注销签证或者驱逐出境，查封、扣押、冻结在我国境内的动产、不动产和其他各类财产，禁止或者限制我国境内的组织、个人与其进行有关交易、合作等活动及其他必要措施。国务院有关部门可根据实际情况决定采取其中一种或者几种措施。此外，执行或者协助执行外国国家在数据和数据开发利用技术等有关的投资、贸易等领域，对我国公民、组织采取歧视性限制措施，侵害我国公民、组织合法权益的，我国公民、组织可以依法向人民法院提起诉讼，要求其停止侵害、赔偿损失。①

【数据安全法规定】

第十一条 国家积极开展数据安全治理、数据开发利用等领域的国际交流与合作，参与数据安全相关国际规则和标准的制定，促进数据跨境安全、自由流动。

第二十一条 国家建立数据分类分级保护制度，根据数据在经济社会发

---

① 《反外国制裁法》第四条、第五条、第十二条。

展中的重要程度，以及一旦遭到篡改、破坏、泄露或者非法获取、非法利用，对国家安全、公共利益或者个人、组织合法权益造成的危害程度，对数据实行分类分级保护。国家数据安全工作协调机制统筹协调有关部门制定重要数据目录，加强对重要数据的保护。

关系国家安全、国民经济命脉、重要民生、重大公共利益等数据属于国家核心数据，实行更加严格的管理制度。

各地区、各部门应当按照数据分类分级保护制度，确定本地区、本部门以及相关行业、领域的重要数据具体目录，对列入目录的数据进行重点保护。

第二十二条 国家建立集中统一、高效权威的数据安全风险评估、报告、信息共享、监测预警机制。国家数据安全工作协调机制统筹协调有关部门加强数据安全风险信息的获取、分析、研判、预警工作。

第二十三条 国家建立数据安全应急处置机制。发生数据安全事件，有关主管部门应当依法启动应急预案，采取相应的应急处置措施，防止危害扩大，消除安全隐患，并及时向社会发布与公众有关的警示信息。

第二十四条 国家建立数据安全审查制度，对影响或者可能影响国家安全的数据处理活动进行国家安全审查。

依法作出的安全审查决定为最终决定。

第二十五条 国家对与维护国家安全和利益、履行国际义务相关的属于管制物项的数据依法实施出口管制。

第二十六条 任何国家或者地区在与数据和数据开发利用技术等有关的投资、贸易等方面对中华人民共和国采取歧视性的禁止、限制或者其他类似措施的，中华人民共和国可以根据实际情况对该国家或者地区对等采取措施。

第三十条 重要数据的处理者应当按照规定对其数据处理活动定期开展风险评估，并向有关主管部门报送风险评估报告。

风险评估报告应当包括处理的重要数据的种类、数量，开展数据处理活动的情况，面临的数据安全风险及其应对措施等。

第三十一条 关键信息基础设施的运营者在中华人民共和国境内运营中收集和产生的重要数据的出境安全管理，适用《中华人民共和国网络安全法》的规定；其他数据处理者在中华人民共和国境内运营中收集和产生的重要数据的出境安全管理办法,由国家网信部门会同国务院有关部门制定。

第四十六条 违反本法第三十一条规定,向境外提供重要数据的,由有关主管部门责令改正,给予警告,可以并处十万元以上一百万元以下罚款,对直接负责的主管人员和其他直接责任人员可以处一万元以上十万元以下罚款;情节严重的,处一百万元以上一千万元以下罚款,并可以责令暂停相关业务、停业整顿、吊销相关业务许可证或者吊销营业执照,对直接负责的主管人员和其他直接责任人员处十万元以上一百万元以下罚款。

【关联规定】

《个人信息保护法》第四十一条;《国家安全法》第二条;《突发事件应对法》第十八条;《出口管制法》第二条、第三十三条、第三十四条、第三十五条、第三十六条、第三十八条;《反外国制裁法》第四条、第五条、第十二条;《数据出境安全评估办法》第四条;《突发事件应急预案管理办法》第二条、第八条;《深圳经济特区数据条例》第二条;《工业数据分类分级指南(试行)》第五条、第六条、第七条;《国家网络安全事件应急预案》第4.2条;《网络安全标准实践指南 网络数据分类分级指引》(TC260-PG-20212A)第4.1条、第6.2条。

第三章　数据安全负责人和管理机构

第一节　数据安全的组织设计

数据安全已经成为国家安全重要的一部分，随着《网络安全法》《数据安全法》《个人信息保护法》三部与数据安全紧密相关的法律相继出台，以及《民法典》《刑法》《消费者权益保护法》以及其他众多法律法规中数据安全相关规范的增加，我国已初步构建起数据安全治理体系。在此大背景之下，企业在经营活动中的数据合规也被提出更高的要求。因此企业内部要构建起专门的数据安全治理组织，才能在我国数据保护制度逐渐严密和完善的时代浪潮中行稳致远。

数据处理者对数据安全进行组织设计的主要目标是，在数据安全战略的指导下，通过专门部门建设、职责划分，减少因非技术原因导致的数据安全风险，包括对内的经营管理和对外的衔接处理两部分。数据安全的组织设计的核心任务是建立起兼具管理、安全、执行、维护、监督功能的多部门一体化数据安全保护组织，以改善众多企业"重业务、轻运营"的现实状况，进一步有效保护数据、高效利用数据价值从而实现数据合规前提下经营活动稳步发展的目标。

纵观世界对于数据安全保护的顶层设计，都与欧盟的《通用数据条例》（*General Data Protection Regulation*，GDPR）中设立的"数据保护官"制度类似。我国在《网络安全法》《关键信息基础设施安全保护条例》以及《信息安全技术　个人信息安全规范》等相关法律制度中有类似的表述，如"网络安全负责人"。由于我国的数据保护官制度起步较晚，我们可以通过对域外该项制度的相关设计进行总结分析，从而使得数据保护官制度本土化得以实现并顺利运行。

一、域外数据安全组织设计

数据保护官制度始于欧盟《通用数据保护条例》，而后被多国效仿，并根据本国国情设置了类似的机构。《通用数据保护条例》中专门设置了一节规定"数据保护官"（Data Protection Officer，DPO），对于应当设置 DPO 的情形、DPO 的职责地位、DPO 的任务等作了详细规定。DPO 的主要任务是监督管理组织内部的数据处理，使其符合所适用的数据保护法律规定。根据该条例的规定，满足以下条件之一都应当设立数据保护官：（1）处理数据是由公共机关或公共机构进行，但行使司法权的法院除外；（2）控制者或处理者的核心业务包括处理操作，由于其性质、范围或目的，需要对数据主体进行定期和系统的大规模监控；（3）控制者或处理者的核心业务包括根据第九条大规模处理特殊类别的数据（如揭示种族或民族、政治观点、宗教或哲学信仰或工会成员身份的个人数据；基因数据、生物特征数据、有关健康的数据等）以及与第十条所述的与刑事定罪和违法行为相关的个人数据。[①] DPO 在组织内部必须确保其能够独立履行职责，既可以由组织机构内部的人员担任，也可以通过服务合同履行聘请外部的专业人士，但都需要具备数据处理方面的专业知识，且需要受到保密义务的约束。

澳大利亚借鉴了欧盟的相关规定，在《2017 年隐私 App 法》（*Privacy App Code* 2017）中规定了政府机构应设立"隐私官"，为机构提供隐私建议、处理机构内外部关于隐私问题的问询、投诉，以及使用、更正个人信息的请求；巴西《通用数据保护法》（*General Data Protection Law*）第四十一条同样要求数据保护相关机构任命数据保护官，以接受和处理投诉、与数据保护机构交流、为员工和承包商提供个人数据保护实践的培训、履行控制者的职责，以

[①] 王敏译：《欧盟〈通用数据保护条例〉及其合规指南》，武汉大学出版社 2021 年版，第 52—53 页。

及数据保护机构相关规则中确定的职责；加拿大《个人信息保护与电子档案法》（Personal Information Protection and Electronic Documents Act）附录1专门对涉及数据保护的相关实体，如何任命数据合规专职人员，以及进行企业数据合规和处理个人投诉与咨询进行了规定；俄罗斯《数据保护法》（Data Protection Act）第二十二条，要求有数据处理需求的实体任命专门的"数据保护官"负责个人数据处理的组织工作，"数据保护官"不仅要负责个人数据的处理工作，还要负责在个人数据相关法律合规方面从事内部控制、为操作者和员工组织与个人数据要求有关的培训以及处理数据主体的请求。

二、国内法上的数据安全组织设计

我国在《网络安全法》第二十一条第（一）项确立了网络运营者需要在网络安全等级保护制度基础之上，制定内部的安全管理制度和操作规程，并确定"网络安全负责人"以落实网络安全保护责任；在《数据安全法》第二十七条中也有类似规定，对于重要的数据处理者应当明确"数据安全负责人"和"管理机构"，以落实数据安全保护责任；《个人信息保护法》第五十二条对个人信息的处理也明确要求需要指定"个人信息保护负责人"，对个人信息的处理活动以及采取的保护措施进行监督，并且应当公开个人信息保护负责人的联系方式、报送履行个人信息保护职责的有关部门。

此外在《互联网信息服务管理办法》第六条第（二）项，《电信和互联网用户个人信息保护规定》第十三条第（一）项、第（二）项，《关键信息基础设施安全保护条例》第十四条、第十五条第（六）项，《信息安全技术 个人信息安全规范》第11.1条b款也对个人信息保护、数据安全保护的负责人制度作出类似规定，其中《关键信息基础设施安全保护条例》对专门安全管理机构的具体职责进行了列举规定，《信息安全技术 个人信息安全规范》也对个人信息保护负责人和工作机构的职责、要求等作出了相关规定。

《网络安全法》《数据安全法》以及《个人信息保护法》都要求数据处理者制定内部的安全管理制度和信息保护制度，并且在《网络安全法》第五十九条和《数据安全法》第四十五条都明确规定了对不履行数据安全保护义务或不履行网络安全保护义务的主体将进行行政处罚,对其"直接负责的主管人员和其他责任人员"也将采取罚款的严厉惩戒,严重者将会面临"暂停相关业务、停业整顿、吊销相关业务许可证或者吊销营业执照"甚至刑事责任。因此,有关数据处理的企业应当高度重视,建立起系统化、一体化的内部数据安全组织尤为重要,对重要数据还将履行特别的安全保护义务,严格落实数据安全管理和信息保护制度。根据数据保护官制度的启示和我国的网络安全负责人等相关制度,可以对内部组织进行初步顶层设计,如图2所示:

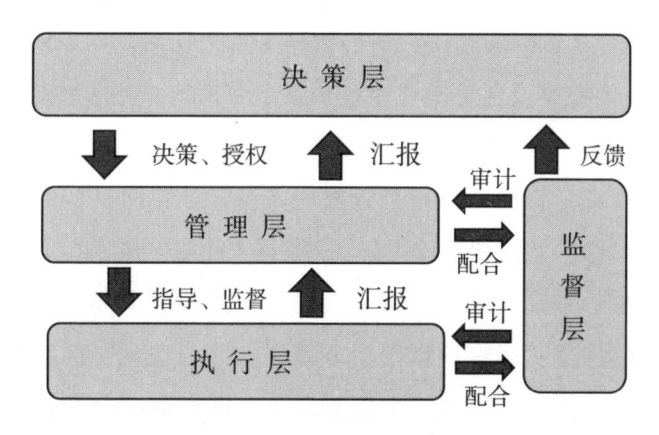

图2 数据安全机构设置图

第二节 数据安全负责人

一、数据安全负责人的概念与特点

(一) 数据安全负责人的概念

数据安全治理是指为确保数据处于有效保护和合法利用的状态,多个部门协作实施的一系列活动集合。[①] 随着数据安全领域法律法规的不断完善和健全,构建数据安全的个人责任制成为企业数据合规的要点之一。《数据安全

---

① 中国信息通信研究院:《数据安全治理的参考框架》,载《检察风云》2021年第17期。

法》明确规定了重要数据的处理者应当明确数据安全负责人。

目前一些企业设有数据保护官、首席隐私官等数据安全负责人岗位。数据安全负责人制度是数据安全治理中的关键一环，也是数据合规管理机构设置的重要内容。企业需依法设立固定的数据安全负责人岗位，明确其职责和权限，并制定数据安全相关制度规范，平衡数据安全与发展。

数据安全负责人是从"数据安全"衍生出的具备现实功能性和需求性的岗位。因此为了厘清数据安全负责人的基本概念，首先应明确两个概念，即数据和数据安全。《数据安全法》中的数据是指"任何以电子或者其他方式对信息的记录"，而数据安全是指"通过采取必要措施，确保数据处于有效保护和合法利用的状态，以及具备保障持续安全状态的能力"。[①]"数据安全"的重新定义使得数据安全责任不再止于数据泄露或破坏，而是从数据处理全流程提出数据安全的保护义务和法律责任。《数据安全法》明确规定数据处理流程包括收集、存储、使用、加工、传输、提供、公开七大环节，这意味着在此流程上所有主体均负有确保数据处于有效保护和合法利用的状态，以及具备保障持续安全状态能力的数据安全保护义务。同时数据分类分级保护制度的推动和构建进一步区别化确定不同主体的数据安全保护义务与法律责任。

国内金融企业和体系成熟的大型互联网企业是较早设置数据安全负责人或数据保护官等相关岗位的领域，其他领域目前进展还比较慢。目前互联网的相关行业发展很快，数据安全工作往往是边建设边学习的态势，以自主研发为主。[②] 数据安全负责人的主要职责就是根据业务需要，前瞻性地预判数据安全趋势，建立本组织内部的数据安全防控体系。

除了数据安全负责人制度，《个人信息保护法》要求处理个人信息达到规定数量的个人信息处理者应当指定个人信息保护负责人。《网络安全法》规定在网络安全等级保护制度基础上，确定网络安全负责人。尽管具体制度并不相同，但指向共同的目的和初衷，即让数据和信息安全的保护义务落实到流程上相关的组织个人及具体负责人和直接责任人。

[①] 《数据安全法》第三条。
[②] 李建平：《信息安全重新定义首席安全官》，载《中国信息安全》2021年第11期。

(二) 数据安全负责人的特点

数据安全负责人的角色定位具有双重性，一方面，数据安全负责人是企业的员工，需要为企业设计数据安全合规方案，为数据利用效率的提高提出建议；另一方面，数据安全负责人又需要保持一定的独立性，在发现企业存在严重危及个人、公共或国家利益的数据处理活动时，应及时向有关主管部门报告。具体而言，数据安全负责人具有以下特点：

1. 强制性

《数据安全法》明确规定了数据安全负责人委任的法定情形。第二十七条规定了重要数据的处理者的数据保护义务，要求企业明确数据安全负责人和管理机构，落实数据安全保护责任。此外，《个人信息保护法》《网络安全法》，以及作为《数据安全法》下位配套规范的《网络数据安全管理条例（征求意见稿）》中均明确表述了在符合"重要数据处理者"的条件下，应当委任数据安全负责人。现行法律法规虽然没有具体明确任命的情形和职权范围，也没有涉及该负责人的法律地位，但已经从立法层面确定了该岗位设立的强制性和重要性，所有满足条件的企业都需要设立专门的数据安全负责人。

2. 专业性

尽管在立法层面没有对数据安全负责人的任职条件做详细说明，但后续出台的《网络数据安全管理条例（征求意见稿）》中则进一步强调了数据安全负责人的专业性要求。其第二十八条要求"应当具备数据安全专业知识和相关管理工作经历"。可见该岗位的人员任命并非仅符合法律规范的流程即可，还有着较高的专业背景要求。

3. 相对独立性

数据安全负责人的法律地位并无明确规定，仅在《网络数据安全管理条例（征求意见稿）》中赋予了数据安全负责人一定的独立地位。其第二十八条规定了数据安全负责人"有权直接向网信部门和主管、监管部门反映数据安全情况"。

二、数据安全负责人的背景审查、任用

(一) 数据安全负责人的背景审查

《数据安全法》中的数据安全负责人制度目前规定得较为笼统,也尚未有相关指南出台,因此在实际落地运行中缺乏明确统一的指引。考虑到数据安全的重要性以及与网络安全之间密不可分的关系,在任用数据安全负责人前也应同网络安全责任人一样,对其进行安全背景审查。《网络安全法》第三十四条规定,关键信息基础设施的运营者应履行设置安全管理负责人和对该负责人进行安全背景审查的义务。关键信息基础设施涉及重要行业和领域,一旦发生数据安全事件可能危及国家安全、国计民生和公共利益,因此需要施加较高的保护义务。而重要数据的保护严格程度仅次于国家核心数据,其范围、识别和监管也应适用严格的流程。因此数据安全负责人制度可以参考《关键信息基础设施安全保护条例》和《信息安全技术 关键信息基础设施网络安全保护基本要求》(GB/T 20173585—T—469)中的相关规定,在上岗前对人员进行安全背景审查。

《关键信息基础设施网络安全保护基本要求》主要规定了两种背景审查情形:其一,当必要时或人员的身份、安全背景等发生变化时(如取得非中国国籍)应根据情况重新进行安全背景审查;其二,在人员发生内部岗位调动时,重新评估调动人员对关键信息基础设施的逻辑和物理访问权限,修改访问权限并通知相关人员或角色。[1] 因此,数据安全负责人的背景审查应着重关注以下两种情形:身份背景发生变化时或人员内部岗位有调动时。

对非国家公务员身份的特定领域从业人员进行安全审查,并非我国所特有的。在安全审查的内容上,可参照我国公务员的政治审查和保密人员的保密审查确定,重点审查以下几个方面:本人政治履历、国籍变更情况、出境经历、工作经历、档案完整性、犯罪记录、信用记录、家庭状况。

---

[1] 《信息安全技术 关键信息基础设施网络安全保护基本要求》(GB/T 20173585—T—469) 第7.4条。

(二) 数据安全负责人的任用

《数据安全法》明确规定了重要数据的处理者应当明确数据安全负责人。实践中，如果企业所处理的数据纳入重要数据保护目录的范畴，则必须履行相应的数据保护义务，委任企业决策层的适合成员担任数据安全负责人。

数据安全负责人应同时具备以下两个条件：具备数据安全专业知识；具有相关管理工作经历。[①] 数据安全负责人需要由复合型人才担任，不仅要求具备一定的数据安全专业技术知识，也需要熟练掌握数据合规相关法律要求。此外，数据安全负责人还充当着数据处理者和监管机构之间密切联系的中介，当特定事件发生时，数据安全负责人有权利也有义务直接向网信部门和主管、监管部门反映数据安全情况。[②] 因此数据安全负责人还需要具备良好的沟通协调能力，并掌握标准文书撰写技能。

数据安全负责人需要对本行业的职能和风险有准确而敏锐的洞察力和预判力。由于数据安全负责人是跨部门的沟通协作机构，负责人需要具备良好的管理能力。作为管理者，数据安全负责人应当能够管理好团队，明确人员配置、职责，妥善安排人、财、物，以及与内外部、上下游产业链的资源合作。[③] 总之，数据安全负责人需要具备极强的综合性能力，不仅仅是安全技术，还需要诸如管理、政策法律、供应链管理等多领域的能力。

三、数据安全负责人的职责

《数据安全法》等现行法律规范中，并没有明确数据负责人应当具体履行的职责内容。但对《个人信息保护法》《网络安全法》《网络数据安全管理条例（征求意见稿）》等法律法规，以及 GDPR 等域外立法中的类似制度进行归纳，可初步梳理出数据安全负责人应履行的职责内容，具体如下：

[①] 《网络数据安全管理条例（征求意见稿）》第二十八条。
[②] 《网络数据安全管理条例（征求意见稿）》第二十八条。
[③] 李建平：《信息安全重新定义首席安全官》，载《中国信息安全》2021 年第 11 期。

(一) 组织职责

数据安全负责人应全面统筹实施组织内部的数据安全工作，对数据安全负直接责任，研究提出数据安全相关重大决策建议，牵头制定本单位其他数据安全技术措施与组织措施。具体而言，数据安全负责人应组织制订数据安全保护工作计划并督促落实；制定、签发、实施、定期更新数据安全政策和相关规程；建立、维护和更新组织所持有的数据清单（包括数据的类型、数量、来源、接收方等）和授权访问策略；制订数据安全审计方案；制订实施数据安全保护计划和数据安全事件应急预案；定期组织开展数据安全宣传教育培训、风险评估、应急演练等活动。

(二) 监督职责

数据安全负责人对于已经制订的数据安全计划、应急预案及相关制度，须履行监督职责，保障制度的顺利落实。同时，定期开展数据安全风险监测与评估，及时处置数据安全风险和事件；督促整改安全隐患并在产品或服务上线发布前进行检测，避免未知的个人信息收集、使用、共享等处理行为。此外，在岗位变动的情况下，健全人力资源部门与数据安全管理机构、业务部门等在系统账号、访问权限等方面的联动机制，采取 AB 角制度、双密码登录机制等方式保障数据安全。最后，还应及时受理、处置已收到的数据安全投诉、举报，对于实名举报，必须在规定时间内对举报问题进行核实，并及时答复举报人。[①]

(三) 报告职责

数据安全负责人在履行职务时，需保持一定的独立性，在发生数据安全事件时，应当立即采取处置措施，按照规定及时告知用户并向有关主管部门报告。除此之外，重要数据的处理者的数据安全负责人，还应当按照规定对其数据处理活动定期开展风险评估，并向有关主管部门报送风险评估报告，

[①] 《数据安全治理实践指南（1.0）》，中国信息通信研究院云计算与大数据研究所 2021 年 7 月。

风险评估报告应当包括处理的重要数据的种类、数量，开展数据处理活动的情况，面临的数据安全风险及其应对措施等。①

（四）沟通职责

数据安全负责人肩负着承上启下、联通内外的重要任务。在企业内部，数据安全负责人应在数据安全风险评估检测的基础上，及时提出相应的对策建议，提升数据安全治理与开发利用的技术水平，有效地应对数据安全风险与挑战，在保障数据安全的同时让数据价值最大化。对外，数据安全负责人应及时和监管机构进行沟通，顺利对接有关部门下达的相关工作，确保企业的数据处理活动在数据的全生命周期均符合法律规定，在监管政策发生变化时，应协调相关人员及时调整企业的数据合规方案。

综上，数据安全负责人的设置目前缺乏明确的法律指引，需要参考个人信息保护负责人等相似制度的设置思路，在设置中应始终贯彻"权责一致"的理念，既要使数据安全负责人承担《数据安全法》规定的法律义务，对企业数据处理活动承担责任，也要赋予其足够的权利，包括协调各个业务部门的支持和配合的权利，具备对于高风险的数据处理场景业务的决策权利。只有权责统一才能使该机构真正地发挥对企业数据安全负责的作用，达到该制度的设计初衷。

四、相关制度的对比

《数据安全法》《个人信息保护法》与《网络安全法》均规定了安全负责人制度，三部法律的规定有相同与类似之处，如责任承担方式均为双罚制，但各自的侧重点有所不同，主要不同点如表4所示：

---

① 《数据安全法》第二十九条、第三十条。

表 4 数据安全负责人相关职务职责对比表

法律规范	职务名称	委任主体	主要职责
《数据安全法》	数据安全负责人	重要数据的处理者	落实数据安全保护责任；建立健全全流程数据安全管理制度，组织开展数据安全教育培训，采取相应的技术措施和其他必要措施，保障数据安全；在网络安全等级保护制度的基础上，履行数据安全保护义务。
《个人信息保护法》	个人信息保护负责人	处理个人信息达到国家网信部门规定数量的个人信息处理者	负责对个人信息处理活动以及采取的保护措施等进行监督；公开个人信息保护负责人的联系方式，并将个人信息保护负责人的姓名、联系方式等报送履行个人信息保护职责的部门。
《网络安全法》	网络安全负责人	网络运营者	关键信息基础设施的运营者的负责人任职前需经过安全背景审查；落实网络安全保护责任；采取防范计算机病毒和网络攻击、网络侵入等危害网络安全行为的技术措施；采取监测、记录网络运行状态、网络安全事件的技术措施，并按照规定留存相关的网络日志不少于六个月；采取数据分类、重要数据备份和加密等措施。

第三节 数据安全管理机构

根据图 2，企业内部数据安全治理总体分为四个部分，首先是决策层方面，可以建立数据安全委员会或数据安全领导小组，并由公司中具有决策权的适合人员担任；其次进入管理层需要建立专门的数据安全管理团队，由数据安全委员会或数据安全领导小组指派分管领导作为负责人，并由该负责人组建团队，具体包括运营与技术部门、风险评估部门、人力资源部门、公共关系部门、应急处理部门、业务部门、法务部门等；再次，以上部门组成执行层作为数据安全治理的执行团队；最后要专门设立兼具风控、审计、合规等功能的监督层，组成数据安全监督小组。

一、决策层

决策层所要承担的角色是整个数据安全体系的领导者，可以由组织的高层管理者、各业务部门的负责人共同组成，实行"一把手负责制"，构建起企业的数据安全委员会或数据安全领导小组，起到"数据保护官"或"数据安全负责人"的统领作用。其主要职责包括：（1）统筹该组织运行状况，制订数据安全的整体目标和发展规划；（2）对制定的数据安全管理制度和发展规划进行公布，并享有解释权；（3）为组织的数据安全建设的全过程提供人力、财力、物力等资源保障；（4）对于企业的重大数据安全事件统筹规划、组织协调最终作出决策。

二、管理层

管理层首先需要由数据安全委员会或数据安全领导小组指派中高层人员作为管理层负责人，其次由该负责人建立起数据安全管理团队，起到承上启下的作用。主要负责：（1）在决策层所制定的整体目标和发展规划下根据数据合规要求制定具体的数据安全管理制度及规范；（2）确立组织体系中各个层级的运行机制，保障数据安全工作的顺利运行；（3）推进对组织内人员数据安全意识的培养建立、策划开展培训等，提升组织的数据安全知识技能，开展数据安全能力考核等工作；（4）对于国家数据安全的监管机构及行业组织的监管调查等工作要安排相关部门协调配合；（5）负责管理企业的数据安全日常工作等。

三、执行层

执行层是整个数据安全体系的执行团队，其与管理层可以由运营与技术部门、风险评估部门、人力资源部门、公共关系部门、应急处理部门、法务部门等组成，主要负责数据安全管理制度及规范的具体执行。

（一）运营与技术部门

运营部门主要负责数据的全生命周期的合规处理，包括数据的收集、存储、使用、加工、传输、提供、公开等。技术部门主要负责终端安全的防御保护部署，监测内、外部可能对数据处理全流程造成的威胁，如由内部人员意外或疏忽导致的内部威胁，恶意的内、外部人员窃取企业信息破坏企业网络安全等，因此，技术部门需要维护企业的系统安全，避免发生数据信息泄露、被篡改等，还要针对攻击企业系统的行为采取防御措施。例如，2018年，特斯拉公司内部人员蓄意破坏了企业的生产流程操作系统软件，导致内部数据向外传输。大型公司尤其是互联网公司的数据泄露事件一旦发生，往往涉及海量数据，且损害难以完全消除，因此，企业必须高度重视数据安全问题，在内部部署相关防御措施，以保证在事前、事中、事后都能对数据安全事件进行监管、跟踪并及时处理。①

数据的收集除要遵循《网络安全法》中要求的合法、正当、必要原则外，还需要遵循诚信原则、目的限制原则、公开透明原则、质量原则、责任原则以及安全原则，数据收集等数据处理活动都应在这些原则的指导下进行。② 运营部门针对直接收集和间接收集需要分别处理。例如在直接收集个人信息时需要严格适用《个人信息保护法》及相关规定所确立的公开收集、使用规则，明示收集、使用信息的目的、方式和范围等规则。不得以欺诈、诱骗、误导的方式收集个人信息，不得隐瞒产品或服务所具有的收集个人信息的功能，不得从非法渠道获取个人信息。③ 当数据处理者从其他主体处获取包含个人信息的数据时，应要求个人信息数据的提供方对数据来源进行说明，并需要对其所作的说明进行确认，判断是否合法合规。而后，还要了解个人信息数据的提供方已从信息主体处获得的使用范围、转让、共享、公开披露、删除权限等授权的具体范围，数据处理应在授权范围内开展。当对个人信息数据进行处理时发现超过已获得的授权范围，应当及时取得个人信息主体的明示同

---

① 朱鹿杰：《大数据商业应用与法律事务》，知识产权出版社2020年版，第196—197页。
② 程嘯：《论我国个人信息保护法的基本原则》，载《国家检察官学院学报》2021年第5期。
③ 《信息安全技术 个人信息安全规范》第5.1条。

意,或通过个人信息提供方获得授权。

　　收集数据后,对于不同类型、不同级别的数据法律法规有不同的存储要求。对于涉及国家秘密的数据应当严格适用《保守国家秘密法》的规定进行存储。对于包含个人信息或者重要数据的数据集,根据《数据安全管理办法(征求意见稿)》第十九条规定,应当参照国家有关标准,采用数据分类、备份、加密等措施加强对个人信息和重要数据保护。如果涉及儿童个人信息,还应当根据《儿童个人信息保护规定》第九条、第十条的规定征得监护人同意并且明确告知存储的地点、期限和到期后的处理方式。涉及重要敏感信息的,除在境内存储外,还需要履行特别的安全保障义务。

　　数据的使用和加工是数据处理的核心环节,一般认为狭义的数据处理活动便是数据的使用和加工。当数据中包含个人信息时,展示个人信息时应采取去标识化措施;在使用个人信息时,不应超出收集个人信息数据时所告知的目的,或在此基础之上直接或合理地关联范围,需加工处理的还应进行个人敏感信息的识别并进行脱敏处理;用户画像中对个人信息的特征描述不应包含淫秽、色情、赌博、迷信、恐怖、暴力等内容以及表达对民族、种族、宗教、残疾、疾病歧视等内容,注意保护个人信息主体的合法权益;提供个性化展示时要注意显著区分个性化展示的内容和非个性化展示的内容,同时提供不针对其个人特征的选项以及便于退出个性化展示的选项;最后,基于不同业务目的所收集个人信息的汇聚融合除应遵循使用目的限制外,还需要开展个人信息安全影响评估,采取有效的个人信息保护措施。

　　数据的传输包括境内传输和境外传输。① 对于境内数据传输运营与技术部门在具体操作过程中需要注意以下三点:首先,对于数据的安全保护责任并不随传输而转移,因此要尤其注意数据传输中的安全及传输后的安全责任承担;其次,在传输数据前,要联合风险评估部门对数据的敏感性、风险性进行评估,进行脱敏处理后,还需确保接收方的数据保护责任并采取相应的安全技术措施确保传输过程安全;最后,遵循可审计原则,对于传输中的相关信息做好记录,并且安排相关人员进行定期审查,涉及保密信息、非公开信

---

① 数据境外传输合规要求详见本书第六章。

息，应当立即删除。①

数据的公开是指企业因业务需要向不特定主体提供数据的行为，在数据公开阶段，应当充分重视风险，在公开前开展数据安全影响评估。同时需要注意，应对公开数据进行去标识化处理，使公开的数据中尽可能不包含个人信息，而对于特殊的个人信息如个人生物识别信息，则原则上不应公开，数据确需公开时，应征得数据主体的明示同意。

（二）风险评估部门

风险评估部门主要负责数据安全的评估，配合运营与技术部门在数据的全生命周期中，发挥部门职能，对数据处理活动的风险进行评估与控制。风险评估部门还应当设立企业内部的风险信息反馈渠道，对员工反映的数据安全风险进行及时评估，并进行相应处理。对较为频发的风险以及危害性较高的风险，需要向决策层进行汇报，反馈企业内部合理的数据安全需求，促进企业数据安全防护工作的改进与完善，并根据企业发展状况、法律法规及行业标准的最新动态以及运行环境的不同及时更新风险评估的方式、范围、标准等指标，在保障数据安全的基础上，不断提升运行流程的效率，优化数据产品的质量。当处理的数据中包含个人信息时，风险评估部门要对可能存在的安全风险进行全方位的评估，形成风险评估报告并妥善留存以便查阅或公开，同时需要根据报告内容采取相应的措施将风险降到最低。

（三）人力资源部门

随着网络技术对"灰色地带"的深入开发，越来越多的互联网企业被约谈、处罚，甚至涉入刑事纠纷。澳大利亚信息专员办公室（OAIC）公布的数据泄露季报显示，有36%的数据泄露是人为失误导致的。② 大量历史数据安全事件中，不乏因组织决策管理层而引起的数据安全事件；内部IT建设中业务逻辑混乱、网络策略错误和设备配置故障也可能会造成数据泄露。数据合规

---

① 于莘：《规·据——大数据合规运用之道》，知识产权出版社2019年版，第84—85页。
② 《维护数据安全，决策层责任重大》，载 https://t.cj.sina.com.cn/articles/view/5943880432/162486af000100es3w，最后访问日期：2023年5月28日。

工作不仅助力网络信息从业者在法治轨道上运营，更是保护其成员免于承受法律后果的一项必要举措。如若在合规工作开展之前未能树立起全员的数据安全合规意识，则烦琐的合规任务终将难以推进。

就此而论，数据安全教育培训不应短浅地局限于数据处理组织的技术部门，而应致力于提升组织内部各层级人员的数据安全知识储备，使合规素养贯穿组织成员入职至离职的全过程。因此，由主要负责企业内部员工的入职、离职管理、数据安全意识培训、能力培养以及考核等工作的人力资源部门负责企业内部的数据安全培训较为适宜。

首先，人力资源部门在招聘从事数据处理岗位上的相关人员时，须与其签署保密协议，并且明确规定保密职责、期限以及违约的法律后果等内容，对于大量接触重要数据的人员还需要进行背景审查，以了解其犯罪记录、诚信状况等。对于从事过个人信息处理的员工，在调离岗位或终止劳动合同时，应要求其继续履行保密义务，还可以签订竞业禁止协议约定竞业禁止的范围、期限、补偿方案以及违约责任等，以此来使数据泄露等安全事故发生的风险最小化。

其次，人力资源部门对数据处理岗位上的相关人员需要定期开展个人信息专业化培训和考核。

最后，对于不同职位的人员应当制定相应的安全职责，建立起发生数据安全事故的处罚机制和负责机制，并通过制定的奖惩机制推动落实。

就培训内容而言，《电信和互联网用户个人信息保护规定》第十五条从培训主体和内容角度要求"电信业务经营者、互联网信息服务提供者应当对其工作人员进行用户个人信息保护相关知识、技能和安全责任培训"。详言之，可由合规专员通过追踪法规变化和执法动向，向各职能部门发放、解读"数据合规指引""数据合规手册"，并通过组织定期的数据合规建设专项活动，筑牢合规意识，敲响"数据违规"的警钟；另外，搭建数据合规保障平台，强化组织内部数据合规的制度保证。从微观层面落实数据安全合规项目的进度表和推进方法，进而消除其他部门的误解和困惑，为其他部门准备基础性工作底稿和资料提供指引和答疑，为后期项目推进扫除不必要的障碍。[1]

---

[1] 黄春林：《网络与数据法律实务——法律适用及合规落地》，人民法院出版社2020年版，第137页。

就培训时长和频率而言，《网络数据安全管理条例（征求意见稿）》第三十条要求重要数据处理者"应当制定数据安全培训计划，每年组织开展全员数据安全教育培训，数据安全相关的技术和管理人员每年教育培训时间不得少于二十小时"。《信息安全技术　个人信息安全规范》第 10.1 条要求个人信息控制者"应定期（至少每年一次）组织内部相关人员进行应急响应培训和应急演练"，并达到"使其掌握岗位职责和应急处置策略和规程"之培训效果。

（四）公共关系部门

公共关系部门主要负责协助监管机构执法、公关处理等。《网络安全法》第二十八条规定，网络运营者应当为公安机关、国家安全机关依法维护国家安全和侦查犯罪的活动提供技术支持和协助。将协助执法的范围限定在维护国家安全和侦查犯罪，也是与《宪法》中有关公民通信自由和通信秘密受法律保护相呼应。此外，《刑事诉讼法》第五十四条将企业需要协助的主体范围扩大到人民法院、人民检察院。[①]《国家安全法》第七十七条还规定了军事机关可以要求企业提供必要的支持和协助。[②]《数据安全管理办法（征求意见稿）》第三十六条对企业提出了更高的协助要求，[③] 主体范围包括国务院有关主管部门履行维护国家安全、社会管理、经济调控等职责的情况。[④]

此外，公共关系部门还应当负责在涉及重大数据安全风险事件时，及时、恰当地对外采取公关措施，将事件影响度降到最低。

（五）应急处理部门

根据《网络安全法》第二十五条的相关规定，网络运营者应当制定网络

[①] 《刑事诉讼法》第五十四条第一款规定，人民法院、人民检察院和公安机关有权向有关单位和个人收集、调取证据。有关单位和个人应当如实提供证据。

[②] 《国家安全法》第七十七条规定，公民和组织应当履行下列维护国家安全的义务：……（五）向国家安全机关、公安机关和有关军事机关提供必要的支持和协助；……

[③] 《数据安全管理办法（征求意见稿）》第三十六条第一款规定，国务院有关主管部门为履行维护国家安全、社会管理、经济调控等职责需要，依照法律、行政法规的规定，要求网络运营者提供掌握的相关数据的，网络运营者应当予以提供。

[④] 黄春林：《网络与数据法律实务》，人民法院出版社 2019 年版，第 70 页。

安全事件应急预案，及时处置系统漏洞、计算机病毒、网络攻击、网络侵入等安全风险；在发生危害网络安全的事件时，立即启动应急预案，采取相应的补救措施，并按照规定向有关主管部门报告。事后，应当总结经验教训，查漏补缺，并且密切关注网络安全最新动态变化，不断完善应急预案，根据企业制定的相关制度对相关责任人问责处罚。

《信息安全技术 个人信息安全规范》第10条也对个人信息安全事件处置进行了详细规定，在《网络安全法》的基础之上，增加了对个人信息运营者"定期（至少每年一次）组织内部相关人员进行应急响应培训和应急演练，使其掌握岗位职责和应急处置策略和规程"的要求，对于个人信息泄露事件应当向个人信息主体履行安全事件的告知义务，对"安全事件的内容和影响、已采取或将要采取的处置措施、自主防范和降低风险的建议、针对个人信息主体提供的补救措施、个人信息保护负责人和个人信息保护工作机构的联系方式"等内容进行合理、有效的告知。

（六）法务部门

法务部门需要聘请精通国内外数据相关法律法规及行业标准的专家，不仅需要指导数据合规方面的合同起草、签订等流程，还需要负责审计协议的范本制定，负责联合执行层其他各部门，还承担起整个数据安全的合规管理工作。[①] 尤其要配合人力资源部门，首先梳理国内相关法律法规规章制度及行业标准等构建起企业内部的数据安全保护制度和政策，为内部员工开展制度与政策解读和培训，以确保相关人员熟练掌握内外部个人信息保护政策和相关规程，更好地达到考核要求。

四、监督层

监督层是由风控部门、审计部门、合规部门共同组成的独立数据安全监督小组，对管理层和执行层的工作进行监督，发现问题及时上报决策层并对

---

① 于莽：《规·据——大数据合规运用之道》，知识产权出版社2019年版，第232页。

违规行为及时纠正。其主要职责包括：（1）对数据安全制度及规范的完整性及执行情况进行监督；（2）对数据安全技术工具的落地情况进行监督；（3）对数据安全风险评估过程进行监督审计等。① 其中风控部门主要对接风险评估部门；审计部门需要对决策层、执行层所涉及的数据安全保护制度、政策及措施等的有效性进行审计，相关部门应当配合，审计完成之后形成审计报告上报决策层，具体可以参考《信息安全技术 个人信息安全规范》第11.7条中对于安全审计的要求；合规团队负责监督整个执行团队中涉及数据收集、传输、存储、使用、加工、共享、公开、销毁以及出境等的合规审查。

第四节　供应链上下游中数据安全负责人的职责

一、数据供应链安全概述

当下，大数据产业规模持续高速增长，数据供应链体系建设业已走入公众视野。2020年年底，国家四部委联合发布的《关于加快构建全国一体化大数据中心协同创新体系的指导意见》（以下简称《意见》）中，就明确提出数链、数脑、数盾、数纽、数网五大体系。《意见》强调"加强跨部门、跨区域、跨层级的数据流通与治理，打造数据供应链，形成'数链'体系"。而工业和信息化部于2021年11月30日发布《"十四五"大数据产业发展规划》（以下简称《规划》），提到"到2025年我国大数据产业测算规模超3万亿元"的增长目标。《规划》强调要加快培育数据要素市场，构建稳定高效产业链。②

数据供应链是一套融合多方主体和平台的数据技术、治理和运营体系，它涉及不同的技术体系和应用场景，需要多样化的规则体系。在数据供应链中，企业基于商业需求，从上游获取数据，或将数据分享给下游或委托给供应

---

① 《数据安全治理实践指南（1.0）》，中国信息通信研究院云计算与大数据研究所2021年7月。
② 《"十四五"大数据产业发展规划》，载中国政府网，http://www.gov.cn/zhengce/zhengceku/2021-11/30/5655089/files/d1db3abb2dff4c859ee49850b63b07e2.pdf，最后访问日期：2022年4月20日。

商处理。①《信息安全技术 数据安全能力成熟度模型》（GB/T 37988—2019）作为我国企业数据安全治理的具体实践指南，将数据供应链安全定义为通过建立组织的数据供应链管理机制，防范组织上下游的数据供应过程中的安全风险。数据供应链的总体框架通常由五大功能体系、九大流程环节构成。五大体系由数据生产运营体系、数据质量管理体系、数据价值评估体系、数据安全风控体系、数据联盟协同体系组成。②九大流程环节包括数据归集、数据存储、数据治理、数据开发、内部共享交换、数据应用、外部共享交换、数据开放、数据交易环节。五大体系为九大流程环节提供全面的流程、质量、价值、安全和联盟协同保障能力。不同的功能保障体系都有其重点流程环节。

数据供应链的重要作用十分突出。企业通过统一数据标准，管理数据质量，保障数据安全，将数据提供到需求部门进行应用，实现数据的价值提升。世界范围内，数据供应链安全也早已得到业界关注。

我国也在不断地加强实践，数据供应链体系架构在我国多地进行试点与探索，包括北京市、南宁市，以及重庆两江新区、安吉县等多个市级区县。③数据供应链体系的完善需要构建出一套完备的数据质量管理体系和数据标准规范体系，相关人员也需要承担不同的数据安全责任，使得基于数链的运行体系能够获得全新的技术和方案架构。此外，根据《信息安全技术 数据安全能力成熟度模型》（GB/T 37988—2019）的要求，相关负责人员还应具备一定的数据安全管理能力，在了解企业上下游数据供应链的整体情况后，熟悉供应链安全方面的法规和标准，并能够切实推进供应链管理方案的执行。④

数据安全负责人在数据供应链上下游中扮演着重要角色，从安全运营、风险管理到合规要求，都需要发挥战略指挥功能。如何进一步详细明确供应链上下游数据安全负责人的职责，确保数据共享及应用安全，是需要深入了解并规划的重要课题。

---

① 黄春林：《网络与数据法律事务：法律适用及合规落地》，人民法院出版社 2020 年版，第 124 页。
② 《"政府数据供应链"理论研究与实践探索》，载国家信息中心官网，http://www.sic.gov.cn/News/610/10314.htm，最后访问日期：2022 年 4 月 20 日。
③ 《〈数据供应链白皮书 2021〉暨创新实践成果发布》，载中国新闻网，http://www.zj.chinanews.com.cn/jzkzj/2021-09-27/detail-iharpcni8666006.shtml，最后访问日期：2022 年 4 月 20 日。
④ 《信息安全技术 数据安全能力成熟度模型》第 12.5 条。

二、供应链上下游数据安全负责人的职责

在互联网和数字化程度较高的民营企业，数据安全负责人须具有系统性执行能力，该岗位并非负责单一板块的义务，而是为机构中所有业务领域增加不同的安全维度，更像是战略官和防守总指挥。[①] 在数据供应链中，企业不仅会从供应链上游获取数据，也会将企业自身的数据传递给数据供应链的下游。在这一阶段，较容易发生数据泄露等数据安全问题，此时便需要数据安全负责人制定总体数据安全战略，并通过安全技术团队实现技术要求，融合对应到安全运营工作中去。具体而言，数据安全负责人的主要职责有以下几个方面：

（一）主导构建数据链上下游数据安全审查监控体系

数据链上游企业易发生的数据安全事件最显著的是数据泄露问题，其主要产生原因有二：一方面，企业内部审核不严，未形成良好的动态监管模式，使得数据在未知情况下流向了数据供应链下游；另一方面，数据向下游移交过程中被攻击者恶意拦截窃听。针对这两种情形，数据安全负责人需要在本组织负责供应链数据安全审查监控技术体系，领导团队应对实时威胁和恶意攻击，构建安全架构与开展基础设施保护，并监督安全体系落地到日常安全运营中。[②]

具体而言，数据安全负责人可以从以下三个层面出发，构建严密的数据安全审查监控体系。其一，数据安全负责人应当组织构建出完备的数据流动审批制度，形成严格的授权审批制，确保多级审批全部通过之后数据才可以流出。其二，数据安全负责人应主动牵头业务部门，组织制定出详细且通用的数据供应链上下游企业间的合作协议模板。该合作协议中需明确数据链中数据的使用目的、供应方式、保密约定、安全责任义务等，确保并定期审查

[①] 郭峰：《做好数字化组织的"首席安全官"——构建有效落地的网络安全一体化防御体系》，载《中国信息安全》2021年第11期。

[②] 李建平：《信息安全重新定义首席安全官》，载《中国信息安全》2021年第11期。

合同的合规性和安全性。① 其三，针对流出数据可能会被攻击者恶意获取的情况，数据安全负责人需要事先组织业务部门建立统一的传输数据加密规定，按照统一的加密标准进行数据供应链内的数据加密传输，同时使用安全可信的数据传输链路，如 SSL 等。针对流入数据，数据安全负责人需要组织审查数据的来源、完整性和检测是否受到恶意攻击等，确保下游企业从上游接收的数据是可用的、完整未被篡改的、安全的。

（二）负责数据供应链上下游企业的数据安全能力评估

数据安全负责人还应对数据供应链上下游的数据服务提供者和数据使用者的行为进行合规性审核和分析，并在本组织内开展数据安全能力评估工作。根据《信息安全技术　数据安全能力成熟度模型》（GB/T 37988—2019），在接收或流出数据前，数据安全负责人应组织安全团队和业务部门制定评估规范，对数据供应商的数据安全能力进行评估，并将评估结果应用于供应商选择、供应商审核等供应商管理过程。②

具体评估方法可借鉴欧盟的相关规定，将下游企业分为两个级别：第 1 级，使用公司或组织最敏感数据的企业。此时，数据安全负责人及其安全团队需要深入了解并进行彻底的供应商审查，确保并定期审查合同的合规性和安全性。第 2 级，使用不敏感数据的企业。此时，数据安全负责人和团队应定期对这些客户进行抽样并在系统中跟踪，以查看他们是否有必要升级为第 1 级供应商。随着数据敏感程度可能会发生变化，有些第 2 级的供应商需要成为第 1 级供应商。因此，数据安全负责人及其安全团队需要对此进行动态调整。

（三）承担数据安全事件通知的义务

数据安全负责人的沟通职责要求其应及时和监管机构进行沟通和报告。在发生数据安全事件时，若满足法律规定的通知要件，数据安全负责人应及

---

① 《信息安全技术　数据安全能力成熟度模型》第 12.5.2.2 条。
② 《信息安全技术　数据安全能力成熟度模型》第 12.5.2.3 条。

时通知主管部门。《个人信息保护法》规定的通知程序的触发条件是"发生或者可能发生个人信息泄露、篡改、丢失的"情况时,需要通知个人和监管部门。① 而之后国家互联网信息办公室出台的行政法规《网络数据安全管理条例(征求意见稿)》将触发条件设定为"对个人、组织造成危害的",应当在三个工作日内通知利害关系人。向主管部门通知的条件是发生重要数据或者十万人以上个人信息泄露、毁损、丢失等数据安全事件。② 尽管目前的法律规定莫衷一是,但是均强调了及时向主管部门报告的义务。而数据安全负责人作为监管部门和企业的沟通纽带,具有一定的独立性,在发生满足要件的数据安全事件后,应及时承担通知义务。

【典型案例】某社交平台数据泄露案③

2020年一项调查结果显示,在当前发生的数据泄露中60%以上可归因于第三方泄露。近几年,最典型的第三方数据泄露事件是下面这一事件。

2007年某社交平台上线,第三方应用的开发者可通过平台的技术工具和接口,将开发的平台应用(Platform Application)在该社交平台上运营,用户可在线进行互动。该社交平台需要与平台应用共享用户信息。当时该社交平台并未对平台数据的交互进行严格的管理,而一款专门针对选民的测试应用,违背了第三方应用入驻协议,经过用户在应用内的授权,收集共涉及5000万用户的数据,并将其提供给剑桥咨询,导致该社交平台上5000万用户的数据泄露。

从合规的角度出发,该社交平台究竟存在哪些问题?该社交平台针对第三方应用已部署系列政策,如已经通过签署协议的形式禁止第三方应用将其从该社交平台合法获取的用户数据向第三方提供,并部署了在出现大规模收集用户个人信息数据时的监控机制,并将会追查这些第三方应用收集用户个人信息数据的目的。但问题在于,因为流于形式,这些措施并没有真正起效。

首先,面对数据流出的既成事实和可能存在的风险,该社交平台并没有

---

① 《个人信息保护法》第五十七条。
② 《网络数据安全管理条例(征求意见稿)》第十一条。
③ 《5000万用户信息泄露 某社交平台失去对数据的控制?》,载新华网,http://us.xinhuanet.com/2018-03/21/c_129833176.htm,最后访问日期2023年7月25日。

追查机制；其次，对第三方应用是否违背其与该社交平台之间的协议对外提供用户个人数据，以及违约提供数据的后果，该社交平台缺乏监管和追责机制；最后，在该社交平台发现提供数据的第三方应用存在大规模收集用户个人信息数据时，仅在得到一个"用于研究"的答复后，便没有再进行追查，枉费了先进的平台监管制度和技术。

对我国企业来说，无论是处于数据供应链上游还是下游，都应当吸取教训。企业应当及时查看并更新上下游数据链路的整体情况，追踪分析数据供应链上下游合规情况，及时发现并跟进数据供应链管理过程中的潜在风险。特别是涉及共享和提供个人信息时，应当严格落实"三重授权原则"，做好个人信息合规。

第五节 外包方数据安全负责人的职责

一、数据外包服务中的安全隐患

数字经济下，企业对数据外包服务的依赖不断增强，业务范围也在持续扩大，伴随而来的数据安全风险也在加速暴露。为了降低运营成本，提高企业核心竞争力，多数企业会将部分数据分析等基础性的 IT 业务外包给第三方公司，由外包方汇总、存储、处理和代理信息，例如，常见的培训咨询外包、系统维护外包等。当下，企业数字化转型加速推进，众多领域都对数据处理的商业运用有了迫切需求，不再局限于互联网公司。金融、通信、消费品等行业的数据外包服务蓬勃发展。数据外包旨在为企业重组价值链、优化资源配置，对企业收集的数据进行深入挖掘作为提供产品和服务的基础。一些社交软件平台的审核和数据标注业务会以外包的形式来进行审核处理。例如新浪微博内容审核项目、腾讯视频审核及社交平台内容审核项目、滴滴出行地图标注及出行信息审核项目等，都外包给服务公司审核处理。① 甚至一些互联网公司会选择外包给劳动力相对低廉的地区。Mata 公司（原 Facebook 公司）也将部分数据标注工作外包给了印度 WiPro 公司。

随着数据科技对企业的外包业务需求量的增加，数据安全问题也逐渐暴露。企业层层的数据外包和转包合作极有可能成为数据安全防护的短板，外包公司的数据安全保护意识和能力可能与本企业存在较大差距，因此数据安全事件便发生在这些外包、转包流程中。甚至如若监管和审核不严，外包方人员将有机会非法获取数据和个人信息出售并从中牟利，造成用户隐私信息与企业商业机密的泄露。以金融机构的数据外包服务为例，国家金融监督管理总局官网公告显示，2021 年十余家银行因部分核心风控外包合作机构、外包机构管理存在缺陷等外包业务违规被监管处罚，其中大部分为城商行、农商银行等地方银行。2021 年 12 月 30 日原中国银行保险监督管理委员会印发《银行保险机构信息科技外包风险监管办法》，从信息科技外包治理、准入、监控评价、风险管理等多个方面对银行保险机构信息科技外包提出全面要求。

即便国家与行业对数据外包逐渐加大监管力度、提高治理水平，数据外包的数据安全问题仍然层出不穷，结合多种因素分析，其原因主要有以下几点：

（一）外包方不当行为

外包方企业可能存在对数据安全治理认识不足的情况，没有制定完善的数据保护制度和操作流程规范。管理相对混乱的外包方企业面对数据量巨大的业务缺乏安全管理的经验。外包方人员相较于数据提供企业，法律意识淡薄，对于数据调取、数据传输等操作有脱离账号、软件、设备与网络限制的可能，从而发生数据泄露或遭受攻击等数据安全事件。

（二）数据提供方管理不严

数据提供方的企业应对企业所收集和处理的个人信息、相关数据担负起

---

① 参见李伦、徐艳洁：《大公司数据外包如何保证用户隐私不被泄露》，载新浪财经，https://finance.sina.com.cn/roll/2019-05-23/doc-ihvhiews3964630.shtml，最后访问日期：2022 年 4 月 20 日。

安全管理责任。但多数企业往往倾向于依赖合同效力，未能在合作双方间强制采取有规范数据处理作用的技术手段。同时，数据提供方的企业可能存在对外包公司的资质审查不严格的情况。在合作过程中，后期的监管和治理未能跟上，没有形成稳定、动态、持续有效的管理体系。

（三）追责溯源难度大

数据外包治理的难点在于监管与溯源。针对外包合作行为，数据提供方的企业应当有相应的部门跟进，但由于主要操作人员来自外包公司，企业相关部门大多只负责业务进度对接，不会进行线下面对面的实时监管。上级监管机构更是难以深入中小外包公司的业务行为，只能做到定期抽查履行监管职能。多数数据安全事件被公众知悉的可能性很小，用户往往难以察觉。只有当大规模的数据安全事件上升至舆情发酵阶段，或产生严重后果时，才会引起监管部门的注意。因此这样的事后追责机制并不能对责任主体有效地做出惩戒。即便用户知晓数据泄露，也会因为搜寻犯罪证据的成本较高，而放弃立案维权。因此，外包方人员在复杂外包关系与海量数据往来之中，在较低的犯罪成本与轻松收取的巨额收益的诱惑下，抱着侥幸心理进行违法活动。

二、数据外包服务的性质和法律后果

为了更好地厘清外包方数据安全负责人的安全责任，首先应当清晰地界定数据外包的性质以及外包服务中双方的法律关系。多数情况下，企业的数据外包行为可以视为将某一种类的数据特别委托给受托人处理（储存、加工、分析等），双方成立委托合同关系。《网络数据安全管理条例（征求意见稿）》对数据委托处理的概念进行规定，将其定义为"数据处理者委托第三方按照约定的目的和方式开展的数据处理活动"。[①] 例如，甲公司是一家数据营销分析公司，受乙公司的委托，对乙公司内部系统中的用户数据进行分析

---

① 《网络数据安全管理条例（征求意见稿）》第七十三条第（七）项。

并提供报告。① 此时，甲公司作为外包方是受托人，乙公司作为数据提供方是委托人，两者之间就数据处理目的、方式、操作流程等签订的数据外包协议是委托合同。

需要明确的是，受托方，即数据外包方，并非数据处理者。委托方，即数据提供方才是数据处理者。《数据安全法》未明确相关概念，在《网络数据安全管理条例（征求意见稿）》中，数据处理者是指"在数据处理活动中自主决定处理目的和处理方式的个人和组织"。对应地，《个人信息保护法》中也将个人信息处理者定义为"在个人信息处理活动中自主决定处理目的、处理方式的组织、个人"。② 因此可以这样理解，受托人，即外包方，为在个人信息处理活动中不能自主决定处理目的、处理方式的组织、个人。也就是说，"第三方"能否"自主决定"处理目的、处理方式，将成为判断相关情形是否属于"委托处理"的关键。

如何界定"自主决定"同时也关乎外包方和数据提供方企业的权利义务划分。界定方法包括实质和形式两个方面。形式上，数据处理者与受托方需要签订委托合同。委托合同的签订是法律强制性规定。参照《个人信息保护法》第二十一条第一款的规定，个人信息处理者委托处理个人信息的，应当与受托人约定委托处理的目的、期限、处理方式、个人信息的种类、保护措施以及双方的权利和义务等，并对受托人的个人信息处理活动进行监督。但就委托数据处理合同的形式而言，目前尚未有特别规定。根据民法中合同自由的基本原则，当事人有缔结合同的自由、选择合同形式的自由。因此，可以选择书面、口头或其他形式。实质的判断标准在于外包方对所有数据的所有处理活动、处理目的和处理方式都必须在约定范围之内，不能超出约定进行任何处理活动。

《民法典》合同编并未逐一规定每类合同中当事人必须约定哪些内容。根据《民法典》第四百七十条第一款的规定，合同内容一般包括下列条款：（1）当事人的姓名或者名称和住所；（2）标的；（3）数量；（4）质量；（5）价款或

---

① 江必新、郭锋：《〈中华人民共和国个人信息保护法〉条文理解与适用》，人民法院出版社2021年版，第204页。

② 《个人信息保护法》第七十三条第（一）项。

者报酬；（6）履行期限、地点和方式；（7）违约责任；（8）解决争议的方法。但并非所有合同都必须包含上述条款所列的内容。数据外包的委托合同可以根据不同的交易类型确定哪些条款是必要的。根据《个人信息保护法》第二十一条第一款的规定，个人信息处理者委托处理个人信息时，委托合同必须包括委托处理的目的、期限、处理方式、个人信息的种类、保护措施以及双方的权利和义务。当然，未来我国相关主管机关也可以针对委托处理数据等情形制定相应的示范合同文本，供合同双方当事人参考。

三、外包方数据安全负责人的职责

数据、信息安全是数据外包业务中潜在风险的关注重点，如数据归集、用户个人信息的留存安全等。但市场上各种数据服务的外包商能力参差不齐，对用户信息和敏感技术资料安全保护也普遍偏弱，如研发的系统存在安全漏洞、呼叫服务业务批量泄露客户个人信息、外包服务人员安全管控不强导致用户数据信息泄露等情况也不少见。目前，该领域的相关法律法规还留有一定的空白。本书结合《民法典》《数据安全法》《个人信息保护法》等相关法律法规的规定，以及对应的行业指南等，按照数据性质的不同，分不同场景，将外包方数据安全负责人的职责梳理如下：

（一）委托数据处理的一般情况

随着企业数字化转型的深入，数据安全负责人的角色从数据安全领域跨越到了保护物联网、工控和关键系统，从安全运营、风险管理到合规要求，数据安全负责人需要考虑面对各种各样的问题。《民法典》作为调整民事关系的基本法律，在合同编第二十三章对委托合同作出了详细规定。但由于当事人的委托事项各不相同，因此具体的权利义务关系也不一样。但数据安全负责人的职责大体是相同的，基本可以梳理出来。

首先，数据安全负责人应当组织安全团队制定数据外包服务中的安全运营体系，并与委托方协商制定明确的数据安全细则和操作流程，对所委托数据的安全负责。尤其应注意，在数据脱敏、数据加密、安全通道、共享交换区域等不同场景下，数据安全负责人应当组织制定有针对性的数据安全制度，确保其安全合规。

其次，数据安全负责人应当组织安全团队对数据处理进行监控审计。数据安全负责人和安全团队需要及时联系业务部门，确认委托处理的事项没有超出授权使用的范围，起到内部动态监控的效果。如果数据安全负责人和安全团队发现数据安全隐患，应发挥对外联通的作用，及时向委托方报告。

最后，数据安全负责人应确保数据按时返还和安全销毁。如果委托合同履行完毕，委托关系解除。委托合同没有成立或者无效、被撤销时，外包方负有确保数据安全返还给委托方，或确保数据安全销毁的责任。因此，数据安全负责人应当注意在返还数据时，确保数据通道安全不被攻击。

（二）涉及个人信息的外包服务

个人信息具有财产性和人格性的双重属性，其作为人格利益的对象，充分体现了人格权的特征，因此需要数据安全负责人根据相关法律政策采取更加严格的标准。除了上述一般情况下的基本职责，数据安全负责人还负有采取必要措施确保个人信息不被泄露或破坏的安全责任。具体而言，数据安全负责人应当组织安全团队和业务部门共同制定更加严格的内部管理制度和操作规程，定期对从业人员进行安全教育和培训，制定并组织实施个人信息安全事件应急预案，开展数据安全事件防御和应急响应，以及提供防御和风险管理指导。

（三）涉及政务数据的外包服务

外包方若被委托处理政务数据，在必须承担上述一般情况下的数据安全责任时，我国《数据安全法》也对外包方即受托方施以更加严格的安全保护要求。《数据安全法》强调国家机关委托他人建设、维护电子政务系统，存储、加工政务数据，应当经过严格的批准程序，并应当监督受托方履行相应的数据安全保护义务。受托方应当依照法律、法规的规定和合同约定履行数据安全保护义务，不得擅自留存、使用、泄露或者向他人提供政务数据。

除了上述数据安全负责人的职责，其余各个主体也同样负有相应的责任。

从宏观角度来说，监管和执法部门要进一步加大数据违法处理的处罚力度，细化涉及合作的各方主体责任，提升监管机构职能。数据提供方的企业也应当加强内部治理，承担相应的数据安全责任，如通过合同等形式明确双方的数据安全责任义务，并对数据接收方的数据处理活动进行监督。此外，委托方还应严格落实审查和管理责任，对外包公司资质进行筛选和评估，制定严格的数据操作流程规范等。

随着数据外包领域的法律和配套法规、规范性文件的陆续出台，以及有关数据外包执法和司法实践的深入推进，我国有关数据外包的规则将更为清晰，企业开展数据外包业务将变得更加有章可循。在各方合力之下，企业牢牢把握数据合规底线，数据主体的相关权益也将得到更好的保护。

【数据安全法规定】

第二条 在中华人民共和国境内开展数据处理活动及其安全监管，适用本法。

在中华人民共和国境外开展数据处理活动，损害中华人民共和国国家安全、公共利益或者公民、组织合法权益的，依法追究法律责任。

第三条 本法所称数据，是指任何以电子或者其他方式对信息的记录。

数据处理，包括数据的收集、存储、使用、加工、传输、提供、公开等。

数据安全，是指通过采取必要措施，确保数据处于有效保护和合法利用的状态，以及具备保障持续安全状态的能力。

第二十七条 开展数据处理活动应当依照法律、法规的规定，建立健全全流程数据安全管理制度，组织开展数据安全教育培训，采取相应的技术措施和其他必要措施，保障数据安全。利用互联网等信息网络开展数据处理活动，应当在网络安全等级保护制度的基础上，履行上述数据安全保护义务。

重要数据的处理者应当明确数据安全负责人和管理机构，落实数据安全保护责任。

第四十四条 有关主管部门在履行数据安全监管职责中，发现数据处理活动存在较大安全风险的，可以按照规定的权限和程序对有关组织、个人进行约谈，并要求有关组织、个人采取措施进行整改，消除隐患。

第四十五条 开展数据处理活动的组织、个人不履行本法第二十七条、第二十九条、第三十条规定的数据安全保护义务的，由有关主管部门责令改正，给予警告，可以并处五万元以上五十万元以下罚款，对直接负责的主管人员和其他直接责任人员可以处一万元以上十万元以下罚款；拒不改正或者造成大量数据泄露等严重后果的，处五十万元以上二百万元以下罚款，并可以责令暂停相关业务、停业整顿、吊销相关业务许可证或者吊销营业执照，对直接负责的主管人员和其他直接责任人员处五万元以上二十万元以下罚款。

违反国家核心数据管理制度，危害国家主权、安全和发展利益的，由有关主管部门处二百万元以上一千万元以下罚款，并根据情况责令暂停相关业务、停业整顿、吊销相关业务许可证或者吊销营业执照；构成犯罪的，依法追究刑事责任。

第四十六条 违反本法第三十一条规定，向境外提供重要数据的，由有关主管部门责令改正，给予警告，可以并处十万元以上一百万元以下罚款，对直接负责的主管人员和其他直接责任人员可以处一万元以上十万元以下罚款；情节严重的，处一百万元以上一千万元以下罚款，并可以责令暂停相关业务、停业整顿、吊销相关业务许可证或者吊销营业执照，对直接负责的主管人员和其他直接责任人员处十万元以上一百万元以下罚款。

第四十七条 从事数据交易中介服务的机构未履行本法第三十三条规定的义务的，由有关主管部门责令改正，没收违法所得，处违法所得一倍以上十倍以下罚款，没有违法所得或者违法所得不足十万元的，处十万元以上一百万元以下罚款，并可以责令暂停相关业务、停业整顿、吊销相关业务许可证或者吊销营业执照；对直接负责的主管人员和其他直接责任人员处一万元以上十万元以下罚款。

第四十八条 违反本法第三十五条规定，拒不配合数据调取的，由有关主管部门责令改正，给予警告，并处五万元以上五十万元以下罚款，对直接负责的主管人员和其他直接责任人员处一万元以上十万元以下罚款。

违反本法第三十六条规定，未经主管机关批准向外国司法或者执法机构提供数据的，由有关主管部门给予警告，可以并处十万元以上一百万元以下罚款，对直接负责的主管人员和其他直接责任人员可以处一万元以上十万元以下罚款；造成严重后果的，处一百万元以上五百万元以下罚款，并可以责令暂停相关业务、停业整顿、吊销相关业务许可证或者吊销营业执照，对直接负责的主管人员和其他直接责任人员处五万元以上五十万元以下罚款。

第五十一条 窃取或者以其他非法方式获取数据，开展数据处理活动排除、限制竞争，或者损害个人、组织合法权益的，依照有关法律、行政法规的规定处罚。

第五十二条 违反本法规定，给他人造成损害的，依法承担民事责任。

违反本法规定，构成违反治安管理行为的，依法给予治安管理处罚；构成犯罪的，依法追究刑事责任。

【关联规定】

《个人信息保护法》第五十二条、第七十三条；《网络安全法》第二十一条、第三十四条、第三十七条、第六十六条；《民法典》第四百七十条；《刑法》第二百一十九条、第二百五十三条、第二百八十五条、第二百八十六条、第二百八十六条之一；《网络数据安全管理条例（征求意见稿）》第十一条、第二十八条、第七十三条；《关键信息基础设施安全保护条例》第十四条、第三十九条；《关于加快构建全国一体化大数据中心协同创新体系的指导意见》第一条；《银行保险机构信息科技外包风险监管办法》；《信息安全技术　关键信息基础设施网络安全保护基本要求》（GB/T 20173585—T—469）第7.4条；《信息安全技术　数据安全能力成熟度模型》（GB/T 37988—2019）第12.5条。

第四章　数据资产管理与访问控制

第一节　数据资产及其类型

一、从发展史看数据资产的规范形成

放眼数据资源的发展历程，我们对数据作为资产的认识大致经历了四个阶段：20世纪80年代，从技术视角出发解决了计算机系统中数据的存储和访问问题，标志性事件是1988年麻省理工学院全面数据质量管理计划（TDQM）的启动，该计划建立起了初步的数据管理框架；信息化时代，数据则具备业务含义，并与ERP、OA企业管理软件建设相结合，企业数据的市场价值和竞争定位直接关系到其数据资产的数量、质量、完整性以及由此产生的可用性；大数据时代，数据管理推动业务发展，搭建大数据平台，数据资源被集中存储和管理起来，国际数据管理协会（简称DAMA国际）在此期间不断更新数据管理知识体系，[1] 数据资产管理理论框架趋于成型；如今世界步入数据要素化时代，数据要素市场化成为建设数字中国必不可少的一部分，"数据是资产"已然成为共识，数据资产管理的新时代已然来临。

2018年，中国工业和信息化部学习国际先进经验，结合本国国情制定了《数据管理能力成熟度评估模型》（GB/T 36073—2018），以释放数据资产价值

---

[1] 国际数据管理协会（DAMA国际）：《DAMA数据管理知识体系指南》（第二版），DAMA中国分会翻译组编，机械工业出版社2020年版，第1—5页。DAMA国际定义了企业数据管理架构，指出在信息时代，数据被认为是一项重要的企业资产，每个企业都需要对其进行有效管理。

为核心目标，运营数据资产，赋能业务创新与发展。同年发布《信息技术服务 治理 第5部分：数据治理规范》（GB/T 34960.5—2018），将数据资产定义为组织拥有和控制的、能够产生效益的数据资源。2020年，国务院颁布《关于构建更加完善的要素市场化配置体制机制的意见》，将数据列为五大生产要素之一，与土地、劳动力、资本、技术等传统要素并驾齐驱。2023年1月4日，第五届"数据资产管理大会"正式发布《数据资产管理实践白皮书》（6.0版）（以下简称白皮书），从数据要素宏观环境变化和企业数字化转型的微观发展出发，强调数据资产管理能够提高业务数据化效率，推动数据业务化，加速企业数字化转型，通过优化企业资源获取和资源配置，提高企业竞争优势。白皮书称："数据成为各国发展数字经济的重要抓手，数据要素市场化配置上升为国家战略，将充分发挥对其他要素资源的乘数作用。良好的数据资产管理是释放数据要素价值、推动要素市场发展的前提与基础。"[①]

数据资产管理的基本逻辑是实现企业的创新与发展，促进数据资产效率与整合的内外循环，构建数据资产管理的总体框架。近年来，我国大力推动企业建设数据资产管理能力，在诸多领域颁布一系列法律文件鼓励企业数字化转型。例如，制造领域的《关于工业大数据发展的指导意见》《关于加快推进国有企业数字化转型工作的通知》；金融领域的《银行业金融机构数据治理指引》《商业银行监管评级办法》《金融业数据能力建设指引》（JR/T 0218—2021）；交通运输领域的《交通运输政务数据共享管理办法》《民航统计数据质量责任管理办法》。

除此之外，2020年10月中共中央办公厅、国务院办公厅先行发布深圳试点方案，要求加快培育数据要素市场，成立数据交易市场，率先完善数据产权制度，探索数据产权保护和利用新机制，建立数据隐私保护制度，同时，试点推进政府数据开放共享，支持建设粤港澳大湾区数据平台，研究论证设立数据交易市场或依托现有交易场所开展数据交易，开展数据生产要素统计核算试点。[②] 2021年7月15日，中共中央、国务院明确提出建设国际数据港和

[①] CCCSA TC601大数据技术标准推进委员会：《数据资产管理实践白皮书》（6.0版）。
[②] 中共中央、国务院：《深圳建设中国特色社会主义先行示范区综合改革试点实施方案（2020—2025年）》。

数据交易所，推进数据权属界定、开放共享、交易流通等标准制定和系统建设。

简而言之，数据资产管理是随着数据概念和技术的发展而发展的。从信息时代到数据元素化时代，数据资产管理的理论框架逐渐成熟，呈现出行业和企业差异化的分布特征。"数据流将成为激活人流、物流、技术流、资金流和贸易物流的关键载体，实现数据要素向数据资源再向数据资本的转化。"[1] 随着以数据为中心的行业数字存储容量的不断扩大和数字产业化进程的逐步加快，如何管理好数据资产和流通交易已成为世界各地面临的重大问题。

二、数据资产及其特征

（一）数据资产的概念

资产是会计学的基本概念之一，2014 年修订的《企业会计准则——基本准则》中将资产定义为"企业过去的交易或者事项形成的、由企业拥有或者控制的、预期会给企业带来经济利益的资源"，同时该资源的成本或者价值能够被可靠地用货币来计量。[2]

早在 2001 年，著名管理学家汤姆·彼得斯便指出："一个组织如果没有认识到管理数据如同管理有形资产一样极其重要，那么它在新经济时代将无法生存。"[3] 信息化时代，数据被定义为"信息的载体"，它能够表现为数据库、文档、图片、视频等各种形式，并作为信息系统的输入和输出而存在。随着数据的积累、运营环境的复杂化，数据开始为"效益提升而存在"，其内在的信息价值，不仅为企业或组织自身所用，也能够满足其他行业或企业组织对于信息的渴望，当人们开始习惯为数据本身付费时，数据价值就体现为"为交易而存在"，使得数据作为一种资产的概念更加名正言顺。

白皮书指出，数据之所以能够成为资产，其两个关键特征就在于：能够

---

[1] 陈烁：《加快数据流通交易 破解数据交易难题——"揭秘"上海交易所》，载《浦东快报》2021 年 11 月 26 日，第 3 版。

[2] 葛家澍、林志军：《现代西方会计理论》（第三版），厦门大学出版社 2011 年版，第 219 页。

[3] 陈正汉：《近十年我国政府数据治理研究述评》，载《社会科学动态》2022 年第 2 期。

为企业带来经济效益，且可计量成本与收益。第一，数据能够给会计主体带来预期经济利益或产生服务潜力，在当今数据价值被广泛认同的情形下是可以肯定的，但并非所有数据都有经济性；第二，数据成本或价值能够可靠地计量，数据是现实事物的信息化，在难以用统一计量方法对各类数据进行计量的情形下，仍然存在许多类型的数据可被计量并标识为资产，且随着技术的发展这一范围还将继续扩大。除此之外，数据资源可以被会计主体拥有或控制且由过去的交易或事项形成也是构成数据资产的基本条件。

因此，可将数据资产（Data Asset）定义为：由组织（政府机构、企事业单位等）合法拥有或控制的，以电子或其他方式记录的，可进行计量或交易的，能直接或间接带来经济效益和社会效益的结构化或非结构化数据资源。其中，"拥有或控制"，即享有所有权、使用权等权利或权益，不一定是企业内部信息系统中的数据资源，也可以是通过合作、租赁等方式从外部获得使用权的各种形式的数据。"能直接或间接带来经济效益和社会效益"，是指直接或间接为企业带来资本或现金等价物流的潜力——这种潜力在于将数据作为经济资源整合到企业经济活动中的能力。或是为企业管理控制和科学决策提供依据，降低和消除企业经济活动中的风险；或是通过交易或事项间接为公司带来预期的经济利益，或直接为公司带来营业收入。"数据资源"，是指由物理或电子记录的数据生成的以特定形式存在的数据集，如工作文件、表格、概要文件、拓扑图、系统信息表格、数据库数据、业务和统计数据、开发中的源代码等。

总的来说，数据资产需要同时具备数据权属、有价值、可计量、可读取的硬性条件。[①] 在企业中，并非所有的数据都符合条件，只有那些能够为企业产生价值的数据资源才可称为数据资产。没有价值、权属不明、不能可靠计量、不可读取的数据集以及垃圾数据集都不属于数据资产。

（二）数据资产的特征

1. 数据资产的有形与无形二重性

在传统经济学与会计学领域，资产按是否有实物形态划分，可以区别为

---

① 朱扬勇、叶雅珍：《从数据的属性看数据资产》，载《大数据》2018 年第 6 期。

有形资产与无形资产。而数据资产作为极其特殊的存在，兼具有形资产与无形资产的双重属性。数据资产的物理属性和存在属性表现出有形性，数据资产的信息属性与数据勘探权、使用权等表现出了无形性，即数据资产兼有无形资产和有形资产的特征。

（1）数据资产的有形性

"数据资产的物理属性加上存在属性就形成了数据资产的物理存在，体现了有形资产的特征。"[1] 数据资产本身没有物理形态，这决定了数据资产的非实体性与实物依赖性，其必须依赖于物理环境并依托实物载体而存在，存储在特定的媒介之上，即介质。数据资产在存储介质中以二进制形式存在，占有物理空间，是有形的——这就是数据资产的物理属性。相同的数据可以在多个环境中以不同的格式呈现，存在于多种介质。同时，数据资产具有可读取性，只有能够被读取的数据才具备挖掘和实现的价值，不可读、不可见的数据无法实现和计量成本或价值，自然没有资产存在的意义——这就是数据资产的存在属性。

（2）数据资产的无形性

信息作为数据资产的表达，其价值因人而异、因事而异、因时而异，难以统一且准确地被计量，这也是自信息资产的概念被提出后，将其纳入无形资产范畴的原因所在。这种价值的高度不确定性（或称价值易变性）来自其上附着的勘探权、使用权、所有权等权能利益，也正是这种资产的无形性，提升了数据资产的商业魅力。[2]

2. 数据资产的流动与长期二重性

传统资产以其具备物质形态而被分为流动资产和长期资产，而数据资产因其有形与无形的双重属性而同时具备流动性与长期性。数据极易复制，这使得数据资产的流动性极好，同时数据使用不易发生物理耗损，可以长期存在并持续运作，因此数据资产具备长期资产的特征。

数据资产的流动性体现在数据可以很容易地被复制到多个副本中，且数

---

[1] 叶雅珍、朱扬勇：《数据资产》，人民邮电出版社2020年版，第55页。
[2] 刘金瑞：《数据财产保护的权利进路初探》，载《中国信息安全》2017年第12期。

据质量没有任何差异。复制成本远低于生产成本,这确保了数据资产的良好流动性以及在计费期间数据存储的自由流动和使用;同时,数据资产具有可加工性,既能随时维护、更新、补充和添加;也可删除、合并、收集和消除冗余;还可以对它们进行分析、细化、处理和挖掘,以获得更深层次的数据资源。这些都体现了数据资产的流动性。

数据资产的长期性体现在数据本身不会老化,这是其作为资产永续发展的最大动力,只要存储数据的数据载体不断变化,数据就可以始终存在于网络空间中,这是数据的时间属性体现。在使用过程中,数据不易发生损耗、不易丢失调包,因此数据资产能够长期存在并作为固定资产得到较长寿命使用,这体现了数据资产的长期性。

三、数据资产的类型

根据数据权属的不同,可将数据资产分为企业数据资产、政务数据资产和个人数据资产三大类。[①] 其中,个人数据资产虽然在法律上得到承认与保护,但是在实践中个人几乎不可能控制较大规模的数据资产,因此下文仅对企业数据资产和政务数据资产进行深入探讨。

(一)企业数据

企业数据泛指所有与企业经营相关的信息、资料,包括公司概况、产品信息、经营数据、研究成果等,其中不乏涉及商业机密。例如《数据安全法》及各级地方数据条例仅通过规范数据要素市场、鼓励数据交易的方式,间接引导企业实行数据资产自主管理。再如《浙江省数字经济促进条例》,引导企业、社会组织等单位开放自有数据资源。但是,出于保证商业可持续性的考虑,企业应当尽可能地采取高水平的技术防护措施并制定尽可能严格的数据管理制度,对自身的业务模式、数据的重要性以及社会影响力进行综合考虑,建立一套符合国家法律、等级保护制度以及业务发展需要的数据分级管理与

[①] 此处之个人数据指处于个人控制之下的数据,而非能够识别出特定人的数据。

保护制度，选择相应的管理举措和安防技术。在此过程中，国家机关不得将在履行职责中知悉的商业秘密、保密商务信息等数据泄露或者非法向他人提供，而应当依法予以保密。

（二）政务数据

政务数据，或称公共数据，是指法律、法规授权的具有管理公共事务职能的组织依法履行职责、提供公共服务过程中制作或者获取的，以电子或者非电子形式对信息的记录。《数据安全法》第三十七条规定，国家大力推进电子政务建设，提高政务数据的科学性、准确性、时效性，提升运用数据服务经济社会发展的能力。为此，国家机关应当依照法律、行政法规的规定，建立健全数据安全管理制度，落实数据安全保护责任，保障政务数据安全。除依法不予公开之外，国家机关应当遵循公正、公平、便民的原则，按照规定及时、准确地公开政务数据，并制定政务数据开放目录，构建统一规范、互联互通、安全可控的政务数据开放平台，推动政务数据开放利用。同时，被委托建设、维护政务系统和存储、加工政务数据的受托方应当依照法律、法规的规定和合同约定履行数据安全保护义务，不得擅自留存、使用、泄露或者向他人提供政务数据。

目前，福建、山东、安徽、吉林、山西、海南、天津、贵州出台的大数据条例主要面向公共数据领域，而深圳和上海出台的数据条例，除涉及公共数据外，还涵盖了个人数据的相关规定，适用领域更广。

《上海市数据条例》在公共数据方面规定，公共数据实行分类管理，市大数据中心应当根据公共数据的通用性、基础性、重要性和数据来源属性等制定公共数据分类规则和标准，明确不同类别公共数据的管理要求，在公共数据全生命周期采取差异化管理措施。[①]

《浙江省数字经济促进条例》为了解决实践中公共数据共享开放程度不够、数据质量不高等问题，明确规定：(1) 公共数据范围，并遵循按照需求

[①] 截至 2023 年 5 月 25 日，上海市公共数据开放平台（https://data.sh.gov.cn/）实时公布，现已开放 51 个数据部门，132 个数据开放机构，5,366 个数据集，73 个数据应用，四万四千余个数据项，20 亿以上条数据，且还在不断增加中。

导向、分类分级、统一标准、安全可控、便捷高效的原则，在公共管理和服务机构之间进行共享开放、协同应用；（2）建立公共数据的核实和更正制度，并根据公共数据主管部门的要求及时核实、更正数据；（3）公共数据采集单位对所采集数据的真实性、准确性、完整性负责。公共数据主管部门发现公共数据不准确、不完整或者不同采集单位提供的数据不一致的，可以要求采集单位限期核实、更正。采集单位应当在要求的期限内核实、更正。

《福建省大数据发展条例》明确应当优先开放与民生密切相关、社会关注度和需求度高的数据，将其分为普通开放和依申请开放两种类型。在数据采集方面，规定采集数据应当向被采集者公开采集规则，明示采集目的、方式和范围，并经被采集者同意。凡能通过共享获取的公共数据，政务部门不得重复采集。同时，为解决部门间数据壁垒、共享不充分等问题，该条例明确公共数据以共享为原则、不共享为例外，分为无条件共享、有条件共享和暂不共享三种类型。凡列入暂不共享类公共数据的，应当有法律、行政法规或者国家政策作为依据。

《山东省大数据发展促进条例》将数据资源划分为公共数据和非公共数据，明确公共数据和非公共数据的范围，对数据采集划出"禁区"，强调不得重复采集能够通过共享方式获取的公共数据。除法律、行政法规规定不予共享的情形外，公共数据应当依法共享。公共数据提供单位应当注明数据共享的条件和方式，并通过省一体化大数据平台共享。鼓励运用区块链、人工智能等新技术创新数据共享模式，探索通过数据比对、核查等方式提供数据服务。

《天津市促进大数据发展应用条例》中，政务数据以在政务部门之间共享为原则、不共享为例外，又分为无条件开放、有条件开放和不予开放三种类型。申请获取有条件开放的政务数据，可以通过开放平台向数据提供单位提出申请。数据提供单位应当自受理申请之日起两个工作日内，通过开放平台向申请方开放所需数据；不同意开放的，应当说明理由并提供依据。

第二节　数据资产的权属问题

数据确权是数据资产管理的核心问题。数据一旦成为资产，便与传统资产一样需要明晰产权方或实际控制人。加大对数字版权、数字内容产品及个人隐私等的保护力度，维护广大人民群众利益、社会稳定、国家安全。

在如今的数字经济时代，数据可以被会计主体拥有或者控制是数据能够成为资产的基本条件。相对于传统资产，数据资产具有无限可复制性的特点，即在同一数据上可以承载多方主体的数据权利（"一数多权"）。这总体上是一个法律问题，即数据的权属问题。《数据安全法》第八条规定："开展数据处理活动，应当遵守法律、法规，尊重社会公德和伦理，遵守商业道德和职业道德，诚实守信，履行数据安全保护义务，承担社会责任，不得危害国家安全、公共利益，不得损害个人、组织的合法权益。"因此，权属问题也成为近些年学者研究的重点。

一、数据资产确权的意义

"数据确权已然成为实现数据安全有序流动和数据资产化不可或缺的重要前提，确定数据资产权属和权益分配有利于提高市场主体参与资产交易的积极性，降低资产流通的合规风险，推动数据要素市场化进程。"[1] 数据资产的确权，在个人层面、社会层面和国家层面具有不同的意义。

从个人层面来看，用户在使用网络的过程中，网络平台一般通过用户服务协议、隐私协议或个人信息保护协议等方式获取用户授权，约定其享有个人信息的所有权、使用权、控制权等权利。但在实践中，当企业之间产生数据权属纠纷时，即使数据中包含大量用户个人信息，用户也无法参与到诉讼当中，作为信息主体的用户在实质上对自己个人信息的归属没有任何决定权。

---

[1] 中国信息通信研究院云计算与大数据研究所：《数据资产管理实践白皮书》（5.0 版）。

因此，数据权属的明确有助于厘清何种情况下信息主体能够基于原始个人信息主体的身份参与到数据权属纠纷中，从而更好地维护自身权益。

从社会层面来看，数据产生量的迅速增长丰富了企业采集的数据维度和类型。然而，在数据权属不清的情况下进行低成本、便利的大数据采集蔚然成风，使许多大型互联网企业出现数据垄断现象，[①] 这种数据无度收集的举动不仅为它们带来了更多的市场竞争优势，也引发其他企业纷纷仿效，容易引发恶性的数据集中竞争，影响数字经济市场的健康秩序，不利于数据要素市场的长远发展。数据确权降低了交易中的不确定性，是数据流通的前提，可充分保障数据流通各参与方的权益；数据资产确权是数据估值的基础，能有力保证健康可持续的数据交易市场运转融通，并准确地估值与定价。

从国家层面来看，数据确权是建立数据治理体系的前提，是数据要素市场监管标准化建构、政务与企社数据领域化调适、数据采集、交易流通与开放共享的基础。数据权属制度建设的缺失不利于推进政府行使行业监管、数字治理和提供公共服务，不便于健全数据产权法律制度。2019 年 9 月，工业和信息化部开通我国首个数据确权平台"人民数据资产服务平台"，就数据的合法合规性进行审核，对数据生产加工服务主体、数据流通过程、数据流通应用规则开展审核及登记认证，实现了从零到一的突破。[②] 数据确权有利于规范数据流通各环节，加强国家对数据的控制力，从而能够通过政策的调整营造良好有序的数据市场秩序。

二、我国数据资产确权的实践方案

（一）司法案例

与世界上绝大多数主要司法管辖区一样，我国现行全国性法律尚未对数

[①] 关于数据垄断，2021 年 10 月颁布的《反垄断法》修正草案将滥用数据和算法优势纳入规制范围，第九条规定："经营者不得利用数据和算法、技术、资本优势以及平台规则等从事本法禁止的垄断行为。"第二十二条第二款规定："具有市场支配地位的经营者不得利用数据和算法、技术以及平台规则等从事前款规定的滥用市场支配地位的行为。"

[②] 苏晓：《数据价值化是数字经济发展的关键》，载《人民邮电报》2021 年 6 月 7 日，第 3 版。

据确权进行立法规制，普遍采取通过法院个案处理的方式，尝试借助《民法典》《反不正当竞争法》等其他法律部分的相关法律机制，对数据资产进行确权。司法实践中，我国法院一般通过不正当竞争的思路对企业的数据资产进行确权，微梦公司诉淘友公司不正当竞争案与某宝诉安徽某景公司不正当竞争案便是其中典型。

1. 互联网门户网站诉社交引用网站不正当竞争案[①]

在某梦公司诉某友公司不正当竞争案中，某梦认为某友非法获取并使用非某友用户的某梦信息，导致某梦用户即使从未通过某梦网站登录某友网站，其个人信息仍能够在某友产品中被直接搜索到。某梦对此提起诉讼，主张某梦与某友存在不正当竞争行为。

法院经审理认为，用户信息是互联网经营者的重要经营资源，如何展现这些用户信息也是经营活动的重要内容。某梦在多年经营活动中，积累了数以亿计的用户，这些用户根据自身需要向某梦提供了基本信息、职业、教育经历、喜好等特色信息。这些用户信息不仅是支撑某梦作为庞大社交媒体平台开展经营活动的基础，也是其向不同第三方应用软件提供平台资源的重要内容。某梦使用这些用户信息是维持并提升用户活跃度、开展正常经营活动、保持竞争优势的必要条件。某友的行为违反了诚实信用的原则，损害了某梦的合法竞争利益，构成不正当竞争。

2. 某宝诉安徽某景公司不正当竞争案[②]

某宝诉安徽某景公司不正当竞争案中，某宝的"生意参谋"数据产品是在用户浏览、交易等行为痕迹信息所产生的原始数据基础上以特定算法提炼后形成的衍生数据。安徽某景公司运营的网站以提供软件账号分享平台的方式，招揽、组织、帮助他人获取"生意参谋"数据产品中的数据内容，并从中牟利。

法院经审理认为，"生意参谋"产品系某宝公司在合法采集的网络用户信

---

① 北京淘友天下技术有限公司等与北京微梦创科网络技术有限公司不正当竞争纠纷二审民事判决书，北京知识产权法院（2016）京73民终588号。

② 安徽某景信息科技有限公司、某宝（中国）软件有限公司不正当竞争纠纷再审审查与审判监督民事裁定书，浙江省高级人民法院（2019）浙民申1209号。

息和网络原始数据基础上，经过深度分析处理整合加工而形成的大数据产品。网络大数据产品不同于原始网络数据，其提供的数据内容虽然同样源于网络用户信息，但通过网络运营者大量的智力劳动成果投入，并经过深度开发与系统整合，最终呈现给消费者的数据内容，已独立于网络用户信息、原始网络数据之外，是与网络用户信息、原始网络数据无直接对应关系的衍生数据。在性质上，数据产品虽表现为无形资源，但可以被运营者实际控制和使用，能够为运营者带来相应经济利益，在实践中已经成为市场交易的对象，具有实质性的交换价值。因此，某宝对此享有独立的财产性权益。涉案数据产品能带来商业利益与市场竞争优势，安徽某景公司未经许可将其作为获取商业利益的工具，有悖公认的商业道德，已构成不正当竞争行为。

不难发现，在司法裁判中，法院认定数据属于能够为企业带来经济效益的无形资产，而企业拥有这种资产的合法性基础在于，企业收集、保存原始数据，付出了一定的劳动，尤其是衍生型数据，是企业投入大量人力、物力与智力的成果，应当由企业享有相关权益。[1]

(二) 地方性立法

我国除了尝试通过法院司法裁判来填补这一法律空缺外，各地区制定的数据条例也对数据权属问题作出了初步规定，以天津、深圳和上海最为典型。

1. 天津市地方立法

天津作为较早对数据确权问题作出回应的地方之一，在 2018 年颁布的《天津市促进大数据发展应用条例》中强调了数据提供者有义务确保数据权属界定清晰；数据需方不得将交易数据转让给交易相对人外的第三方，此规定限制了数据要素市场权属模糊的数据交易，规范了苛刻的授权同意证明标准。但遗憾的是尚未正式审议通过。不过在 2022 年 1 月的《天津市数据交易管理暂行办法》中，天津市又就数据确权问题作出了规定，要求数据供方应确保交易数据获取渠道合法、权利清晰无争议，能够向数据交易服务机构提供拥有交易数据完整相关权益的承诺声明及交易数据采集渠道、个人信息保护政

---

[1] 赛博军：《数据权益的边界》，载《保密工作》2020 年第 9 期。

策、用户授权等证明材料。数据需方无权将交易数据转让给第三方。同时，天津着眼于政务数据的规范管理与共享开放，数据提供单位鼓励支持资源利用主体对开放的这两种公共数据资源进行开发利用，并以此为来源形成智力成果，在成果中必须注明数据的来源，表示该数据资源获取的合法性。

2. 深圳市地方立法

广东作为中国数字经济发展最为活跃的地区之一，数据资产确权需求也最为迫切，以"中国硅谷"闻名的深圳尤甚。无论是省级法规、规章还是深圳市级法规都明确保护自然人、法人和非法人组织对依法获取的数据资源开发利用的成果所产生的财产权益，且赋予数据主体自主处分并交易的权利。值得注意的是，《深圳经济特区数据条例》在省条例的基础上作出了更为细化的规定，率先在地方立法中探索数据相关权益范围和类型，规定自然人、法人和非法人组织对其合法处理数据形成的数据产品和服务享有法律、行政法规及条例规定的财产权益；市场主体对合法处理数据形成的数据产品和服务，可以依法自主使用，取得收益，进行处分。同时，深圳积极响应广东省关于建立数据交易所的建议，推动建立数据交易平台，引导市场主体通过数据交易平台进行数据交易，并且允许市场主体对合法处理数据形成的数据产品和服务依法进行交易。

3. 上海市地方立法

早在 2016 年，上海就开始关注数据确权，以保障数据主体合法权益为前提，力图构建安全有序的数据流通环境，促进数据流通互联。之后发布《上海市数据条例》，在保护自然人个人信息数据的人格权益的基础上，强调自然人、法人和非法人组织对其以合法方式获取的数据，以及合法处理数据形成的数据产品和服务依法享有财产权益、数据收集权益、数据使用加工权益、数据交易权益。

同时，政府支持浦东新区推进数据权属界定标准化、体系化建设，在数据交易领域，上海贯彻落实《中共中央、国务院关于支持浦东新区高水平改革开放　打造社会主义现代化建设引领区的意见》，将在浦东地区建设并运营数据交易所这一实践举措写入《上海市数据条例》，并规定本市支持浦东新区高水平改革开放、打造社会主义现代化建设引领区，推进数据权属界定、开放共享、交易流通、监督管理等标准制定和系统建设。

2021年11月25日，上海数据交易所正式揭牌成立，"上海数据交易所的成立正是中国'数据确权之路'下的缩影，落实数据信息具象化，切实将数据交易的选择权与自主权交还予受众自身，依托交易所进行合规性审查，打破'数据权属不明'困局，在合法合规的轨道上推进数据产品的市场化与流转化。以保障数据产权为导向，构建多层次、常互联的数据交易枢纽，为全国数字化转型起到了良好的示范与表率作用"。此次实践是推动数据要素流通、释放数字红利、促进数字经济发展的重要举措，是全面推进上海城市数字化转型工作、打造"国际数字之都"的题中应有之义，也有望成为引领全国数据要素市场发展的"上海模式"。①

4. 现有地方性立法总结

除以上三个城市外，2021年成立的北京国际大数据交易所也在积极探索从数据、算法定价到收益分配且涵盖数据交易全生命周期的价格体系，对数据来源进行合规审核，对数据交易行为进行规范管理，以形成覆盖数据全产业链的数据确权框架，提供包括数据产品所有权、使用权、收益权交易等在内的数据产品交易服务。② 各地率先尝试通过地方法律法规界定数据权属，凸显了加快数据确权立法的紧迫性和必要性，国家层级的数据权属立法可以将地方法律法规的成功经验融入吸收，为打破数据要素市场确权的僵局提供合法依据。

总的来说，数据收益的分配一定程度上可以缓解"数据属于谁"的难题，国内立法趋向通过定义数据主体权益来缓解数据资产确权的困境：自然人对个人数据享有权益，包括知情同意、补充、更正、删除、查阅、复制等权益；法人与非法人组织对其合法处理数据形成的数据产品和服务享有法律、行政法规及条例规定的财产权益，可以依法自主使用，取得收益，进行处分。

---

① 黄心怡：《上海数据交易所揭牌成立 首批百家数商签约 数据要素市场提速发展》，载《科创板日报》2021年11月25日。

② 孟凡霞、宋亦桐：《破解交易难题——北京国际大数据交易所落地》，载《北京商报》2021年4月1日，第7版。

三、数据权属的理论探讨

虽然多个地方性立法均通过权益分配的方式在一定程度上回应了数据权属问题，但无论在理论还是在实践层面，数据权属问题仍然充满争议，司法实践中最为常见的观点"数据非天然，数据应该属于数据的生产者"始终无法回应以下两个问题。[1]

一是当数据由多个主体生产时，数据的权属难以界定。实践中，数据的生产一般需要多个主体的参与。例如，大量的消费者数据如个人信息、购物信息等被电商平台所实际控制，而电商平台事实上在经常使用这些数据支撑电商平台自己的个性化推荐为自己的业务服务，同时第三方支付平台掌握交易信息，也即，电商平台的购物行为数据是由消费者、电商、第三方支付平台等共同生产的。纵览数据的生产过程，用户贡献了内容，网络服务提供商贡献了场景、软硬件环境及运营维护支持。形成这种权属困局的主要原因是，在当今数字经济时代，消费者与网络平台融为一体，直接交易的需求逐步扩大，第三方平台由原来的"信用中介"转变为"信息中介"，以致用户、中介和平台的区分度越来越模糊，数据主权意识还未建立，数据确权进展缓慢。[2]

二是当生产的数据涉及公民隐私时，数据的权属难以界定。虽然我国在立法层面确立了隐私、个人信息、数据的不同法律地位，但在实践中这三者仍然是紧密连接的。例如，医院所使用的电子病历数据是由病人、医生及医院等共同生产，作为一项重要的数据集存储于医院数据资料库。由于这类数据内容通常不涉及数据权益的主张问题，而涉及病人的隐私问题，因此，大多数学者主张隐私数据归相关个人所有。"从数据治理的角度看，一个负责任的企业应该从数据产权层面意识到相关个人是某些关键隐私数据（例如：身份证号、住址、银行卡号）的唯一合法拥有者。"[3]

数据资产"一数多权"的特殊属性给数据确权在理论和实践中带来很大

---

[1] 朱扬勇主编：《大数据资源》，上海科学技术出版社2018年版，第48—49页。
[2] 朱晓武、黄绍进：《数据权益资产化与监管》，人民邮电大学出版社2020年版，第72页。
[3] 王汉生：《数据资产论》，中国人民大学出版社2019年版，第194页。

的困难，尤以在数据所有权不确定的情况下个人数据权益与企业财产权益的潜在冲突为最。对于界定数据权属，存在用户所有、平台所有、用户与平台共有、国家所有这四种权属分配模式。

（一）用户所有说

正如美国学者杰瑞·康（Jerry Kang）所言，既然包含隐私的个人数据在互联网空间可被作为交易的商品，自然而然应当赋予自然人个体对自身数据的所有权，以便限制个人数据的重复利用。[①] 用户所有权即是支持用户个体数据的权利配置应归于其本人，认为数据源自公民个人，坚持数据隐私的合理保护相对优先于企业数据权益。这一学说强调，当且仅当平台公司获得了用户的"知情同意"，平台公司才有权开展数据收集、加工与整理，从而形成对用户数据的"绝对保护"模式。[②]

反对者则认为，这种绝对保护模式将控制放大化甚至绝对化，使平台公司无法将自己收集、整理、存储的数据形成的数据资产进行商业化运作，从根本上也不利于用户个体隐私保护和数字产业的健康可持续发展。[③]

（二）平台所有说

平台所有说认为，大数据网络公司为了维护自身优势，必然投入大量人力物力财力以及创造性活动，以期获取稳定的数据源。[④] 在这种情况下，数据权属保护"必须从以用户为中心向以平台为中心转移"[⑤]，平台应拥有所获得数据的完整所有权。这种赋予数据从业者数据权的模式，有利于实现平台经济和规模经济，发挥更大的效益，加快数据产业的发展和效率，提升数据经济在

[①] See Jerry Kang, Information Privacy in Cyberspace Transactions, 50 Stanford Law Review 1199（1998）. 转引自彭辉：《数据权属的逻辑结构与赋权边界——基于"公地悲剧"和"反公地悲剧"的视角》，载《比较法研究》2022年第1期。

[②] 石丹：《大数据时代数据权属及其保护路径研究》，载《西安交通大学学报（社会科学版）》2018年第3期。

[③] 范为：《大数据时代个人信息保护的路径重构》，载《环球法律评论》2016年第5期。

[④] 雷震文：《民法典视野下的数据财产权续造》，载《中国应用法学》2021年第1期。

[⑤] 彭辉：《数据权属的逻辑结构与赋权边界——基于"公地悲剧"和"反公地悲剧"的视角》，载《比较法研究》2022年第1期。

整体产权机制建设中的地位和价值。以往一些案例曾基于责利相匹配原则认可"平台对其投入大量智力劳动成果形成的数据产品和服务具有财产性权益"①，前述两个案例也集中体现了这一点。这种财产性权益虽然采取私权形式，但与民法上典型的财产权不同，需要兼顾多种功能、多种利益协同的保障要求，因此无法采取简单意义的财产权构造，而是需要呈现为一种具有极强外部协同性的复杂财产权设计。②

然而，学界也出现对"平台所有说"的担忧之声，认为："在忽视甚至否定自然人对个人信息的民事权益的前提下，空谈公共利益或公共秩序，很可能会造成个人信息保护和数据权属立法最终沦落为利益相关方围绕个人信息展开的争夺战，最终损害社会的整体福利。"③

（三）用户与平台共有说

共有学说认为，在数据产业的权利配置层面上，应同时兼顾各方贡献，将保护数据自由流动作为与保护个人信息同等重要的立法目的。反对者则认为这种对数据权利体系架构的认知和理解仍未突破既有模式的困局。④ 要么过分强调用户个人数据的价值，当数据交换或共享时，平台不可避免地会面临获得个人用户同意的困难，这只会增加数据流动和交换的机制成本；要么过分强调数据使用的商业属性，如果个人用户希望转移个人数据，而平台不愿意丢失这一用户储备，则在数据传输过程中很难获得平台的同意，无论如何，这使得有序数据流动和价值创造的立法目标难以实现。⑤ 因此，有学者建议，对于用户，应在个人信息或者说初始数据的层面，同时配置人格权益和财产权益；对于数据经营者（企业），基于数据经营和利益驱动的机制需求，应分别配置数据经营权和数据资产权。⑥

---

① 谷某公司诉元某公司等不正当竞争纠纷案，广东省深圳市中级人民法院一审判决书（2017）粤03民初822号。
② 龙卫球：《再论企业数据保护的财产权化路径》，载《东方法学》2018年第3期。
③ 程啸：《民法典编纂视野下的个人信息保护》，载《中国法学》2019年第4期。
④ 彭辉：《数据权属的逻辑结构与赋权边界——基于"公地悲剧"和"反公地悲剧"的视角》，载《比较法研究》2022年第1期。
⑤ 丁晓东：《数据到底属于谁？》，载《华东政法大学学报》2019年第5期。
⑥ 龙卫球：《数据新型财产权构建及其体系研究》，载《政法论坛》2017年第4期。

(四) 国家所有说

与前三种数据权属配置规则的思路不同,"国家所有"摒弃了"用户所有""平台所有"依靠劳动付出来决定权利归属的论点,主张应依赖公共资源的"合理使用"以及公平受益来使得数据"国家所有"获得正当性支撑。[1] 该观点强调国家基于公共信托法律关系成为政府数据的形式所有人并享有数据支配权,以适应以"合理开发使用"和"公共数据安全"为基准点的数据经济时代的要求,增强个体用户对平台公司的制衡能力,缓解权利行使的"无力感"。[2]

在政务数据的所有与利用方面,"国家所有说"占主导地位。政府部门在履行职责过程中(如审批、核准、备案)会采集大量包括户籍管理、市场监管、自然资源、环境保护、金融、医疗监管、社会治理等在内的各类信息和数据,上述数据的产生都源自政府政务行为及政府资金支持,应被视作国有数据。[3] 当然,也有学者认为政务数据资源应当归全民共有,作为资产的政务数据资源具有公共性、非物质性、价值的双重性以及可再生性的特点。[4] 应当建立"共有产权"的数据权属原则体系,以期强化政务数据资源的公共性和共享性,促进实现政务数据资源价值的可再生性。[5]

中央网络安全和信息化领导小组办公室《关于加强党政部门云计算服务网络安全管理的意见》提出:"党政部门提供给服务商的数据、设备等资源,以及云计算平台上党政业务系统运行过程中收集、产生、存储的数据和文档等资源属党政部门所有。服务商应保障党政部门对这些资源的访问、利用、支配;未经党政部门授权,不得访问、修改、披露、利用、转让、销毁党政部门数据;在服务合同终止时,应按要求做好数据、文档等资源的移交和清除工作。"另外,在《数据安全法》中可以看到,国家强调政务数据安全与开

---

[1] 张玉洁:《国家所有:数据资源权属的中国方案与制度展开》,载《政治与法律》2020年第8期。
[2] 王锡锌:《个人信息国家保护义务及展开》,载《中国法学》2021年第1期。
[3] 叶雅珍、朱扬勇:《数据资产》,人民邮电出版社2020年版,第58页。
[4] 张鹏、蒋余浩:《政务数据资产化管理的基础理论研究:资产属性、数据权属及定价方法》,载《电子政务》2020年第9期。
[5] 蒋余浩:《开放共享下的政务大数据管理机制创新》,载《电子政务》2017年第8期。

放，推进数据开放利用，解决政务机关开放数据的难题，为数据处理者依法获取数据提供了法律依据。上述文件从侧面认可了政府机关部门对政务数据的所有权、控制力以及数据利用主体对政务数据的共享与利用的权利。

第三节　数据介质管理

企业的数据安全体系包括管理层面和技术层面，覆盖数据收集、存储、传输、使用、提供、销毁在内的全生命周期。对于一家持有数据资产流通量大、种类范围广的公司，更应注重大容量数据介质安全的管理。这一安全管控措施是必要的，也是履行数据安全保障义务时极易忽略的。事实上，在开展数据合规工作过程中，除了识别数据的权属，能够完整识别并安置整个数据流的所有存储点也是极大的挑战，尤其是在数据备份、数据副本、系统日志等较为难以识别的存储位置，数据介质经常陷入缺乏管理的风险，而忽略这些分散数据的存储位置，也会造成数据主体权益的保护和流转混乱，特别是对数据主体的修订权、撤销权及删除权影响很大。因此，了解数据存储时间、存储位置、介质安全，能够识别并绘制数据流转和存储位置的轨迹，是数据介质管理的重中之重。

一、介质存储期限

在建立数据存储周期的管理系统时应当注意，有些数据的存储期限有明确的要求：

比如，《个人信息保护法》明确提出限制个人信息存储期限，一方面，个人信息存储期限应为实现处理信息目的或者信息主体授权目的所必需的最短时间；另一方面，当个人信息超出上述存储期限后，应当对个人信息进行删除或者匿名化处理。[1]《信息安全技术　个人信息安全规范》（GB/T 35273—

---

[1] 张涛：《政府数据开放中个人信息保护的范式转变》，载《现代法学》2022 年第 1 期。

2017）也提出"时间最小化"的要求，即信息的保存时间应与使用目的保持程度上的一致，应满足一定的必要性，在超过保存期限后，即对信息作删除或匿名化处理。因此，为避免无限期保存，在个人信息数据存储策略的制定过程中，需要综合评估监管最低存储要求以及合理的业务处理诉求后确定最短时间。《网络数据安全管理条例（征求意见稿）》进一步细化规定，若已经达到与用户约定或者个人信息处理规则明确的存储期限，数据处理者应当在十五个工作日内删除个人信息或者进行匿名化处理。删除个人信息从技术上难以实现，或者因业务复杂等原因，在十五个工作日内删除个人信息确有困难的，数据处理者不得开展除存储和采取必要的安全保护措施之外的处理，并应当向个人作出合理解释。

再如，《电子商务法》明确保障交易服务信息的最低保存时间，规定电子商务平台经营者应当记录、保存平台上发布的商品和服务信息、交易信息，并确保信息的完整性、保密性、可用性。商品和服务信息、交易信息保存时间为自交易完成之日起不少于三年。

又如，《网络安全法》第二十一条要求网络运营者按照网络安全等级保护制度的要求，采取监测、记录网络运行状态、网络安全事件的技术措施，并按照规定留存相关的网络日志不少于六个月，保障网络免受干扰、破坏或者未经授权的访问，防止网络数据泄露或者被窃取、篡改。

用户个人信息的"时间最小化"和平台运营信息的"保存延长化"，要求企业对数据资产进行定期排查，对平台发布的信息妥善保存；另外，如果数据存储期限超过业务需要、超过必要时间，而未及时删除或匿名化管理，可能面临承担额外管理义务的法律风险。

二、介质存储位置

数据安全管理合规并不单纯指数据的收集、加工和存储方式需要满足一定的安全技术标准，还包括数据的存储位置等指标实现基于数据价值链的标准化。① 我国于 2017 年制定《网络安全法》初步建立起特定类型数据境内存储的制度框架，之后在《个人信息保护法》中不断细化数据跨境流动的规则，整合进《数据安全法》《网络数据安全管理条例（征求意见稿）》数据存储的物理位置相关规定之中，明确与国家安全、公共安全或者公民权益紧密相关的数据应存储在境内。

（一）国家机关处理的个人信息应当存储在境内

《个人信息保护法》第三十六条规定，国家机关处理的个人信息应当在中华人民共和国境内存储；确需向境外提供的，应当进行安全评估。安全评估可以要求有关部门提供支持与协助。这一规定特别强调，国家机关应当将在境内收集和产生的个人信息存储在境内，不得向境外传输。

（二）关键信息基础设施运营者在境内收集和产生的个人信息应当存储在境内

《网络安全法》基于保障网络数据安全的考量，在第三十七条明确要求在境内存储"关键信息基础设施的运营者在中华人民共和国境内运营中收集和产生的个人信息和重要数据"。虽然本条的约束对象仅限于关键信息基础设置运营者，但结合《关键信息基础设施确定指南》及《关键信息基础设施安全保护条例》《信息安全技术 数据出境安全评估指南（征求意见稿）》等规定，电信网、广播电视网、互联网等信息网络，以及提供云计算、大数据和其他大型公共信息网络服务的单位应当纳入关键信息基础设施保护范围。之后，《个人信息保护法》第四十条和《数据出境安全评估办法》第四条进一步明确，关键信息基础设施运营者应当将在中华人民共和国境内收集和产生的个人信息存储在境内。确需向境外提供的，应当通过国家网信部门组织的安全评估；法律、行政法规和国家网信部门规定可以不进行安全评估的，从其规定。也即，对于关键信息基础设施等重要数据的储存、利用、控制和管辖，我国提出了明确的本地化存储要求。

---

① 赵精武：《刷脸问题治理逻辑的一般规则转向——以技术透明度为基本立场》，载《北方法学》2022 年第 1 期。

(三) 其他数据处理者处理信息的存储规则仍属空白

《网络安全法》《数据安全法》虽然要求关键信息基础设施运营者及其他数据处理者在因业务需要向境外提供中国境内收集和产生的个人信息和重要数据时,需要对该数据出境进行安全评估,但是并未明确规定运营者因协助侦查取证需要向境外提供个人信息和重要数据时是否需要进行安全评估。[1]《数据安全法》第三十一条将其他数据处理者处理信息的规则制定授权给行政机关,规定其在中华人民共和国境内运营中收集和产生的重要数据的出境安全管理办法,由国家网信部门会同国务院有关部门制定。国家制定《信息安全技术 网络安全等级保护基本要求》(GB/T 22239—2019),要求为保障数据的完整性和保密性,应确保云服务客户数据、用户个人信息等存储于中国境内,云计算基础设施也应当位于中国境内,如需出境应遵循国家相关规定。《网络数据安全管理条例(征求意见稿)》规定此种数据出境限制的情形包括出境数据中包含重要数据,以及关键信息基础设施运营者和处理一百万人以上个人信息的数据处理者向境外提供个人信息等。同时,即使只是个人信息处理者,在境内收集和产生的个人信息的数量达到国家网信部门规定的数量的,也应当存储在境内。

(四) 境内存储的司法数据请求出境需要主管机关批准

《数据安全法》第三十六条及《网络数据安全管理条例(征求意见稿)》第三十九条都明确表示,处理外国司法或者执法机构关于提供数据的请求须经主管机关批准。非经中华人民共和国主管机关批准,境内的组织、个人不得向外国司法或者执法机构提供存储于中华人民共和国境内的数据。确有必要向境外提供个人信息的,应当经过国家互联网信息厅组织的安全评估。

三、介质安全

就数据介质日常安全管理方面,国家标准《信息安全技术 网络安全等

---

[1] 裴炜:《刑事数字合规困境:类型化及成因探析》,载《东方法学》2022年第2期。

级保护基本要求》（GB/T 22239—2019）要求组织介质管理时应将介质存放在安全的环境中，对各类介质进行控制和保护，实行存储环境专人管理，并根据存档介质的目录清单定期盘点；应对介质在物理传输过程中的人员选择、打包、交付等情况进行控制，并对介质的归档和查询等进行登记。此外，《网络数据安全管理条例（征求意见稿）》要求，数据处理者应当按照网络安全等级保护的要求，加强数据传输网络、数据存储环境等安全防护，处理重要数据的系统原则上应当满足三级以上网络安全等级保护和关键信息基础设施安全保护要求，处理核心数据的系统依照有关规定从严保护。具体而言：

　　首先，要更为严格地履行报告义务。数据处理者向第三方提供个人信息，或者共享、交易、委托处理重要数据的，应当向个人告知提供个人信息的目的、类型、方式、范围、存储期限、存储地点，并取得个人同意，符合法律、行政法规规定的不需要取得个人同意的情形或者经过匿名化处理的除外。

　　其次，必须明确制定个人信息存储规则。数据处理者在处理包含个人信息的数据前，必须合理制定个人信息存储期限或者个人信息存储期限的确定方法，以及到期后的处理方式。个人信息处理规则应集中公开展示、易于访问并置于醒目位置，内容明确具体、简明通俗，系统全面地向个人说明个人信息处理情况。

　　再次，重要数据处理者要承担存储备案、出境报告义务。《网络数据安全管理条例（征求意见稿）》专章规定了重要数据安全，第一次在行政法规层面详细地提出重要数据处理者的具体合规义务，其中，数据存储服务业务属于重要数据范畴。重要数据的数据存储服务商不仅要处理巨量数据，而且数据品质非常高，一旦遭遇网络攻击或者数据处理不当，易导致大规模的数据泄露，可能引发国家安全问题。因此监管部门对此非常重视，制定了更严苛的合规义务。重要数据的处理者应当在识别其重要数据后的十五个工作日内将包括存储期限、存储地点在内的数据处理活动向设区的市级网信部门备案。向境外提供个人信息和重要数据的数据处理者，应当在每年1月31日前编制数据出境安全报告，向设区的市级网信部门报告上一年度包括数据在境外的存放地点、存储期限在内的数据出境情况。

　　最后，数据存储服务商还须接受政府和社会监督，承担社会责任，按照有关法律、行政法规的规定和国家标准的强制性要求，在《网络数据安全管理条例（征求意见稿）》指引下，建立完善数据安全管理制度和技术保护机制，履行日常安全管理义务。应当在关键环节对重要数据进行精准防护，在数据的采集和存储过程中采取必要的脱敏、去标识化、加密等安全保护措施，还要以分类分级为基础，在数据流转基础之上做动态的防护；应当采取备份、加密、访问控制等必要措施，保障数据免遭泄露、窃取、篡改、毁损、丢失、非法使用；应对数据安全事件，防范针对和利用数据的违法犯罪活动，维护数据的完整性、保密性、可用性；应当明确数据安全负责人，成立数据安全管理机构，同时，在数据安全负责人的领导下，重要数据的处理者应当研究提出数据安全相关重大决策建议，制订实施数据安全保护计划和数据安全事件应急预案，开展数据安全风险监测，及时处置数据安全风险和事件，定期组织开展数据安全宣传教育培训、风险评估、应急演练等活动，受理、处置数据安全投诉、举报，以及按照要求及时向网信部门和主管、监管部门报告数据安全情况，等等。

《网络数据安全管理条例（征求意见稿）》中透露出的重要信息是，数据存储服务企业全面建立适用于不同类型和级别数据资产、数据脱敏、数据安全、数据许可审批、数据清洗的集中式数据存储和使用管理系统，并绘制数据流转和存储位置的路线。这一举措不仅顺应《数据安全法》的相关规定，集中展现企业积极承担数据管理主体责任、社会责任的姿态，也有助于企业提高数据流转效率，降低因数据分散存储而造成的越权、泄露等风险。

第四节　数据访问控制规则合规

随着数据资产管理全生命周期的不断扩容，介质系统自身的复杂性、网络的广泛可接入性等因素导致企业数据管理面临日益增多的安全威胁，其中如何有效地保护系统的资源不被窃取和破坏，成为数据安全领域的一个重要问题。在该大背景下，访问控制作为一种重要的安全支撑技术得到了更为广泛的应用。访问控制就是通过某种途径准许或者限制访问能力，从而控制对关键资源的访问，防止非法用户的侵入或者合法用户的不慎操作所造成的破坏。其重要的特点在于：它明确地定义和限制了信息系统用户能够对资源执行的访问操作，因此可以有效提供对信息资源的机密性和完整性保护。[①]

2016年国家通过颁布《网络安全法》加强构建网络安全等级保护制度，一系列访问管理（IAM）网络安全法规、标准也随之确立。数据处理者日常运营时必须将数据访问控制合规融入企业数据资产管理的合规计划，并确保企业整体数据的隐私性、完整性、可用性和保密性，其中，组织审核和控制对账号密码和敏感信息的访问的能力对于合规和防止数据泄露至关重要，要求企业的数据资产管理服务能够保护API免受未经授权的访问，同时确保仅处理经过身份验证的访问请求，要求企业强制实施严格的访问控件并监控对账户数据的访问。

一、总原则：防治未经授权的访问

以《网络安全法》第二十一条为开端，为防止网络数据泄露或者被窃取、篡改，国家对于访问控制规制的一大原则是：网络运营者应当履行安全保护义务，确保网络不受未经授权的访问。其手段包括但不限于：制定内部安全管理制度和操作规程，确定网络安全负责人，落实网络安全保护责任；采取防范计算机病毒和网络攻击、网络侵入等危害网络安全行为的技术措施；采取监测、记录网络运行状态、网络安全事件的技术措施；按照规定留存相关的网络日志；采取数据分类、重要数据备份和加密等措施。

《个人信息保护法》第五十一条也贯彻这一原则，要求个人信息处理者根据个人信息的处理目的、处理方式、个人信息的种类以及对个人权益的影响、可能存在的安全风险等，采取制定内部管理制度和操作规程、分类管理、进行相应的加密、去标识化安全技术等措施，确保未经授权的访问以及个人信息不会轻易泄露、篡改、丢失。

---

① 李凤华、熊金波：《复杂网络环境下访问控制技术》，人民邮电出版社2016年版，第30页。

二、细化：等级保护国家标准

2019年12月，国家制定《信息安全技术　网络安全等级保护基本要求》（GB/T 22239—2019），标志着网络安全等级保护制度2.0正式实施。其中将网络安全等级保护按照保护对象在国家安全、经济建设、社会生活中的重要程度，遭到破坏后对国家安全、社会秩序、公共利益以及公民、法人和其他组织的合法权益的危害程度等，由低到高划分为五个安全保护等级。

第一级安全保护能力：应能够防护免受来自个人的、拥有很少资源的威胁源发起的恶意攻击、一般的自然灾难，以及其他相当危害程度的威胁所造成的关键资源损害，在自身遭到损害后，能够恢复部分功能。

第二级安全保护能力：应能够防护免受来自外部小型组织的、拥有少量资源的威胁源发起的恶意攻击、一般的自然灾难，以及其他相当危害程度的威胁所造成的重要资源损害，能够发现重要的安全漏洞和处置安全事件，在自身遭到损害后，能够在一段时间内恢复部分功能。

第三级安全保护能力：应能够在统一安全策略下防护免受来自外部有组织的团体、拥有较为丰富资源的威胁源发起的恶意攻击、较为严重的自然灾难，以及其他相当危害程度的威胁所造成的主要资源损害，能够及时发现、监测攻击行为和处置安全事件，在自身遭到损害后，能够较快恢复绝大部分功能。

第四级安全保护能力：应能够在统一安全策略下防护免受来自国家级别的、敌对组织的、拥有丰富资源的威胁源发起的恶意攻击、严重的自然灾难，以及其他相当危害程度的威胁所造成的资源损害，能够及时发现、监测发现攻击行为和安全事件，在自身遭到损害后，能够迅速恢复所有功能。

第五级安全保护能力：因第五级等级保护对象为非常重要的监管管理对象，信息系统受到破坏后，会对国家安全造成特别严重的损害，故对其有特殊的管理模式和安全要求，未公开描述。

该文件从安全通用要求、云计算安全扩展要求、移动互联安全扩展要求、工业控制系统安全扩展要求等多个安全维度划定第一级到第四级等级保护对象的访问控制合规标准：

表 5　网络安全等级保护下访问控制合规标准表

安全要求		第一级	第二级	第三级	第四级
安全通用要求	安全物理环境	【物理访问控制】机房出入口应安排专人值守或配置电子门禁系统，控制、鉴别和记录进入的人员。		【物理访问控制】机房出入口应配置电子门禁系统，控制、鉴别和记录进入的人员。	在第三级安全要求的基础上增加了："b）重要区域应配置第二道电子门禁系统，控制、鉴别和记录进入的人员。"
	安全区域边界	【访问控制】本项要求包括：a）应在网络边界根据访问控制策略设置访问控制规则，默认情况下除允许通信外受控接口拒绝所有通信；b）应删除多余或无效的访问控制规则，优化访问控制列表，并保证访问控制规则数量最小化；c）应对源地址、目的地址、源端口、目的端口和协议等进行检查，以允许/拒绝数据包进出。	在第一级安全要求的基础上增加了："d）应能根据会话状态信息为进出数据流提供明确的允许/拒绝访问的能力。"	在第二级安全要求的基础上增加了："e）应对进出网络的数据流实现基于应用协议和应用内容的访问控制。"	在第二级安全要求的基础上增加了："e）应在网络边界通过通信协议转换或通信协议隔离等方式进行数据交换。"
	安全计算环境	【访问控制】本项要求包括：a）应对登录的用户分配账户和权限；b）应重命名或删除默认账户，修改默认账户的默认口令；c）应及时删除或停用多余的、过期的账户，避免共享账户的存在。	在第一级安全要求的基础上增加了："d）应授予管理用户所需的最小权限，实现管理用户的权限分离。"	在第二级安全要求的基础上增加了："e）应由授权主体配置访问控制策略，访问控制策略规定主体对客体的访问规则；f）访问控制的粒度应达到主体为用户级或进程级，客体为文件、数据库表级；g）应对重要主体和客体设置安全标记，并控制主体对有安全标记信息资源的访问。"	在第三级安全要求的基础上修改了第g）项："应对主体、客体设置安全标记，并依据安全标记和强制访问控制规则确定主体对客体的访问。"

续表

安全要求		第一级	第二级	第三级	第四级
云计算安全扩展要求	安全区域边界	【访问控制】应在虚拟化网络边界部署访问控制机制，并设置访问控制规则。		在第一级安全要求的基础上增加了："b）应在不同等级的网络区域边界部署访问控制机制，设置访问控制规则。"	
	安全计算环境	【访问控制】本项要求包括： a）应保证当虚拟机迁移时，访问控制策略随其迁移； b）应允许云服务客户设置不同虚拟机之间的访问控制策略。			
移动互联安全扩展要求	安全区域边界	【访问控制】无线接入设备应开启接入认证功能，并且禁止使用 WEP 方式进行认证，如使用口令，长度不小于 8 位字符。	【访问控制】无线接入设备应开启接入认证功能，并支持采用认证服务器认证或国家密码管理机构批准的密码模块进行认证。		
工业控制系统安全扩展要求	安全通信网络	无	【通信传输】在工业控制系统内使用广域网进行控制指令或相关数据交换的，应采用加密认证技术手段实现身份认证、访问控制和数据加密传输。		
	安全区域边界	【访问控制】应在工业控制系统与企业其他系统之间部署访问控制设备，配置访问控制策略，禁止任何穿越区域边界的 Email、Web、Telnet、Rlogin、FTP 等通用网络服务。		在第一级安全要求的基础上增加了："b）应在工业控制系统内安全域和安全域之间的边界防护机制失效时，及时进行报警。"	
	安全计算环境	【控制设备安全】本项要求包括： 控制设备自身应实现相应级别安全通用要求提出的身份鉴别、访问控制和安全审计等安全要求，如受条件限制控制设备无法实现上述要求，应由其上位控制或管理设备实现同等功能或通过管理手段控制。			

此外，2021 年《国家智能制造标准体系建设指南》更新，针对特殊智能制造领域发布、制定了一系列与访问控制有关的基础共性标准和关键技术标准，如《OPC 统一架构》（GB/T 33863.8—2017）第 8 部分，对数据访问做出

了规制;《信息技术 系统间远程通信和信息交换局域网》(GB/T 15629.3—2014)第 3 部分，规定了带碰撞检测的载波侦听多址访问（CSMA/CD）的访问方法和物理层规范;《信息技术 传感器网络第 302 部分：通信与信息交换：高可靠性无线传感器网络媒体访问控制和物理层规范》 （GB/T 30269.302—2015）对无线传输中的网络访问做出了规制。

三、"互联网+"：部门规章领域调控

2015 年首次提出"互联网+"行动计划，国务院各部门启动互联网与传统产业的融合发展，进一步强化政企数据的数字常态化发展，纷纷出台了一系列部门规章，其中，针对数据控制访问的安全保障也制定了相应的规则与合规要求。

（一）医疗领域

《国务院办公厅关于促进"互联网+医疗健康"发展的意见》指出，为加强医疗质量行业监管和安全保障，医疗单位应当出台规范互联网诊疗行为的管理办法，明确监管底线，健全相关机构准入标准，最大限度地减少准入限制，加强事中事后监管，确保医疗健康服务质量和安全。由国家卫生健康委员会、国家互联网信息办公室、工业和信息化部、公安部共同负责，推进网络可信体系建设，加快建设全国统一标识的医疗卫生人员和医疗卫生机构可信医学数字身份、电子实名认证、数据访问控制信息系统，创新监管机制，提升监管能力。建立医疗责任分担机制，推行在线知情同意告知，防范和化解医疗风险。

为此，国家卫生健康委员会、国家中医药管理局印发互联网诊疗管理办法（试行）通知、互联网诊疗监管细则（试行），制定《互联网医院基本标准（试行）》，要求医疗单位建立数据访问控制信息系统，确保系统稳定和服务全程留痕，并与实体医疗机构的 HIS、PACS/RIS、LIS 系统实现数据交换与共享。

(二) 政务服务领域

国务院办公厅印发《"互联网+政务服务"技术体系建设指南》，要求政府机关各部门加强用户后台管理，并要求：当统一用户体系实现法人多账号授权管理模式后，在多业务模式下的应用须考虑实现不同账号可访问不同的应用功能，实现应用精细化授权管理；应用访问控制模式要保证应用访问的安全性，满足应用的实名要求；支持灵活主动的管理应用访问，当应用访问控制策略调整时，能够对某个应用或某类用户进行策略调整，避免对接入应用的扰动，使得系统更加灵活、安全。

同时，应当保障政务服务数据安全，在必要的网络边界部署加密设备，保障数据网络传输安全；各级政务服务系统的数据库管理系统要做好数据库自身的安全配置，登录账户要专人专管，密码要实现数字和字母符号混合设置并定期更换，防止外网和内网用户直接访问和恶意攻击；建立数据存储备份恢复系统，做好定期的本地多种方式的重要数据备份和异地的远程数据备份，备份恢复工作要专人负责，责任到人；对用户名、口令等关键信息应当加强安全保护。

另外，该指南还强调维护政务服务系统应用安全，一是网页防篡改，对标准应用的 HTTP 服务部署网页防篡改系统，防止黑客对网页文件的攻击；二是对用户身份进行统一管理，对应用服务资源进行访问控制，对用户行为进行追溯审计；三是加强对网页挂马、SQL（结构化查询语言）注入、漏洞利用等攻击的防护；四是加强应用代码的安全管理。

(三) 危化安全生产领域

应急管理部办公厅也针对特殊危化工业印发了《"工业互联网+危化安全生产"试点建设方案》的通知，要求危化安全生产企业基于 5G、北斗和激光速扫等技术，开发和部署专业智能感知设备及边缘计算设备。同时，兼容支持通用串行通信协议、用户数据报协议/传输控制协议（Modbus UDP/TCP）、过程控制的对象连接与嵌入标准、实时数据访问规范/统一架构（OPC DA/UA）、消息队列遥测传输（MQTT）、Web Socket 等标准协议和私有协议，构建具备敏捷联接、精准感知、低延迟的感知监测能力，实现不同格式、维度的数据融合，满足企业安全风险管控在全局协同、优化控制和敏捷应急等方面的关键需求。

（四）电子招标采购领域

国家发展改革委、工业和信息化部、住房和城乡建设部等六部门印发《"互联网+"招标采购行动方案（2017—2019 年）》的通知，其中提到，在电子招标投标系统的建设中应当加强安全保障。电子招标投标系统开发单位应根据电子招标采购业务特点，重点围绕招标投标文件的安全传输技术、防篡改技术、安全存储技术以及开标保障技术等，开发相应信息安全技术和产品。平台运营机构承担系统安全和数据安全主体责任，确保本机构运营电子招标投标平台所有服务器均设在中华人民共和国境内。使用云服务的，云服务提供商必须提供安全承诺。运营机构应当建立健全安全管理制度，以及身份识别和鉴定、访问控制、入侵防范、恶意代码防范、补丁升级、数据存储和传输加密、备份与恢复等工作程序，并通过有关管理措施和技术手段，加强风险管理和防范，及时识别和评估电子招标投标系统安全风险，确保平台运营安全和数据安全。

（五）税务领域

国家税务总局关于印发《"互联网+税务"行动计划》的通知，要求税务部门提升税务数字化管控能力，实现对信息系统运维监控平台的访问，实时接收日常运维告警，及时处理简单的突发故障，提升信息系统运维能力。税务部门应当运用互联网技术，为纳税人（含自然人）和社会公众提供多元化税收服务渠道，统一办税服务访问入口，为纳税人网上办税提供安全保障。与此同时，严格安全要求，制定安全接入标准，规范第三方应用平台安全接入，明确细化安全访问控制策略，加强安全监控。做好数据分级保护，落实数据传输安全、存储安全。开展移动办税应用安全检测，落实信息安全审核要求，加强运行环境实时安全防护，实现应用和安全保障同步规划、同步建设和同步运行。

四、爬虫程序规制

在数据访问控制领域，目前侵犯数据安全最为猖獗的违法犯罪活动即为恶意爬虫程序。如果对数据抓取行为不加约束，收集、处理、经营数据的相关平台以及提供优质内容的用户的权益便都无法得到保障，从长远来看必将对互联网内容产业产生负面影响。[①] 受"奇虎诉腾讯不正当竞争"案例的影响，司法机关对数据爬取行为的合规性判断，从是否违背商业道德的判断转向行业惯例，并将 Robots 协议作为行为正当性判断标准。[②]

之后，在自动化工具访问领域，爬虫问题也得到了国家法律法规的重视。《网络数据安全管理条例（征求意见稿）》第十七条新增了自动化工具访问控制规则，要求数据处理者在采用自动化工具访问、收集数据时，应当评估对网络服务的性能、功能带来的影响，不得干扰网络服务的正常功能。自动化工具访问、收集数据违反法律、行政法规或者行业自律公约，影响网络服务正常功能，或者侵犯他人知识产权等合法权益的，数据处理者应当停止访问、收集数据行为并采取相应补救措施。该规定实质上暗示了爬虫程序运用的规制底线：合法的网络爬虫应是遵循 Robots 协议、未干扰网络服务正常功能的爬虫程序访问，针对开放数据的、不具有侵入性的、基于正当目的的数据获取技术，[③] 国家不予打击和限制；如果该爬虫程序违反 Robots 协议，非法爬取数据，影响目标网络服务正常功能的实现，侵犯他人知识产权等合法权益的，应当立即停止并采取补救措施。

就爬虫程序本身的机理而言，当爬虫程序在访问网站时，其首先会检查该网站根目录下是否存在 Robots.txt。如果存在，爬虫程序就会按照该文件中

[①] 杨东、吴之洲：《数据抓取行为的法律性质——"马蜂窝事件"案例分析》，载《中国社会科学报》2018年12月5日，第5版。

[②] 就爬虫程序的行业规制，中国互联网协会于 2012 年制定了《互联网搜索引擎服务自律公约》，此行业规定第七条要求互联网领域各企事业单位遵循国际通行的行业惯例与商业规则，遵守机器人协议（Robots 协议）。机器人协议是互联网站所有者使用 Robots.txt 文件，向网络机器人（Web Robots）给出网站指令的协议。网络机器人，也叫网络游客、爬虫程序、蜘蛛程序，是自动爬行网络的程序。

[③] 苏青：《网络爬虫的演变及其合法性限定》，载《比较法研究》2021 年第 3 期。

的内容来确定访问范围。如果不存在该协议,爬虫程序会访问网站上所有没有被口令保护的页面。① Robots 协议实际上体现出了网站运营者授权访问的范围。

在数据爬取不正当竞争纠纷中,司法机关多通过对 Robots 协议内容进行考察,来判断数据访问爬取行为是否获得授权。② 一旦超出这一范围,则基本上认定第三方企业实施的数据爬取行为未经授权,违背商业道德。③ 在一起案件中,某公司运用爬虫技术向另一网络公司实施了抓取、复制原告网站并生成快照向用户提供的行为。法院认为:"Robots 协议已经成为国内外互联网行业内普遍推行、遵守的技术规范,其反映和体现了行业内公认的商业道德和行为标准,应当被认为是搜索引擎行业公认的、被遵守的商业道德。同为搜索引擎行业的两家公司,未按照 Robots 协议实施的数据爬取行为应当被认定为不正当竞争行为。"该判决将 Robots 协议归纳为技术规范、单方宣示、非技术措施、普遍遵守,表达了该协议的指引与宣示功能。凡是遇到数据访问爬取领域的不正当竞争案件,法院都将 Robots 协议所规定的访问权限范围作为判断被诉企业实施的数据爬取行为是否超出并违背商业道德的行业标准。

虽然网络爬虫程序是一种具有中立性的常见数据抓取技术,但其使用不能超越法律法规设置的访问权限范围,否则该中立网络爬取就会转化为恶意的非法行为,此类爬虫行为就会面临刑事入罪的风险。从犯罪行为类型化分析,刑法视野下的恶意网络爬虫行为可分为窃取型、侵入型和扰乱型访问:未经允许复制或传播文字、图片、视频等作品时,因该类作品具有独创性和显著性特征,该行为涉嫌构成侵犯著作权罪;恶意网络爬虫行为违反法律规定"未经授权"或者"超越授权",从而非法获取相关数据,构成非法获取计算机信息系统数据罪;行为人利用网络爬虫行为侵入、控制或破坏计算机系统,可分别构成《刑法》第二百八十五条、第二百八十六条的犯罪;同样地,当恶意爬虫程序访问网站,大量占用宽带流量,造成服务器不堪重负直至崩溃,从而使目标计算机或网站无法提供正常服务,严重扰乱网站正常运行时,也可构成前述罪名。

---

① 周园、邓宏光:《析网络服务商的著作权与禁链协议》,载《法律适用》2013 年第 5 期。
② 宁立志、王德夫:《"爬虫协议"的定性及其竞争法分析》,载《江西社会科学》2016 年第 1 期。
③ 曹阳:《我国对违反"爬虫协议"行为的法律规制研究》,载《江苏社会科学》2019 年第 3 期。

【数据安全法规定】

第三十一条 关键信息基础设施的运营者在中华人民共和国境内运营中收集和产生的重要数据的出境安全管理，适用《中华人民共和国网络安全法》的规定；其他数据处理者在中华人民共和国境内运营中收集和产生的重要数据的出境安全管理办法，由国家网信部门会同国务院有关部门制定。

第三十六条 中华人民共和国主管机关根据有关法律和中华人民共和国缔结或者参加的国际条约、协定，或者按照平等互惠原则，处理外国司法或者执法机构关于提供数据的请求。非经中华人民共和国主管机关批准，境内的组织、个人不得向外国司法或者执法机构提供存储于中华人民共和国境内的数据。

第三十七条 国家大力推进电子政务建设，提高政务数据的科学性、准确性、时效性，提升运用数据服务经济社会发展的能力。

第三十九条 国家机关应当依照法律、行政法规的规定，建立健全数据安全管理制度，落实数据安全保护责任，保障政务数据安全。

第四十一条 国家机关应当遵循公正、公平、便民的原则，按照规定及时、准确地公开政务数据。依法不予公开的除外。

第四十二条 国家制定政务数据开放目录，构建统一规范、互联互通、安全可控的政务数据开放平台，推动政务数据开放利用。

【关联规定】

《个人信息保护法》第三十六条、第四十条、第五十一条；《网络安全法》第二十一条、第三十七条；《电子商务法》第三十一条；《刑法》第二百八十五条、第二百八十六条；《网络数据安全管理条例（征求意见稿）》第十七条、第二十二条、第二十九条、第三十二条；《关于构建更加完善的要素市场化配置体制机制的意见》第二十条、第二十一条、第二十二条；《上海市数据条例》第三章；《浙江省数字经济促进条例》第三章；《福建省大数据发展条例》第二章;《山东省大数据发展促进条例》第三章;《天津市促进大数据发展应用条例》第二章;《天津市数据交易管理暂行办法》第十三条;《国务院办公厅关于促进"互联网+医疗健康"发展的意见》第十四条;《"互联网+政务服务"技术体系建设指南》第七条;《"工业互联网+危化安全生产"试点建设方案》第三条第(八)项;《"互联网+"招标采购行动方案(2017—2019年)》第二十条;《"互联网+税务"行动计划》第三条第(二)项;《数据管理能力成熟度评估模型》(GB/T 36073—2018);《信息技术服务 治理 第5部分:数据治理规范》(GB/T 34960.5—2018)第3.3条;《信息安全技术 个人信息安全规范》(GB/T 35273—2017)第6.1条。

第五章　数据安全义务清单

我国《民法典》第一千零三十八条通过确立信息处理者不得侵害个人信息的消极义务和应当采取必要措施保护个人信息安全的积极义务，在法典层面向数据处理者正式科以"安全保护义务"。权利与义务相对等，作为数字经济中最核心的社会生产者、主导者和受益者，数据处理者在市场中具有强大的竞争优势。然而，特权的存在意味着别人的权利被剥夺。① 数据处理者对数据活动的主导权及其作为数据泄露事件主要源头的角色决定了其不可能不采取强制措施防范数据安全风险。

我国立法规定的数据处理者的数据安全义务可分为三个阶段，三个阶段一脉相承。第一阶段，2010 年以前：原《侵权责任法》和《信息网络传播权保护条例》主导了对网络侵权活动的规制，相关法律法规的内容止步于事后追责。② 第二阶段，2010—2016 年：这一阶段国家互联网信息办公室、工业和信息化部等行业主管部门就平台网站强化履行信息管理主体责任提出了八项要求，要求运营者对发布内容承担主动审核义务。③ 并配套颁布了《即时通信工具公众信息服务发展管理暂行规定》《互联网用户账号名称管理规定》《互联网新闻信息服务单位约谈工作规定》等一批相关的部门规章。第三阶段，2017 年以后：《网络安全法》的出台，标志着包括数据处理者在内的网络服务提供者首次从立法层面被科以网络运行安全保护义务与网络信息安全保护义务。而《数据安全法》的颁布，则意味着国家已完全确立了数据安全与发展利益并重的立法理念，并以法律形式固定下来，也意味着数据合规标准进一

---

① ［美］霍菲尔德：《基本法律概念》，张书友编译，中国法制出版社 2009 年版，第 34 页。
② 张凌寒：《数据生产论下的平台数据安全保障义务》，载《法学论坛》2021 年第 2 期。
③ 《国家网信办提出网站履行主体责任八项要求》，载国家互联网信息办公室官网，http://www.cac.gov.cn/2016-08/17/c_1119408624.htm，最后访问日期：2023 年 5 月 28 日。

步提高，数据安全义务外延扩张，数据收集、使用等活动规范的颗粒度进一步细化，数据安全义务展现出多维度的特征。《数据安全法》第八条"开展数据处理活动，应当遵守法律、法规，尊重社会公德和伦理，遵守商业道德和职业道德，诚实守信，履行数据安全保护义务，承担社会责任，不得危害国家安全、公共利益，不得损害个人、组织的合法权益"的规定将数据安全义务纳入法治轨道，在一定程度上平衡了数据处理者基于基础设施和技术上的优势在数据要素生产中获得的强势特权。

虽然广义的"数据安全"包括信息内容安全和数据活动安全，但基于文义上的理解，《数据安全法》第五章所规制的"数据安全"仅指通过采取必要措施，确保数据处于有效保护和合法利用的状态，以及具备保障持续安全状态的能力。保障数据安全，关键是要落实开展数据活动的组织、个人的主体责任。[1] 基于此，《数据安全法》第四章以一般义务与特别义务相结合的方式，专章为数据活动合规提供了一份详细的"数据安全义务清单"，设立了五大义务主体：一般数据处理者、重要数据处理者、数据中介服务机构、关键信息基础设施的运营者和国家机关。以该章规定为核心，《数据安全法》协同《网络数据安全管理条例》（征求意见稿）等政策法规一道初步搭建起我国数据安全义务体系，主要内容涉及数据安全义务的履行方式、社会公共利益维护、网络安全执法与监管配合、风险评估与处置等多个层面，以作为义务为主、不作为义务为辅，对应了顶层设计中不同的制度目标。在该义务体系下，数据处理者不仅应对事后发生的安全事件及时采取处置措施并协助执法，还须在日常合规工作中构建事前风险评估制度、健全全流程数据安全管理制度、组织开展数据安全合规培训等。不同于传统领域的责任模式，数据处理活动是一个动态过程，数据安全义务并不因数据的传输而终止。无论数据如何传输、向谁传输，整个数据传输链条上的所有主体均须承担数据安全义务，直至整个数据传输链条上的所有数据副本销毁为止。[2]

基于此，本章将以《数据安全法》第四章数据安全保护义务清单为主线，

---

[1] 刘俊臣：《关于〈中华人民共和国数据安全法（草案）〉的说明》，载 http://www.npc.gov.cn/npc/c30834/202106/2ecfc806d9f1419ebb03921ae72f217a.shtml，最后访问日期：2022年4月20日。

[2] 于莘主编：《规·据——大数据合规运用之道》，知识产权出版社2019年版，第79页。

围绕对相关法律规定的阐释，着力为一般数据处理者、重要数据处理者、数据中介服务机构详述"清单"内对数据合规有重大价值的核心义务及其适用要点，辅之以经典案例进行实务指导。

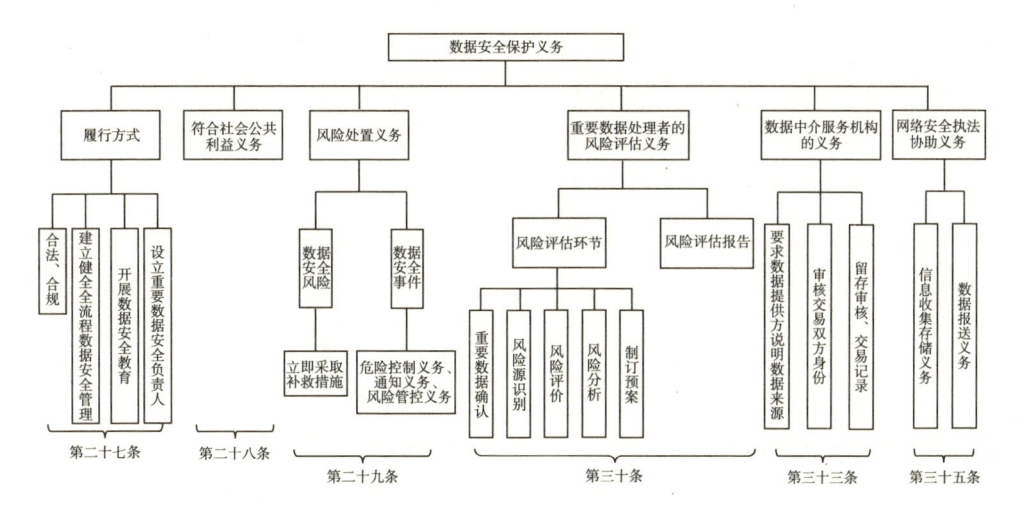

```
                          数据安全保护义务
    ┌────────┬────────┬────────┬────────┬────────┬────────┐
  履行方式  符合社会  风险处置  重要数据处  数据中介  网络安全执法
           公共利益   义务     理者的风险  服务机构   协助义务
            义务              评估义务    的义务
```

（图示各条款对应：第二十七条、第二十八条、第二十九条、第三十条、第三十三条、第三十五条）

第一节　数据安全保护义务履行方式

要保障数据安全，不仅需要限制数据的用途和公开，还应当辅之以合理的安全保护措施。[1]《数据安全法》第二十七条规定了在本法之下开展数据活动的一般性义务，确立了数据活动的合法原则，明确了履行数据安全保护义务的必要方式和应当落实的法定措施，额外强调了重要数据处理者的特殊义务。基于此，本条规定构建了数据安全保护义务的第一个层面——搭建数据安全管理框架和治理结构。

纵观《数据安全法（一审稿）》《数据安全法（二审稿）》和正式施行版本，第二十七条条文历经如下修改：其一，二审稿在一审稿的基础上，将原第一款中的"行政法规"修订为"法规"，并删除"国家标准的强制性要求"。有学者推测，这是因为数据处理者不知或不明确哪些是"国家标准的强

---

[1] 高富平：《个人数据保护和利用国际规则：源流与趋势》，法律出版社2016年版，第9页。

制性要求",所以作此规定意义不大。① 其二,二审稿将原第二款"重要数据的处理者应当设立数据安全负责人和管理机构"中的"设立"修订为"明确"。其三,二审稿在原第一款第一句话中增加"在网络安全等级保护制度的基础上",正式施行版本又将其另起一句并扩展为"利用互联网等信息网络开展数据处理活动,应当在网络安全等级保护制度的基础上,履行上述数据安全保护义务"。此举既呼应了《网络安全法》第二十一条的规定,实现两法衔接,又厘清了网络安全等级保护义务与数据安全义务的优先性。正所谓"皮之不存,毛将焉附",网络安全是数据安全的保障,义务主体应当在完整履行网络安全义务的基础上开展数据保护活动。

根据本条文的规定,数据处理者在采取必要措施开展数据安全保护工作时,应当以下述方式作为行动指南:第一,贯彻合法原则;第二,建立健全全流程数据安全管理制度;第三,组织开展数据安全教育培训;第四,明确重要数据的安全负责人和管理机构。其中,最为重要的是建立健全全流程数据安全管理制度,建立数据安全管理规程。

一、数据安全管理制度

除了数据安全评估与数据安全应急响应制度外,《数据安全法》还规定了投诉举报制度、数据安全标准体系建设、数据安全检测认证与协同保障制度等数据安全制度。

投诉举报制度规定是指,当违反相关法律规定,具有造成数据安全风险的事情发生的可能性之时,或者侵犯当事人权益的事情发生之时,组织和个人向有关主管部门进行反映的渠道。投诉举报是组织和个人的权利,是减少数据安全事件发生、防微杜渐的重要的数据安全管理制度。投诉与举报是有区别的:第一,投诉的事项必须与投诉人本身具有利益关系,而举报的事项可以与举报人有关,也可以无关。第二,投诉可以撤回,举报不可以撤回。第三,投诉如果未得到及时有效处理,投诉人可以针对行政机关的不作为进

---

① 龙卫球主编:《中华人民共和国数据安全法释义》,中国法制出版社 2021 年版,第 88 页。

行起诉，举报如果未获得处理，举报人无法对行政机关采取诉讼程序。第四，投诉后的处理方式主要是调解；举报后的处理方式为调查、核实、查处。为了鼓励更多人主动、愿意投诉，接到投诉举报的有关部门应对投诉人或者举报人的个人信息进行保密，以避免被投诉人和被举报人的打击报复。

数据安全检测认证，是指具备资格的机构数据安全认证机构，按照一定的标准，对符合该标准的数据安全产品进行认证。进行数据安全检测认证，就意味着需要按照一定的数据安全标准对该数据产品进行安全评估，因此数据安全检测认证与数据安全评估、数据安全标准是一体的。当前，我国数据安全检测认证机构已经得到蓬勃发展。1998年我国成立了以"为信息技术安全性提供测评服务"为宗旨的中国信息安全测评中心，2006年我国成立了中国网络安全审查技术与认证中心，承担网络安全审查技术支撑和认证工作。[①]数据安全协同保障制度是指《数据安全法》第十八条第二款的内容，要求各种力量共同协作参与数据安全管理，鼓励支持各部门、行业组织、公民在数据安全风险评估、防范、处置等各方面各尽所能、各司其职，协同保障数据安全。

统一的数据安全标准体系对于加强数据安全管理具有重要意义，有利于维护数据安全，提供协调统一的要求标准。建设数据安全标准体系必须遵守《中华人民共和国标准化法》（2017年修订）（以下简称《标准化法》）的相关规定，《标准化法》是我国制定的有关标准的总体性法律。《标准化法》第十五条规定："制定强制性标准、推荐性标准，应当在立项时对有关行政主管部门、企业、社会团体、消费者和教育、科研机构等方面的实际需求进行调查，对制定标准的必要性、可行性进行论证评估；在制定过程中，应当按照便捷有效的原则采取多种方式征求意见，组织对标准相关事项进行调查分析、实验、论证，并做到有关标准之间的协调配套。"第十六条规定："制定推荐性标准，应当组织由相关方组成的标准化技术委员会，承担标准的起草、技术审查工作。制定强制性标准，可以委托相关标准化技术委员会承担标准的起草、技术审查工作。未组成标准化技术委员会的，应当成立专家组承担相

---

① 龙卫球主编：《中华人民共和国数据安全法释义》，中国法制出版社2021年版，第61页。

关标准的起草、技术审查工作。标准化技术委员会和专家组的组成应当具有广泛代表性。"建设数据安全标准体系、制定数据安全统一标准的过程中,应当按照上述条文规定的内容进行操作。

《数据安全法》第三十九条规定,国家机关依照规定建立健全数据安全管理制度保障政务数据安全。该条的制定与当前大数据时代下政府数据安全治理挑战大的现实紧密相连。当前政务数据治理中面临的安全风险主要分为技术风险、政府数据安全治理问题不断以及社会治理有效性差异大。技术风险主要是指基于外部的破坏性或者非破坏性的攻击导致的信息泄露和信息安全漏洞。政府数据安全治理问题是指政府在政务数据收集、整理、经营、运用、维护、反馈等各方面存在治理问题,如政务数据滥用、政务数据监管不足。社会治理有效性差异大是指社会公众基于经济条件、受教育年限等因素对政务数据的获取、掌握、使用的程度存在较大差异。建立健全政务数据安全管理制度是应对政务数据滥用、监管不足等政府数据安全治理问题的应有之策。建立健全政务数据安全管理制度应当抓住以下几点:第一,明确政府各部门各层级数据归集、存储、归档、共享、开放、应用、安全、反馈、修复等职责,细化职责分工及履行流程、方式、方法,做到"权责明晰、责任落实到人"。[1] 第二,对各类政务数据设置使用权限,加强用户认证,加强政务数据共享系统的监管。

除了境内数据安全管理的任务,出境的数据安全管理也不容忽视。我国有关出境数据安全管理制度主要为国家数据安全审查制度、数据安全出口管制制度、"长臂管辖"应对措施。国家数据安全审查制度是指对任何可能影响国家安全的数据处理活动进行国家安全审查。该安全审查仅限于对国家安全具有或者可能具有影响的数据处理活动,不包括其他数据处理活动。数据安全出口管制制度是针对数据跨境容易导致数据泄露等危害国家安全的数据安全事件这一现象而制定,该制度要求国家对所有与维护国家安全和利益、履行国际义务相关的属于管制物项的数据依法实施出口管制,并未限制出口管制的数据种类和等级,不限于关键信息基础设施领域的重要数据。对数据实

---

[1] 任晓刚:《数字政府建设进程中的安全风险及其治理策略》,载《求索》2022年第1期。

行出口管制是减少数据自由流动带来的国家安全威胁的最有效的措施。《出口管制法》第二条第二款规定："前款所称管制物项，包括物项相关的技术资料等数据。"这说明数据安全出口管制制度适用《出口管制法》，应当按照《出口管制法》的相关规定执行数据出口管制。《数据安全法》第三十六条确立了对数据的"长臂管辖"的阻断措施，[①] 在一定程度上体现了我国通过国内立法，设置合理的规则以应对美国等国的"长臂管辖原则"的目的。

二、数据安全管理规程

相比较数据安全管理制度，数据安全管理规程的内容更加细化、更加具体。数据安全管理规程是数据安全管理制度的落实，是数据安全制度从文字变为现实的基础与前提。具体而言，数据安全管理规程的制定可从以下方面掌握。

第一，按照数据处理的流程进行章节的编排。数据处理流程包括数据收集、数据处理使用、数据安全监督管理、数据共享等流程。为尽可能保证数据安全管理规程的完整性，数据处理的各个流程都不可忽视。

第二，明确规程制定的目标和范围。数据安全管理规程以维护数据安全，保障国家安全、社会公共利益和公民、法人、其他组织的合法利益为制定目标。范围为"在中华人民共和国境内进行数据收集、使用、传输、安全保护、监督管理等活动，适用该规程"。

第三，明确数据收集使用的规则。数据收集使用规则应当突出以下内容：收集使用该数据的目的、种类、数量、方式等；网络运营者的基本信息；数据安全负责人的基本信息；如何向他人提供该数据的规则与程序。数据收集使用规则应当包括数据收集使用的程序和步骤，如收集数据后应当备份、加密、进行访问控制。

第四，明确数据安全负责人的职责。应当以列举+概括的方式说明数据安全负责人应当履行的职责。参照《数据安全管理办法（征求意见稿）》第十

[①] 韩洪灵、陈帅弟、刘杰、陈汉文：《数据伦理、国家安全与海外上市：基于滴滴的案例研究》，载《财会月刊》2021 年第 15 期。

八条规定的内容，数据安全负责人履行的职责包括但不限于以下内容：组织制订数据保护计划并督促落实；组织开展数据安全风险评估，督促整改安全隐患；按要求向有关部门和网信部门报告数据安全保护和事件处置情况；受理并处理用户投诉和举报。

第五，具体化数据分类分级制度、数据安全出口管制制度、国家数据安全审查制度等数据安全管理制度。例如，明确数据分类分级标准，按照数据的影响力和重要性赋予不同的保护措施，将数据分为一般数据、重要数据、核心数据，对核心数据进行严格保护，重点数据进行重点保护；明确出口管制数据的定义，出口管制数据是指涉及人工智能、电子信息等对国家安全、经济竞争实力有直接影响力的领域的核心技术、设计方案等有关数据；列举数据安全审查的情形：汇聚掌握大量关系国家安全、经济发展、公共利益的数据资源的互联网平台运营者实施合并、重组、分立，影响或者可能影响国家安全的。

第六，详细说明权利救济内容。权利救济内容是数据安全管理规程必不可少的部分。唯有明确权利救济的内容，相关人员才能在进行数据安全维护、管理、追责方面无后顾之忧。权利救济内容是数据安全管理的重要保障，绝不可泛泛而谈，需具体详细全面，如规定数据处理者未采取备份、加密、访问控制等必要措施维护数据的完整性、保密性、可用性，造成数据泄露，由主管部门给予警告，并处五万元以上五十万元以下罚款；规定数据处理者应当公布接受投诉、举报的联系方式、责任人信息，在收到数据安全投诉、举报后，七个工作日内应当处理并且进行书面答复，若投诉人或者举报人未在七个工作日内收到回应，其可以向上级主管部门进行申诉或者起诉；明确收集到非必要个人信息或者未经个人同意的个人信息，经权利人提醒，数据处理者应当在五个工作日内删除个人信息或者进行匿名化处理，或者自发现起，应当在十五个工作日内删除或者进行匿名化处理。

【典型案例】多家互联网企业投诉平台上线[①]

2019年7月11日上午，中国互联网协会在北京国家会议中心召开发布会，互联网信息服务投诉平台正式上线运行。中国信息通信研究院总工程师胡坚波及腾讯、百度、京东、美团、字节跳动、唯品会、携程、新浪、爱奇艺、苏宁易购、中外法制网等16家接入平台企业代表参加发布仪式。互联网信息服务投诉平台是在工业和信息化部指导下，中国互联网协会建设运营的第三方投诉渠道，投诉平台坚持"以人民为中心"的发展思想，定位于"绿色通道"，旨在快速化解用户与企业之间的服务纠纷，是保护用户合法权益的重要途径，是行业自律和社会监督的重要组成部分、政府监管的有力支撑。自2019年4月8日试运行开始，投诉平台充分发挥了桥梁作用，用户投诉得到及时处理，企业的快速响应有效提升了用户获得感。

第二节　风险处置义务

一、风险处置义务的内涵

风险处置，也即危机应对。根据《数据安全法》第二十九条的规定，风险处置义务具有以下三方面的内涵。一是对尚未发生的风险进行监测：数据处理者应当将数据安全风险监测机制常规化，通过对日常数据活动的总体质量情况进行比较分析，发现数据活动中的质量安全风险、数据安全缺陷、漏洞出现概率、高风险指标分类、溯源情况等方面的实际情况，主动防范以阻止风险现实化。[②]《电信和互联网用户个人信息保护规定》第十六条规定："电信业务经营者、互联网信息服务提供者应当对用户个人信息保护情况每年至少进行一次自查，记录自查情况，及时消除自查中发现的安全隐患。"二是对

[①] 《互联网信息服务投诉平台正式发布》，载工业和信息化部官网，https://www.miit.gov.cn/jgsj/xgj/fwjd/art/2020/art_d242ed8612614de588de77b67305ffe0.html，最后访问日期：2022年4月20日。

[②] 蔡婷：《农产品监测数据分析与风险监测》，载《现代食品》2019年第15期。

已然暴露的漏洞进行补救：数据安全威胁可能产生于产品配置管理、数据边界管理、网络暴露面管理等方面。三是对已然发生的数据安全事件进行处置：《数据安全法》二审稿在一审稿的基础上，增加了发生数据安全事件时"应当立即采取处置措施"的要求。作为逻辑相关的代码串，对信息系统内任一处的修改都有造成数据安全事件随时发生的可能。不同于普通有体物占有的排他性，数据具有"一朝泄露，永久泄露"的特征。若在数据安全事件发生后未能及时阻断危险源，被泄露的数据将在以几何倍扩张的未知范围内流转、留痕，严重削弱用户的信赖基础，甚至为违法犯罪活动提供资源。应将事前监测、事中补救、事后处置三线结合，组成了覆盖全数据生命周期的数据安全管理制度。

无论是国外的数据巨头抑或国内的龙头科技企业，都曾发生过数据泄露事件。根据《数据安全法》第二十九条，对于已然发生的数据安全事件，数据处理者在开展风险处置工作时应履行以下义务：

（一）风险控制义务

虽然数据处理者没有直接参加网络侵权活动，但基于其对数据传输渠道和存储介质的监管地位，应当主动开展调查或积极配合调查，修复系统漏洞以消除风险发生源头，使补救措施直接作用于风险源，尽最大可能阻止损失扩大、限制影响范围——此乃风险处置的狭义内涵，也是风险处置义务的核心内容。风险控制离不开有效的应急预案。应急预案是指在数据安全事件发生之前提前针对可能发生的数据安全风险，制订的风险处理的工作方案，以便在风险发生之时，快速、及时、高效地进行应对，从而避免损失的增加、减少事故造成的影响。根据《突发事件应急预案管理办法》的规定，应急预案按照制定主体可以分为政府及其部门应急预案、单位和基层组织应急预案两大类。其中政府及其部门应急预案又可以分为总体应急预案、专项应急预案、部门应急预案等。总体应急预案规定的主要是突发事件应对的基本原则、组织体系、运行机制，以及应急保障的总体安排等整体性、全局性内容；专项和部门应急预案是针对某一类特定突发事件制订的工作方案，不同方面的预案内容各有所侧重，总体来说专项和部门应急预案的内容应当包括风险隐患及防范措施、监测预警、信息报告、应急处置、紧急恢复、组织指挥机制、资源调用等。

数据风险预警机制与数据风险监测制度是一脉相连的。实时精准的风险监测，才能带来高效及时的数据风险预警。数据风险预警是指当数据的风险监测指标达到提前预设好的临界值时，及时发出警示提醒数据安全维护者，以便相应主体可以提前部署应对之策，从而减少风险扩大的机制。数据安全预警的临界值的确定需要将多种因素纳入考量和计算中，应当结合数据的敏感度、量级、重要性、流向、技术水平、可能遭遇的风险类型综合分析。总体而言，数据安全事态响应不可能单纯只靠一项机制，而是需要多个措施综合发挥作用，需要数据安全监测、数据风险预警、数据安全应急预案，应急处置措施，补救整改措施，约谈相关负责人等多项措施联合作用。因此，只有多个机制协调统一，合力加强发挥作用，才能够实现有效的数据安全事态响应。

【典型案例】基于大数据的电信诈骗预警机制

2019年3月5日，某省通信管理局系统监测发现某境外电话号码在70分钟内7次呼叫某省内电话号码，经系统分析其呼叫行为符合诈骗特征，达到预警水平，经人工确认后，立即启动联动机制，迅速将该高度疑似受骗号码推送至反诈中心；公安机关确认后经过多轮次劝阻，成功阻止受骗群众转账汇款。3月6日、8日，系统再次发现2名类似受骗群众，经预警推送后成功劝阻。其中，相关电信运营企业还按照保护性停机流程对个别正在受骗群众进行了保护性停机，防止诈骗分子持续呼入诈骗。目前，系统发现、推送预警、成功劝阻全过程最快能在1小时内完成，实现了预警劝阻的快速联动。[①]

2021年11月，工业和信息化部网络安全管理局、公安部刑事侦查局联合约谈两家信息存储企业相关负责人，通报了近期两家企业在防范治理电信网络诈骗工作中存在的接入涉诈网站数量居高不下等问题，要求两家企业切实

[①] 《四川反诈系统及时预警成功劝阻受骗群众》，载 https://www.miit.gov.cn/xwdt/gxdt/dfgz/art/2020/art_ 9eb493685b5249f3b16156c293760a95.html，最后访问日期：2022年4月20日。

履行网络与信息安全主体责任，严格落实《网络安全法》等法律法规要求，对相关问题限期予以整改；拒不整改或整改不到位的，将依法依规从严惩处。两家企业表示将认真落实监管要求，进一步加强网站接入、域名注册、信息服务等管理，切实防范化解电信网络诈骗风险。①

（二）告知义务

若缺乏用户和主管部门的监督，不足以鞭策数据处理者在日常运营中自查自纠，或在实施风险处置时妥善兼顾公共利益。相关责任主体在数据安全事件发生后，应保持风险处置活动的程序透明，及时、直观地告知用户并向主管部门报告。根据《信息安全技术　个人信息安全规范》（GB/T 35273—2020）第 10.2b 条的规定，告知内容应当至少包括：安全事件的内容和影响，其中"安全事件的内容"包括但不限于事件发生的时间、性质、外流数据的类型；已采取或将要采取的处置措施；对个人信息主体自主防范和降低风险的建议，如建议受影响用户重置 PIN（个人身份识别码）或密码，并提醒其对陌生第三方通信保持警惕；为个人信息主体提供的补救措施；数据保护专员或工作机构的联系方式。

如若受影响用户包括未成年人，还应适用特别的警告措施，以非常明显易懂的方式表现，让未成年人理解并产生足够警觉。② 就告知的方式而言，要采用能够使受影响用户有效接收信息的通信通道，确保信息对称。例如《信息安全技术　个人信息安全规范》第 10.2a 条规定"以邮件、信函、电话、推送通知等方式告知受影响的个人信息主体。难以逐一告知个人信息主体时，应采取合理、有效的方式发布与公众有关的警示信息"。

---

① 《工信部、公安部约谈阿里云、百度云督促落实防范治理电信网络诈骗工作要求》，载工业和信息化部官网，https://wap.miit.gov.cn/jgsj/waj/gzdt/art/2021/art_1b32fb4578ec416db89792b14932ef6b.html，最后访问日期：2022 年 4 月 20 日。

② 王怡苹：《论侵权行为法之作为义务》，载《政大法学评论》2013 年第 116 期。

（三）风险管控义务

危机应对的直接目的在于消灭短期的数据安全威胁，而最终目的则在于实现长期的常规预防，持续提升风险抵御能力。为此，其一，从事发原因入手全面复盘内部数据安全管理制度的薄弱环节，针对性地增强在身份盗窃保护、网络安全协议、与网络安全公司合作等方面的数据保护强度，并追踪最新司法、执法动向，规避新型危险源，对于未来可能发生的侵权行为落实事先审查管控；其二，评估本次事件发生后责任主体实施危机应对活动的经验和教训，更新应急预案，提升化解和应对数据安全风险的效率。

此处以美国 T-Mobile 在 2021 年发生重大数据泄露事件后对上述三大义务的总体落实措施为例，供数据合规实务参考。

【典型案例】 T-Mobile 首席执行官 Mike Sievert 对 5000 万账户数据泄露事件的回应（节选）[1]

T-Mobile 耗费了大量的时间和精力，已领先于不法分子一步，但遗憾未能达成保护客户的预期。与之前发生过的诸多类似泄露事件一样，本次事件仅涉及一些社保号码、姓名、地址、出生日期以及驾驶执照和身份证件信息，没有任何客户的财务、信用卡、借记卡等支付信息被泄露。

攻击者利用相关系统技术知识、专门的工具和功能闯入了 T-Mobile 的测试环境，然后借助暴力攻击等其他方法来渗透包含客户数据的 IT 服务器。

作为保护受影响客户的目标的一部分，T-Mobile 正在采取一些措施，其中包括：

（1）通过 McAfee 的身份盗窃保护服务，向所有可能受到影响的客户提供为期两年的免费身份保护服务；

（2）建议客户通过 Scam Shield 注册 T-Mobile 的免费诈骗拦截保护服务；

（3）为后付费客户提供账户接管保护，使得客户账户更难以被盗用；

（4）推荐其他最佳实践和实用的安全步骤，如让所有客户重置 PIN 和

---

[1] 《T-Mobile 回应 5000 万账户数据泄露事件：将落实并增强更多安全措施》，载腾讯网，https://new.qq.com/rain/a/20210828A05TOI00，最后访问日期：2023 年 5 月 28 日。

密码。

此外,我们与网络安全专家 Mandiant 和咨询公司 KPMG、LLP 建立长期合作伙伴关系。我们还计划采用 Mandiant 的可扩展安全解决方案,来提高应对未来网络安全威胁的弹性。我们深知需要更多专业知识来将 T-Mobile 的网络安全工作提升到一个新的水平,这些安排都是为了集结火力以提升针对不法分子的打击能力,同时制定面向未来的战略以更好地保护自身和 T-Mobile 客户。

二、数据安全事件处置程序

数据安全事件发生后的具体处置程序宜依据应急预案"三管齐下":

(1)事件响应:"准确判断是及时响应的前提,尤其是对于网络病毒、黑客攻击等网络安全事件而言。"[1] 数据处理者应准确界定事件性质,成立危机处置工作组,明确分工,在最短时间内高效执行应急预案;将事件依法上报主管部门或告知关联用户,启动事件影响评估。

(2)事件处置:采取抑制措施迅速整改,以控制事态和阻止损失蔓延;采取恢复措施将数据处理活动和数据安全保护工作推回正常轨道继续常态化运行。

(3)公关管理:重视安全事件的公共通报,发布新闻向社会汇报事件的原委和已然采取的纠正措施,向受害群体表达歉意并公布弥补方案,以合法手段消除事件对数据处理者的负面影响,[2] 以防因舆论失控造成的社会声誉二次降低。

三、告知时限与频次

"告知时限"意为数据安全事件发生之后,义务主体应当在多长时间内告

---

[1] 刘新宇主编:《数据保护:合规指引与规则解析》(第二版),中国法制出版社 2021 年版,第 309 页。

[2] 参见《从〈数据安全法〉法定义务读企业行动指南》,载 https://mp.weixin.qq.com/s/lndnZgiYBEvq9g8FLPW6iw,最后访问日期:2022 年 4 月 20 日。

知用户和主管部门方符合法定的"立即"要求？对此，我国法律仅对发生重要数据或者十万人以上个人信息泄露、毁损、丢失的数据安全事件，作出了要在发生安全事件的8小时内向设区的市级网信部门和有关主管部门报告事件基本信息的硬性要求。欧盟《通用数据保护条例》规定个人信息控制者应在知道之时起72小时内向监管机构报告；如果没有在72小时内报告的，需要对迟误原因进行说明。但《通用数据保护条例》没有规定告知个人的具体时间，仅笼统要求"尽快告知"。①

数据活动实践中时常发生危害程度各异的数据泄露、篡改、损坏事件，虽然都属于"数据安全事件"，但并非所有都会造成严重损害用户和社会利益的恶劣影响。本书认为，数据安全事件的类型多、性质不一，不宜"一刀切"地要求义务主体一律报告，《数据安全法》告知义务的规定有待细化。从全世界的经验来看：欧盟《通用数据保护条例》规定了告知个人的豁免情形，即在个人信息控制者采取数据加密等措施使他人无法理解被泄露的个人信息，或者在采取措施确保不会出现个人权利和自由受到高风险侵犯等情形下，个人信息控制者可以不告知个人；美国加州规定在同时满足特定信息（社会保险号、信用卡账号、医疗信息等个人信息）和条数要求（500条以上）的情况下，才触发个人信息泄露通知义务。② 以上规定值得我国借鉴之处在于——对于的确不会对用户造成损害的数据安全事件依然应当履行上报主管部门的义务，但无须再向用户告知；否则要么将产生用户恐慌和不信任的后果，要么即便告知了也不会引起用户的注意，但数据处理活动主体却会因此不堪重负。

但也应注意到，个人信息泄露告知义务的履行并不意味着数据安全保护义务的豁免；如果数据活动者未履行充分的数据安全保护义务，即使已履行通知义务，也仍需承担相应的法律责任。③

---

① 赵淑钰、伦一：《数据泄露通知制度的国际经验与启示》，载《中国信息安全》2018年第3期。
② 杨婕：《解析我国规制个人信息泄露问题的法律路径》，载《信息通信技术与政策》2021年第9期。
③ 杨婕：《解析我国规制个人信息泄露问题的法律路径》，载《信息通信技术与政策》2021年第9期。

【典型案例】

2018年，某集团在一次内部安全检查中发现旗下预定系统被入侵，导致3.83亿名客户信息被泄露。因缺乏安全保障措施，也未尽到告知义务，该集团被外国数据隐私监管机构处以近10亿元人民币的罚款。2020年，该集团在再次发生约520万名客户信息泄露事件后，便立刻向监管机构报告并展开调查、加强监控，采取了禁用相关登录凭据等补救措施。同时，其将数据泄露事件以电子邮件方式告知客户，承诺为受影响的客户免费提供长达一年的个人信息监控服务，并建立了一个自助式网站以供客户在线查询泄露事件是否涉及他们的信息。

通过上述分析，能够发现《数据安全法》构建的风险处置框架中，数据分类分级制度的构建既是原则也是先决条件，应首先建立数据分类分级清单，为数据安全保护打下坚实的管控基础；其次，建立健全覆盖全数据生命周期的数据安全管理制度，并依据管理要求形成持续、有效、可落地的技术防护策略与手段方法，实现对数据分级管控；最后，在完善分类分级、制度流程与技术防护的基础上，针对残余的数据风险以及可能触发的数据安全问题，采取必要的监测、应急、处置措施，进一步避免数据安全事件的发生。[1]

第三节　风险评估义务

一、数据安全风险评估义务概述

避免风险发生的最有用的措施就在于预防，评估则是避免和减少数据安全事件发生的首要预防措施。[2] 数据安全事件评估是指在风险发生之前或者之

---

[1] 安华金和：《数据安全法关键条款与落实思路》，载腾讯网，https://new.qq.com/rain/a/20210612A010JU00，最后访问日期：2022年4月20日。

[2] 裴炜：《刑事跨境取证中的数据安全风险及其应对》，载《国家检察官学院学报》2021年第6期。

后，对该事件可能对人们的财产、人身等各方面造成的影响进行量化评价。根据《电信和互联网行业数据安全标准体系建设指南》第3.2条的规定，数据安全事件评估应当包括数据安全合规性评估、数据安全风险评估、个人信息安全影响评估、数据出境安全评估等。准确评估是风险发生时采取相应的安全保障措施的前提，是数据安全事件发生后减少风险再次发生的必要举措。《数据安全法》中有关评估的规定多为原则性规定，仅第三十条对重要数据的评估进行了具体规定，要求重要数据的处理者定期对重要数据进行风险评估，并且评估内容包含重要数据的种类、数量，开展数据处理活动的情况，面临的数据安全风险及其应对措施等。

数据安全事件评估是为了避免风险发生或者再次发生，因此在数据安全风险最大，最容易带来数据泄露导致安全隐患的数据出境方面，评估的重要性更加明显。根据《网络安全法》第三十七条规定："关键信息基础设施的运营者在中华人民共和国境内运营中收集和产生的个人信息和重要数据应当在境内存储。因业务需要，确需向境外提供的，应当按照国家网信部门会同国务院有关部门制定的办法进行安全评估；法律、行政法规另有规定的，依照其规定。"关键信息基础设施的运营者获取的相关数据，如果涉及出境，需要提前进行安全评估。但是该法条只对关键信息基础设施的运营者收集和产生的数据出境规定了安全评估的前置程序，未涉及其他数据处理者获取的数据。

重要数据处理者的风险评估义务是《数据安全法》对重要数据处理者科以的第二项义务。在数据处理活动中，一旦泄露重要数据（如未公开的政府信息、人类基因组、健康、人口、矿产资源等）则直接关系到国家、经济、社会和公共安全，所以需要采取相应的措施，尽可能地减少损失。[①] 作为提升重要数据风险防控能力的必要举措，重要数据风险评估是对重要数据面临的潜在威胁源、容易被利用的弱点、可能造成的负面影响及应对预案进行识别和评价，从而采取适应不同重要数据特点的保护方法，减少重要数据安全保护工作的失误。《信息安全技术 个人信息安全影响评估指南》（GB/T

[①] 龙卫球主编：《中华人民共和国数据安全法释义》，中国法制出版社2021年版，第98页。

39335—2020）第 4.2 条规定，实施重要数据风险评估的对外价值在于让数据处理者对外展示其保障重要数据安全的努力，提升透明度，增进数据主体对其的信任基础。

在本条规定的立法历程中，二审稿在一审稿的基础之上将原第一款风险评估的对象"数据活动"细化为"数据处理活动"；将原第二款"掌握的"重要数据修正为"处理的"重要数据，组织处理的是"未掌握的数据"不再是豁免事由；并将第二款"收集、存储、加工使用数据"的情况总结为"开展数据处理活动"的情况，规避了列举的可能遗漏。

结合评估的主体和评估内容来看，其可能会包含以下几种面向的展开：

第一，赋予处理者以自行评估的合规义务。这部分内容虽然在法律规定中占比不多，但却是处理者日常合规工作的重点所在。处理者一般需要确定内部承担合规工作的人员和职责，制定数据分级分类的标准和风险识别指南，搭建数据安全的评估流程和预警机制等，核心思路是结合业务实际特点发挥自主性和能动性，构建起适配特定业务场景的风险防控体系。这其中隐含的另一个合规义务就是处理者在开展日常合规评估中需要对评估对象（处理活动）和评估意见（风险分析和降险措施等）进行记录和留存，用于佐证合规义务的履行。

第二，赋予处理者在特定场景向监管机构进行报告或者申请发起审查的义务。例如，处理者需要履行的向主管部门报告并由后者组织开展网络安全审查和安全评估等义务，其核心点在于当某些处理者的部分数据处理活动可能会给国家安全和社会公共利益带来具体或者抽象风险时，此时的评估机制和降险措施不能交由处理者一方决策，而需要将其纳入国家整体的数据安全防控体系和预警机制中来，并通过处理者主动报告等形式逐步推动整体安全体系的运行与落地。

第三，赋予处理者以引入第三方开展合规评估和审计监督的义务。例如，规定处理者具有委托第三方开展定期审计的义务，其核心点在于引入具有相关审计职责和职能的第三方机构，作为非利益攸关方针对相关行为的合规性进行审计和监督。

二、风险评估的主体和其他参与者

按照"谁主管谁负责,谁运营谁负责"之原则,重要数据风险评估的责任主体为重要数据处理者,评估工作的流程制定和具体执行则应由重要数据处理者确定的数据安全负责人或管理机构监督、负责。所谓"重要数据处理者",包括但不限于识别数据需求者、收集数据者、分析数据者、评价并改进数据分析者。[1] 在企业内部,"数据安全负责人(管理机构)"应当由具备数据安全专业知识和相关管理工作经历,且拥有一定决策权的成员或其组成的部门承担。根据《信息安全技术 个人信息安全影响评估指南》第4.4条的规定,牵头执行评估的具体部门应为法务部门、合规部门或信息安全部门,且在评估工作进程中应当具有独立性,不受被评估方的影响。

根据《国家网络与信息安全协调小组关于开展信息安全风险评估工作的意见》,重要数据风险评估的工作形式分为自评估和检查评估,且应以自评估为主,以检查评估为补充。其中,"自评估"是指网络与信息系统拥有、运营或使用单位发起的对本单位信息系统进行的风险评估;"检查评估"是指信息系统上级管理部门组织的或国家有关职能部门依法开展的风险评估。[2] 数据处理者在"自评估"中还可以根据数据安全负责人(管理机构)的能力配备情况选择自行开展风险评估工作,或聘请外部独立第三方来承担。在评估过程中宜另邀数据运营商、合规律师等第三方人员参与,使评估主体尽可能多元化。此外,主管监管部门和客户还可要求独立审计来核证影响评估活动的合理性和完备性。

根据《数据安全法》《个人信息保护法》《网络安全法》等法律法规,不同数据处理者应进行数据安全评估的情形梳理如下:

---

[1] 龙卫球主编:《中华人民共和国数据安全法释义》,中国法制出版社2021年版,第102页。
[2] 国家网络与信息安全协调小组:《关于开展信息安全风险评估工作的意见》,载北京市经济和信息化局官网,http://jxj.beijing.gov.cn/zwgk/flfg/gjflfggz/xzfg/201911/t20191113_511401.html,最后访问日期:2022年4月20日。

表6　数据安全评估情形汇总表

评估场景	评估主体	评估时点	评估内容	法规依据
重要数据风险评估	重要数据处理者	定期	重要数据的种类、数量，开展数据处理活动的情况，面临的数据安全风险及其应对措施等	《数据安全法》第三十条
数据出境	关键信息基础设施运营者和达到一定数量的个人信息处理者在境内收集和产生的个人信息	事前	国家网信部门组织的安全评估	《个人信息保护法》第四十条
数据出境	关键信息基础设施运营者和处理一百万人以上个人信息的数据处理者向境外提供个人信息；出境数据中包含重要数据	事前	国家网信部门组织的数据出境安全评估	《网络数据安全管理条例（征求意见稿）》第三十七条
数据出境	向境外提供个人信息和重要数据的数据处理者	每年1月31日前编制数据出境安全报告	（一）全部数据接收方名称、联系方式； （二）出境数据的类型、数量及目的； （三）数据在境外的存放地点、存储期限、使用范围和方式； （四）涉及向境外提供数据的用户投诉及处理情况； （五）发生的数据安全事件及其处置情况； （六）数据出境后再转移的情况； （七）国家网信部门明确向境外提供数据需要报告的其他事项	《网络数据安全管理条例（征求意见稿）》第四十条

续表

评估场景	评估主体	评估时点	评估内容	法规依据
数据安全评估	重要数据处理者和赴境外上市数据处理者	每年，自行或者委托数据安全服务机构开展一次数据安全评估	（一）共享、交易、委托处理、向境外提供数据，以及数据接收方处理数据的目的、方式、范围等是否合法、正当、必要； （二）共享、交易、委托处理、向境外提供数据被泄露、毁损、篡改、滥用的风险，以及对国家安全、经济发展、公共利益带来的风险； （三）数据接收方的诚信状况、守法情况、境外政府机构合作关系、是否被中国政府制裁等背景情况，承诺承担的责任以及履行责任的能力等是否能够有效保障数据安全； （四）与数据接收方订立的相关合同中关于数据安全的要求能否有效约束数据接收方履行数据安全保护义务； （五）在数据处理过程中的管理和技术措施等是否能够防范数据泄露、毁损等风险	《网络数据安全管理条例（征求意见稿）》第三十二条

三、重要数据的风险评估过程

重要数据风险评估体系应当贯穿于网络与信息系统建设和运行的全过程：在网络与信息系统规划设计阶段，应通过重要数据安全风险评估明确安全需求和安全目标；在网络与信息系统验收阶段，应通过重要数据安全风险评估验证已设计安装的安全措施能否实现安全目标；在网络与信息系统运行维护阶段，应定期进行重要数据安全风险评估工作，检验安全措施对安全环境变化的适应性，以保障安全目标的实现；当安全形势发生重大变化或网络与信息系统使命有重大变更时，应及时进行包括重要数据在内的信息安全风险评估。[①] 在根据风险评估模型确立了评估标准之后，开展重要数据风险评估应实施重要数据识别、风险源识别、风险评价、风险分析和制订预案五大环节。

---

① 国家网络与信息安全协调小组：《关于开展信息安全风险评估工作的意见》。

（一）重要数据识别

重要数据风险评估的第一步在于圈定重要数据，确定需要评估的范围。如本章第一节所述，实务中重要数据的识别须在国家标准的指引下，具体参照不同地区、不同行业、不同部门各自的重要数据保护目录予以确定。需要注意的是，并非只有重要数据才需要进行安全评估，《数据安全法》第三十条规定的风险评估义务限于重要数据处理者，但第二十二条提出要建立的数据安全风险评估机制在理论上涵盖所有的数据。只不过受限于现实条件，在实践中难以要求所有的数据处理者对所有的数据均进行评估。因此，出于平衡数据利用和保护的考量，在法律上只强制要求重要数据的处理者定期对数据进行安全评估。但数据处理者需要意识到，数据安全评估既是一种义务，也是对其进行的保护，某一数据即使在形式上不属于重要数据，即未被纳入重要数据保护目录，但是当数据处理者认为对该数据的处理可能存在潜在风险时，也应对其进行风险评估。事实上，重要数据本就是海量数据在分类分级基础上经过评估所确定的。

（二）风险源识别

风险源识别的目的是通过定期对安全系统软硬件运行状况、制度执行情况、数据复制情况、告警或故障设备的数据保护状况、权限的审批收回情况、密码强度、外包服务中的数据保护管理情况、研发测试环境数据保护等情况的扫描，充分排查高风险环节，发现重要数据资产的脆弱点并予以归类。[1] 就风险源的类别，《信息安全技术 个人信息安全影响评估指南》第5.4条指出，"有内部威胁源，也有外部威胁源，有恶意人员导致的数据被窃取等事件，也有非恶意人员无意中导致的数据泄露等事件；就脆弱性而言，有物理环境影响导致的数据毁损，有技术因素导致的数据泄露、篡改、丢失等事件，也有管理不当引起的滥用等事件。"识别工作主要通过两个步骤开展：第一

---

[1] 国家医疗保障局：《关于印发加强网络安全和数据保护工作指导意见的通知》（医保发〔2021〕23号），载中国政府网，http://www.gov.cn/zhengce/zhengceku/2021-04/12/content_5599043.htm，最后访问日期：2022年4月20日。

步,通过列举潜在的重要数据资产风险并制成列表,以确认重要数据面临的潜在威胁;第二步,通过列举重要数据资产弱点并制成列表,以匹配由上一步析出的潜在威胁所引发的重要数据弱点。[1] 重要数据的持有、运营、使用者应当定期组织自评估,并积极配合主管部门检查评估,双管齐下识别风险来源。

(三) 风险评价

《信息安全技术 个人信息安全影响评估指南》第4.6.2条规定,风险评价所采用的基本评估方法主要包括对相关人员进行访谈,检查数据保护规范、机制和活动,以及对安全控制机制进行技术测试。基于对上一环节识别出的风险源的汇总,风险评价须对重要数据处理活动安全风险予以分级分类。具体步骤为:(1) 确定风险级别。根据已识别的风险来源,确定特定漏洞被利用的价值及概率的大小;(2) 确定风险类型。依据已识别的风险源特征划分风险类型,既有助于减少工作量,避免效率低下地逐一设计防护措施,又能有针对性地对同一类风险源制定一套安全策略,在未来出现新的风险源时据此迅速作出反应;(3) 厘清风险源之间的关系。各风险之间并非相互孤立的,本步骤的主要目的在于深入探析风险源之间是否存在引起与被引起的关系,从而得以从源头上消除风险。

(四) 风险分析

风险分析是在对风险源已进行初步分级分类的基础上,依据数据资产的潜在威胁、自身弱点及其对应评价,通过相应数学模型或算法计算出具体的风险量度和可能损失。一般而言,风险量度与数据的利用价值、易被利用的自身弱势、应然保护时间等元素成正比,与损失恢复时间成反比。理想状况下,风险应是具体的定量分析,每一风险事件的风险程度均是不同的,但实践中,对于未发生的风险究竟会造成多大损害,仅通过试验性的分析是难以

---

[1] 张淼、徐国爱、胡正名、杨义先:《基于数据的风险评估模型研究》,载《计算机应用研究》2006年第9期。

准确估量的，因此更为常见的做法是采取与网络安全等级保护类似的风险等级划分方案，即先确定风险属于哪一层级，而后确定数据安全漏洞修补的紧迫程度。

（五）制订预案

在已识别出风险的基础上，缩短评估周期，设置安全风险的预警机制，而后消除风险、降低风险的措施并予以演练，提前拟订应对数据安全事件的针对性预案。预案至少应包括预案适用范围、风险处置机构及职责、风险响应机制及具体处置措施、预案演练等内容，并切实根据预案内容设置专门的机构和负责人，定期进行演练。

四、含个人信息数据的风险评估过程

《个人信息保护法》第五十五条和第五十六条规定的个人信息保护影响评估机制，在制度渊源上可以追溯至欧盟《通用数据保护条例》中的数据保护影响评估（DPIA）以及我国信息安全领域的推荐性国家标准《信息安全技术 个人信息安全影响评估指南》（GB/T 39335—2020），该制度要求处理者对高风险场景下的特定个人信息处理活动开展评估，以应对数据处理和使用环节所面临的新型安全风险，并"及早发现有关个人信息处理行为可能存在的风险和可能产生的后果，有针对性地设计业务流程并采取防范措施……促使个人信息保护模式从事后监管向基于风险管理为主的模式转变"[1]。同时通过对记录的留存为其履行合规义务提供有力证明。

信息本身的低成本复制性特点和流通诉求将不可避免地导致个人一旦给出信息，则对于后续使用和共享等处理活动难以实现真正的"知情"和"可控"，同时考虑到复杂的数据处理活动对于个人而言逐渐"黑箱化"，单纯依赖信息主体对个人信息的处理活动进行控制显然具有诸多弊端。而构建体系化的个人信息保护框架，需要从前端的个人信息收集逐步延伸到中后端的数

---

[1] 杨合庆主编：《〈中华人民共和国个人信息保护法〉释义》，法律出版社2022年版，第139页。

据处理活动,由处理者搭建起负责任的个人信息保护机制,用于对冲个体理性有限性的风险,同时将相关核心问题纳入合规体系之中。通过这样的制度设计可以将大规模处理数据活动的合规性、可问责性切实落脚在个人信息处理者内部的治理结构中,并促成合规理念从被动应对向主动合规转型。

个人信息保护影响评估在合规落地阶段可以理解为是一项合规工具,需要被内嵌在个人信息处理活动的流程之中,而评估的过程一般分为"确定评估工作人员、开展数据映射分析、风险源识别、个人权益影响分析、风险分析与风险处置"几个阶段,通常会在新产品和服务上线、功能迭代等环节中的设计环节提早考虑个人信息合规风险并开展保护工作,帮助个人信息处理者系统地分析、识别和持续降低处理活动的合规风险,减少后续合规改造的压力,还能证明数据处理活动的合法性、正当性与必要性,通过引入平衡性测试等方式寻求数据利用与个人信息保护的价值平衡,进一步削减社会主体对其个人信息"失控感"的担忧。评估重点在于个人信息的处理目的、方式是否符合法律规定,可能对个人造成的影响和风险,以及应对措施是否有效。同时对这些风险评估报告保存三年,以备在调查审计、发生风险事件、司法诉讼、权利人投诉等情形下进行合规性评估复盘与证明。

五、风险评估报告

输出相应风险评估报告是重要数据风险评估的法定后续行为,是事后改进内部重要数据安全管理制度的依据,更是减轻甚至免除责任主体为数据安全事件承担相应法律责任的证据。相对于一般数据的处理者而言,重要数据处理者不仅需要履行数据安全保护义务,还应对其数据处理活动进行记录并留痕,以说明其内部风险的识别和应对情况,证明其数据合规现状,做到"合规并自证合规"。[①] 风险评估的报告对象为制定对应重要数据目录的主管部门。《数据安全法》第三十条采用部分列举的方式原则性地对重要数据风险评

[①] 魏冬冬:《逐条+深度解读〈数据安全法〉附企业合规建议(下)》,北大法宝公众号2021年9月6日。

估报告应当涵盖的内容作出要求，但囿于法律条文的简洁性，未能进行更为详细的指引。《网络数据安全管理条例（征求意见稿）》则在此基础上于第四章"重要数据安全"之中更清晰、具体地列举了年度数据安全风险评估报告应涵盖的内容：处理重要数据的情况；发现的数据安全风险及处置措施；数据安全管理制度，数据备份、加密、访问控制等安全防护措施，以及管理制度实施情况和防护措施的有效性；落实国家数据安全法律、行政法规和标准情况；发生的数据安全事件及其处置情况；共享、交易、委托处理、向境外提供重要数据的安全评估情况；数据安全相关的投诉及处理情况；国家网信部门和主管、监管部门明确的其他数据安全情况。除了《数据安全法》，《个人信息保护法》《网络安全法》等法律法规也规定了风险评估报告制度，梳理如表 7 所示：

表 7　网络服务提供者风险评估报告义务汇总表

报告场景	报告主体	报告条件	报告时点	报告内容	法规依据
发生数据安全事件	网络运营者	发生或者可能发生个人信息泄露、毁损、丢失的情况时	按照规定及时	发生或可能发生个人信息泄露、毁损、丢失的情况	《网络安全法》第四十二条
	数据处理者	发生或可能发生个人信息泄露、篡改、丢失的	及时采取补救措施并通知	信息种类、原因、可能的危害、补救措施、联系方式	《个人信息保护法》第五十七条
	数据处理者	发生重要数据或者十万人以上个人信息泄露、毁损、丢失等	事中（发生的 8 小时内）	涉及的数据数量、类型、可能的影响、已经或拟采取的处置措施	《网络数据安全管理条例（征求意见稿）》第十一条
	数据处理者	发生重要数据或者十万人以上个人信息泄露、毁损、丢失等	事后（处置完毕后五个工作日内）	事件原因、危害后果、责任处理、改进措施等情况	《网络数据安全管理条例（征求意见稿）》第十一条

续表

报告场景	报告主体	报告条件	报告时点	报告内容	法规依据
境外设立机构	大型互联网平台运营者	发生解散、被宣告破产等，按照相关要求移交或删除数据	—	影响或者可能影响国家安全的相关情况	《网络数据安全管理条例（征求意见稿）》第十三条
重要数据风险评估报告/备案	重要数据处理者	对其数据处理活动定期开展风险评估	—	处理的重要数据的种类、数量，开展数据处理活动的情况，面临的数据安全风险及其应对措施等	《数据安全法》第三十条；《网络数据安全管理条例（征求意见稿）》第二十八条
		重要数据安全情况报告	—	—	
重要数据风险评估报告/备案数据出境	重要数据处理者和个人信息处理者	重要数据备案	识别其重要数据后的十五个工作日内	（一）数据处理者基本信息，数据安全管理机构信息、数据安全负责人姓名和联系方式等；（二）处理数据的目的、规模、方式、范围、类型、存储期限、存储地点等，不包括数据内容本身	《网络数据安全管理条例（征求意见稿）》第二十九条
		自行或者委托数据安全服务机构每年开展一次数据安全评估	每年1月31日前提交上一年度数据安全评估报告	（一）处理重要数据的情况；（二）发现的数据安全风险及处置措施；（三）数据安全管理制度，数据备份、加密、访问控制等安全防护措施，以及管理制度实施情况和防护措	《网络数据安全管理条例（征求意见稿）》第三十二条

续表

报告场景	报告主体	报告条件	报告时点	报告内容	法规依据
		—	—	施的有效性； （四）落实国家数据安全法律、行政法规和标准情况； （五）发生的数据安全事件及其处置情况； （六）共享、交易、委托处理、向境外提供重要数据的安全评估情况； （七）数据安全相关的投诉及处理情况	《网络数据安全管理条例（征求意见稿）》第三十二条
		报告数据出境情况	每年1月31日前编制上一年度数据出境安全报告	（一）全部数据接收方名称、联系方式； （二）出境数据的类型、数量及目的； （三）数据在境外的存放地点、存储期限、使用范围和方式； （四）涉及向境外提供数据的用户投诉及处理情况； （五）发生的数据安全事件及其处置情况； （六）数据出境后再转移的情况	《网络数据安全管理条例（征求意见稿）》第四十条

六、风险评估与其他机制的衔接

数据安全事件评估的完成与数据分类分级制度、数据风险预警制度、数据安全事件应急处置制度都密不可分。数据安全事件评估与数据的重要性、数据的种类、数据的数量具有关系,安全评估必须结合数据的分类分级制度进行:涉及铁路运输、医疗等国家的关键信息基础设施领域的重要数据或者敏感数据,受到黑客攻击、间谍窃取等危害的概率远远大于一般数据,该类重要数据或者敏感数据进行安全评估的次数应当高于一般数据,所需的安全防护措施的要求应当高于一般数据,相关的技术指标、访问控制技术、加密技术、隐私保护技术、入侵检测技术、区块链技术等一系列技术手段都应当作为该类数据的安全保障措施要求列入数据安全事件评估的内容中,风险预警标准应当低于其他一般数据。

数据安全事件评估的内容应当包含数据风险预警机制、数据安全应急处置制度。数据安全事件的产生,除了与人为的泄露、外部的黑客攻击和入侵、本身安全系统的漏洞等有关,还与该数据的风险预警和应急处置制度密不可分。有效的风险预警机制,在风险具有较高的发生可能性之时或者风险水平达到该类数据的风险预警标准之初,便可及时提醒数据处理者或者数据安全保护责任人,警示其采取措施,检查弥补漏洞,避免风险扩大以防止安全事件的发生。完善的数据安全应急处置机制,在数据安全事件发生之初,可以迅速地控制事态,避免影响的进一步扩大,减少损失。因此,数据安全事件评估应当将该数据安全事件的风险预警机制与应急处置制度纳入量化评价的内容中,分析评价数据安全事件中风险预警是否发挥作用,应急处置是否及时到位。

数据安全事件评估不是静态的,而是动态的。除了定期进行安全评估外,评估还应当包含动态反馈机制和效果评价机制。数据安全风险不是一成不变的,也不是一劳永逸的,而是不断更新变化的,因此数据安全事件评估也应当与时俱进,不断更新。需要建立有效动态反馈和效果评价机制,及时收集各数据治理主体对数据安全风险防范措施的反馈与安全保障机制的效果评价,以此及时调整相应的安全保护制度应对不断升级变化的数据安全风险。[1]

【典型案例】辽宁省通管局开展 App 数据安全评估[2]

2020 年 10 月，辽宁省通信管理局组织开展了属地 App 数据安全评估检测工作，以便可以第一时间发现问题、第一时间组织处置，减少和避免数据安全事件的发生。该项安全评估工作重点开展四项工作内容：一是强化省内 App 数据安全管理，要求 App 运营企业定期开展自查评估，发现隐患立即整改。二是委托专业机构进行远程抽测评估，发现存在的问题。三是与 App 运营企业面对面沟通，通报存在的问题，督促及时整改。四是对整改不力的企业按照有关规定进行处罚。

第四节 数据中介义务

我国《国民经济和社会发展第十四个五年规划和 2035 年远景目标纲要》提出要"建立健全数据产权交易和行业自律机制，培育规范的数据交易平台和市场主体"。现阶段，我国数据要素市场正处于高速发展期，根据国家工业信息安全发展研究中心测算，"十四五"期间我国数据要素市场交易规模将突破 1749 亿元。[3] 在数据交易的模式之中，企业间的数据流转具有隐蔽性强、监管难度大、易形成数据垄断等弊端。从美国等数据交易较为活跃的国家和地区来看，数据中间商对数据资产化起到了十分重要的作用。[4] 规定数据交易中介机构的安全管理职责，有利于通过平台对流通的数据进行安全管控。因

---

[1] 韩云惠、周帆：《电子档案数据安全治理理论体系建构——以新修订〈档案法〉和〈数据安全法〉的实施为背景》，载《浙江档案》2021 年第 11 期。

[2] 《辽宁通信管理局开展属地 App 数据安全评估检测工作》，载工业和信息化部官网，https://www.miit.gov.cn/xwdt/gxdt/dfgz/art/2020/art_8344bb304e0048db9a95c2df4d7dfa89.html，最后访问日期：2022 年 4 月 20 日。

[3] 国家工业信息安全发展研究中心：《中国数据要素市场发展报告（2020—2021）》，载贵州省大数据发展管理局官网，https://www.shkp.org.cn/articles/2021/05/wx331219.html，最后访问日期：2023 年 5 月 28 日。

[4] [日] 城田真琴：《数据中间商》，邓一多译，北京联合出版公司 2016 年版，第 172—184 页。

此，除用户数据持有者、监管部门外，《数据安全法》进一步将第三方数据交易机构纳入数据安全义务主体，细化数据安全防护颗粒度，服务"数据强国"建设。《数据安全法》第三十三条规定："从事数据交易中介服务的机构提供服务，应当要求数据提供方说明数据来源，审核交易双方的身份，并留存审核、交易记录。"通过说明数据来源、审核双方身份，有利于避免"地下数据交易"，保障数据交易的透明性，减少数据的无序流动，平衡数据安全与数据流动，是重要的数据安全管理职责，具有重要意义。

对于何谓"数据中介服务机构"，我国立法层面尚未予以明确定义；根据指导数据交易活动的国家标准《信息安全技术 数据交易服务安全要求》（GB/T 37932—2019）第3.5条的定义，"数据交易服务机构"是指为数据供需双方提供数据交易服务的组织机构；相对应"数据中介服务"则是指，为帮助数据提供方和需求方完成数据所有权进行交易的活动。

目前，我国数据中介服务机构可分为具有政府背景的大数据交易所和民营的数据交易公司，如贵阳大数据交易所、武汉长江大数据交易所、北京国际大数据交易所等20余个大数据交易平台，以及九次方大数据、数据堂、亚信数据等民营企业。上述机构的运营实践形成了桥梁型"数据撮合"和工厂型"数据增值"两种主要的交易服务。

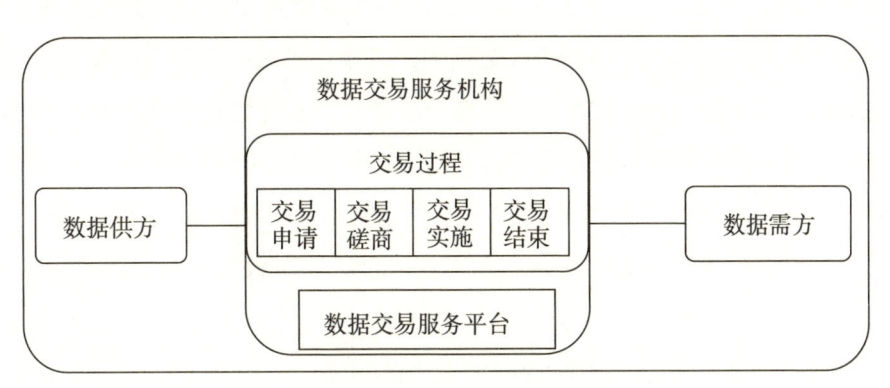

图3 数据交易服务参考框架[1]

---

[1] 国家市场监督管理总局、国家标准化管理委员会：《信息安全技术 数据交易服务安全要求》（GB/T 37932—2019），载全国信息安全标准化技术委员会官网，https://std.samr.gov.cn/gb/search/gb-Detailed?id91890A0DA5C980C6E05397BE0A0A065D，最后访问日期：2023年5月28日。

由于对安全和隐私保护的要求更高，数据要素比传统要素的流通环节更为复杂，也更易为非法渠道所利用，因此数据要素流通风险的防治一直是制约其流通的关键问题，甚至直接影响数据要素流通时的价值。[①] 作为数据交易法律关系中的"中间商"，数据中介服务机构的职责离不开制定交易规则、监管数据交易两条主线。对此，《数据安全法》第三十三条将《民法典》第九百六十二条"中介人"的诚信义务延伸至数据交易领域，将数据中介服务机构在数据交易中负有的数据安全保护义务明确指引至三个方向，分别是"要求数据提供方说明数据来源""审核交易双方身份"和"留存审核、交易记录"的义务，明晰数据中介服务机构的法定权责，织密数据交易监管法网。基于此，《数据安全法》第十九条、第三十三条致力于健全数据交易管理制度，规制数据流通环节，培育合法合规的数据要素市场。

一、要求数据提供方说明数据来源的义务

根据《信息安全技术　数据交易服务安全要求》（GB/T 37932—2019）第5.3.1条和第6.2条的规定，数据中介服务机构应当确保数据供给方能够提供交易数据获取渠道合法、享有完整权益、交易数据真实的明确声明，并对声明材料予以积极审核。可以看出，数据中介服务机构履行"要求数据供给方说明数据来源的义务"是对数据供给方履行"说明数据来源的义务"的加压和监督。详言之，供方须确保数据采集行为具有明确的法律授权或已获得相应信息主体的同意，方可就其提供的数据享有受法律保护的财产权。就此而论，形成了对内数据供给方为数据来源的真实性、合法性向数据中介服务机构担保，对外数据中介服务机构为数据供给方的担保而担保的责任链条。《数据安全法》通过赋予数据中介服务机构此种积极的核实、监督义务以确保数据交易满足法定质量要求，降低道德风险，减少交易纠纷和权利侵害的发生。

数据中介服务机构应当要求数据供给方说明以下内容：提供交易数据获

[①] 国家工业信息安全发展研究中心：《中国数据要素市场发展报告（2020—2021）》，https://www.shkp.org.cn/articles/2021/05/wx331219.html，最后访问日期：2023年5月28日。

取渠道合法、权利清晰无争议的承诺或证明材料；提供拥有交易数据完整相关权益的明确声明；提供数据真实性的明确声明；对交易数据进行分类并对交易数据进行安全风险评估，出具安全风险评估报告；明确交易数据的限定用途使用范围、交易方式和使用期限；对交易数据进行准确描述，明确数据类别等内容，描述内容满足准确性、真实性要求。

此外，为确保数据来源合法，数据中介服务机构还应审核上述交易数据描述和样本的准确性、真实性；审核交易数据的安全风险评估报告、分类结果。在核实过程中若发现供方通过非法渠道获取数据，应立即向主管部门举报；若因己方过错使得非法数据进入市场流通，则可能承担相关民事乃至刑事责任。

【典型案例】[①]

某市大数据交易所自成立以来施行会员制，仅为会员提供数据交易中介服务。根据该所颁布的《数据交易资格审核办法》，申请成为交易所会员必须具备下列条件：(1) 是依照中国有关法律法规设立且有效存续的企业法人或政府机构；(2) 承认并遵守交易所的章程和业务规则；(3) 具有良好的信誉和经营历史，近三年内无严重违法行为记录；(4) 具有健全的组织机构和财务管理制度；(5) 承诺遵守交易所的其他规定和规则。

二、审核交易双方身份的义务

在由数据中介服务机构主导的数据交易中，供需双方由于其中的时间差和信息差，往往较少甚至不直接接触对方，而是将对交易相对方的生产经营情况、数据使用目的等评估审核工作交由中介机构代理完成。就此而论，在交易规则中纳入对交易双方的身份审核既是数据中介角色的题中应有之义，也是在中间环节避免数据流转至非法渠道，侵害合法主体权益、威胁社会利益和国家利益的必要措施。

对于义务主体审核的具体内容，《数据安全法》未予释明。根据《信息安

[①] 《贵阳大数据交易所推行〈数据交易资格审核办法〉》，贵阳大数据交易所微信公众号 2016 年 10 月 8 日。

全技术　数据交易服务安全要求》第 5.1 条的规定，数据中介服务机构应当至少确保数据供方符合以下法定要求，方可通过对供方的资格审查，允许其参与相应数据交易业务：为一年内无重大数据类违法违规记录的合法组织机构；完成了在数据交易服务机构的注册；能够证明具备向需方安全交付数据的能力；向数据中介服务机构提供了书面的安全承诺，内容包括但不限于交易数据来源合法性证明材料、交易数据满足法律法规和政策要求、对交易数据质量评估说明、遵守数据交易安全原则、愿意接受数据交易服务机构安全监督、愿意对数据流通后果负责等；遵守数据交易服务机构的安全管理制度和流程。

数据需方应至少符合以下要求方可具备在数据中介服务机构的交易资格：为一年内无重大数据类违法违规记录的合法组织机构；完成了在数据中介服务机构的注册；能够证明具备对交易数据实施安全保护的能力；向数据中介服务机构提供了书面的数据交易和使用安全承诺，内容包括但不限于满足法律法规和政策要求、遵守数据交易安全原则、愿意接受数据交易服务机构安全监督、遵守与数据供方约定的数据安全要求、对所持有数据提供充分的安全保护、未经明确授权不公开或转交数据给第三方等；遵守数据交易服务机构的安全管理制度和流程。

【典型案例】平台不履行数据审查义务引发市场恐慌[①]

2019 年 5 月，苏州某网络科技有限公司向其平台的用户推送了"微贷公司新增清算组成员应君"的信息，并将该等信息的风险级别列为"警示信息"，导致外界认为，重庆市某小微小额贷款有限公司进入清算程序。这一信息导致市场和用户产生了恐慌情绪，甚至引起了关联公司的股价波动。该案件引发了人们对数据服务平台利用不真实的数据信息来获利这一现象的思考。数据服务平台其本身具有审查数据来源的义务，如果不审查数据的真实性，可能会导致数据交易市场秩序混乱、真实的信息与虚假信息交错。

---

① 案号：（2020）浙 01 民终 4847 号。

三、留存审核、交易记录的义务

数据中介服务机构内部往往承载着海量的数据,一旦发生交易纠纷,数据溯源和搜查举证不可避免地会面临操作障碍。《数据安全法》对数据中介服务机构科以留存审核、交易记录的义务,既提示了数据安全负责人应注重保留"白纸黑字"的合规痕迹,又压实了义务主体践行前两项法定义务的职责。通过留存审核、交易记录,有助于在交易各方发生数据权属纠纷时追溯源头、明晰权责、协助执法。

就记录留存的法定期限,现行有效的各项标准不一。例如,《信息安全技术 数据交易服务安全要求》第 5.3.3.2.3c 条规定:"安全保存数据交易日志、数据来源合法性等文件至少 6 个月。"《电子商务法》第三十一条规定,"商品和服务信息、交易信息保存时间自交易完成之日起不少于三年"。当交易对象为个人信息时,《网络数据安全管理条例(征求意见稿)》第十二条第一款第(三)项规定:"留存个人同意记录及提供个人信息的日志记录,共享、交易、委托处理重要数据的审批记录、日志记录至少五年。"在金融行业,根据中国人民银行、原中国银行业监督管理委员会、中国证券监督管理委员会、原中国保险监督管理委员会联合发布的《金融机构客户身份识别和客户身份资料及交易记录保存管理办法》第二十九条规定,对金融服务客户身份资料,金融机构的保存期限为自业务关系结束当年或者一次性交易记账当年计起至少 5 年;对交易记录,则自交易记账当年计起至少 5 年。

第五节 数据安全执法协助义务

随着大数据时代的大幕拉开,全国各地成千上万的平台每一秒都会产生呈几何式膨胀并动态扩散的数据。司法机关"长驱直入"式调取静态证据的做法在网络空间不再畅通无阻,互联网治理的难度与日俱增。为解决这一问题,法律将一部分治理责任分担给互联网平台,传统的"公权机关—个人"

双层监管模式向"公权机关—平台—个人"的三层监管模式转变。基于此，《数据安全法》第三十五条规定："公安机关、国家安全机关因依法维护国家安全或者侦查犯罪的需要调取数据，应当按照国家有关规定，经过严格的批准手续，依法进行，有关组织、个人应当予以配合。"

广义上的数据安全执法协助义务表现为数据收集存储义务、信息披露报告义务和审查监控义务三种类型。而《数据安全法》第三十五条向数据处理者科以的网络安全执法协助义务主要是指信息披露报告义务。但由于提供信息的前提是收集存储数据，即使法条没有明确表述，在逻辑上，数据处理者的数据安全执法协助义务也应包括数据收集存储义务。不同于本章所介绍的其他义务，网络安全执法协助义务是一项程序法下的合规义务，实质是将其他部门法中的协助执法义务对数据处理者予以特别重申。

一、信息收集存储义务：收集内容与存储期限

作为取证的前提，我国多部法律法规均要求网络信息服务者在一定期限内存储各自收集的数据，使其转化为业已固定的静态电子证据材料，为国家机关一次性提取提供便利条件。例如，《电子商务法》要求，电子商务平台经营者记录、保存平台上发布的商品和服务信息、交易信息不少于三年，否则将由有关主管部门责令限期改正；逾期不改正的，处二万元以上十万元以下的罚款；情节严重的，责令停业整顿，并处十万元以上五十万元以下的罚款。根据《互联网信息服务管理办法》《互联网群组信息服务管理规定》《网络出版服务管理规定》《网络借贷信息中介机构业务活动管理暂行办法》《互联网视听节目服务管理规定》《互联网直播服务管理规定》等规范性文件中信息收集存储义务的相关规定，各义务主体应当以从事的服务项目为标准，在不同存储期间内收集相应的信息内容，例如：

义务主体	收集内容	存储期限
电子商务平台经营者	平台上发布的商品和服务信息	3 年
互联网信息服务提供者	信息内容及其发布时间、互联网地址或者域名	60 日
互联网接入服务提供者	上网用户的上网时间、用户账号、互联网地址或者域名、主叫电话号码	60 日
群组信息服务提供者	网络日志	不少于 6 个月
网络出版服务单位	出版作品的内容及其时间、网址或者域名	60 日
网络借贷信息中介	借贷双方上网日志信息、信息交互内容	自借贷合同到期起 5 年
互联网视听节目服务单位、网络运营单位	已播出的视听节目	不少于 60 日
直播服务提供者	互联网直播服务使用者发布的内容和日志信息	60 日

二、数据报送义务：协助边界

所谓数据报送，是指在公安机关、国家安全机关以依法维护国家安全或者侦查犯罪为目的，依据法律程序提出调取数据的要求时，数据处理者配合提供服务注册者的相关信息。数据报送的类型可分为常规报送和临时报送：实施常规报送时，数据处理者将依据法律规定或协议约定，不断地就其收集的身份信息和纳税相关信息、网络安全检测评估和监测预警信息、业务信息等数据更新到新的时间节点；实施更为常见的临时报送（又称"依申请报送"）时，数据处理者将一次性报送公安机关、国家安全机关因办理具体案件临时所需的数据。临时报送的数据类型和格式各异，常见的如违法经营的登记信息与交易数据、电子商务数据信息、有关国家安全和侦查犯罪的数据等。[①]

[①] 刘权：《论网络平台的数据报送义务》，载《当代法学》2019 年第 5 期。

《网络安全法》《数据安全法》从报送对象、目的、协助范围和程序四个方面层层划定了在具体案件的执法活动中数据处理者履行数据报送义务的协助边界。详言之：

首先，当且仅当报送对象为公安机关、国家安全机关时，数据处理者才有义务向其提供积极的协助，其他国家机关、社会团体的协助请求不在保护范畴内。

其次，不同于数据公开，只有在维护国家安全或者侦查刑事犯罪的目的之下，数据处理者方有义务配合公安机关、国家安全机关的调取请求。换言之，数据处理者的数据报送义务并非普遍意义上的协助执法，公安机关、国家安全机关不得将所调取的数据用于其他无关目的。

再次，协助范围仅限于技术支持，实践中主要表现为对数据处理者所留存的注册用户数据信息的传输和流动。公安机关、国家安全机关不得逾越法定职责，强制要求义务主体进行经济、人力或其他方面的协助。但是，现行法律未明确该技术支持是否仅指向其自身运营的网络或基于自身业务控制或处理的数据，亦未明确该协助仅限于临时报送抑或可常规化开展，[1] 为国家机关与数据处理者达成常规合作留有合规空间。

最后，公安机关、国家安全机关以维护国家安全或者侦查犯罪为由要求调取数据前，应当依据法定程序获批并向义务主体公开，数据处理者有权查看其公函、执法证等法律文书。公安机关、国家安全机关内的决策部门不仅应当对个案调取程序予以形式审查，将调取个人隐私和调取其他个人信息的程序限制加以区分；还应对调取范围的必要性、与案件的关联性进行严格的实质审查。现行法律对于国家机关调取数据应当具备前置性正当依据的要求，尚无例外规定。

每一数据处理者都应履行网络安全执法协助义务，但也必须认识到，过度加重数据处理者的数据报送义务，不但在实际操作中难以实现，而且会极大地增加数据处理者的经营成本，不利于数据流通，反而会阻碍数字经济的发展。例如，在《网络交易监督管理办法（征求意见稿）》中，国家市场监督总局要求网络交易经营者"报送特定时段、特定品类、特定区域的商品或

---

[1] 裴炜：《刑事数字合规困境：类型化及成因探析》，载《东方法学》2022年第2期。

者服务的价格、销量、销售额等数据信息"，报送范围过于广泛，实践中几乎无法落实——报送方无精力报送、接收方无精力审核查收，而且此种报送因极易涉及商业秘密令数据处理者态度上抵触。故而正式施行的《网络交易监督管理办法》将信息报送范围更改为了"依照法律、行政法规的规定"应当报送的信息和经营者的身份信息。对比《数据安全法》《网络安全法》的规定可以看出，对于互联网治理不可避免的执法权外溢，两部法律有意在平衡打击犯罪和发展数字经济的顶层设计层面较大程度地限制公权力行使。

三、网络安全执法协助义务与个人信息保护义务的协调问题

一方面，网络安全执法协助义务要求数据处理者在法定情形下配合调取包括注册用户个人信息在内的留存数据；另一方面，《网络安全法》《个人信息保护法》的诸多条文均设置了"未经被收集者同意，不得向他人提供个人信息"的义务。随着互联网治理的深入，两种义务均呈强化之势。面对"保护"与"协助"分而治之的立法思路，何者优先？换言之，在协助执法活动中，数据处理者是否应当在传输应予保密的用户信息之前，向用户明示并取得同意呢？若为了确保司法活动的效果，数据处理者未告知用户的行为能否被豁免法律责任呢？

这一问题的提出并非空穴来风。曾造成很大影响的"8·24乐清女孩乘车遇害案"中，某平台在案发之时便陷入了同样的"合规陷阱"。当被害人亲友和警方索要涉事司机的联系方式时，某平台客服起初以"泄露用户隐私"为由拒绝提供。在警方多次强调事态紧急后，某平台又要求警方履行繁文缛节的调取手续，延误了解救时机。我国现行法律法规之中，《网络安全法》《数据安全法》均缺乏上述两种义务冲突时的解决路径，也没有给予义务主体以责任豁免。令人欣慰的是，《个人信息保护法》在第十三条、第十八条、第三十五条设置了依法律规定或因履行义务不需要告知的情形，初步缓解了数据处理者的法律适用困境。《信息安全技术 个人信息处理中告知和同意的实施指南》（GB/T 42574—2023）也于第6.2.2条"免于取得同意的情形"之"履行法定职责或者法定义务所必需"中，明确个人信息控制者在履行反洗钱、

反恐怖融资、反赌、反诈等监管要求处理个人真实身份信息及相关交易记录时，以及对具体案件开展的与犯罪侦查直接相关的调查活动中涉及的个人信息处理活动中，可免于取得个人同意。综上所述，就两个义务的顺位而言，当公安机关、国家安全机关因依法维护国家安全或者侦查犯罪而要求调取数据时，数据处理者的网络安全执法协助义务优先于个人信息保护义务。

综观比较法上的立法例，国家安全与公共秩序在立法价值序列中总是比个人信息保护处于更高的位阶，以《数据安全法》第三十五条为代表的相关规定正是我国立法保护个人信息的限度所在。

网络安全执法协助并非数据处理者不履行个人信息保护义务的豁免，其仍有义务在数据调取、传输与报送的过程中采取必要的安全保障措施避免数据泄露、毁损、灭失。

四、数据处理者的执法协助成本

即便在不同义务中分别成为公民基本权利的延伸和公权力的延伸，数据处理者的第一角色仍是以营利为目的的商事主体，而通过网络安全执法协助义务所转嫁的执法成本可能会使其存储资源、经济收益乃至正常经营遭受负面影响。在没有激励措施的前提下，数据处理者的执法协助往往缺乏实际动力，导致执法实践中产生了消极协助和协助效果差两种现状，国家机关的侦查取证活动势必进退维谷。某公司曾透露，即便其于上半年收到的披露用户信息的请求数量高达83345份，但该公司并非不加区分地配合合作，其实际仅执行了65%的请求数量，且依据请求事项与待披露用户信息之间的相关性来决定具体执行程度。具有强大经济和科技实力的公司尚且如此，遑论该义务对广大中小科技企业是"举手之劳"抑或"烫手山芋"。新的平台经济形态要求平台履行更高程度的配合义务，无论是数据提供频率，还是被提供数据的广度和深度，都对平台提出了真正的挑战，数据报送"应该在政府与平台企业的合理诉求之中寻得合理的均衡"。[①] 实践中，数据处理者在网络安全执法

---

① 薛军：《电商数据信息提供应谁说了算？》，载《新产经》2016年第6期。

协助中可能获得以下积极效应：

在我国法律现行的补贴制度之中，《国家安全法》第八十一条规定："公民和组织因支持、协助国家安全工作导致财产损失的，按照国家有关规定给予补偿……"在少数情况下，当数据处理者调取数据的行为使得其成为刑事案件的证人出庭作证时，依据《刑事诉讼法》第六十五条的规定，"证人因履行作证义务而支出的交通、住宿、就餐等费用，应当给予补助"。今后，数据处理者与国家机关的合作只会越发密切。在对国家机关提出相应限制要求的同时，数据处理者也应更新理念，主动创新合作模式以求共赢。在司法实践中，逐渐衍生出一类以服务国家机关数据收集、分析为主营业务的数据处理者，两者之间通过合同方式确立权利义务并支付相关服务费用。[①] 还有大型科技企业与当地法院达成合作协议，借用自身的信息优势，提升法院在送达、执行环节的效率，换取对企业更为友好的政策环境。

【典型案例】某集团与浙江高院共享购物网站地址以助推文书送达

浙江省高级人民法院与某集团达成战略合作——通过购物网站平台的数据锁定当事人常用电话和地址，把法律文书寄往购物网站收货地址，提高法律文书送达率。一方面，利用该平台的海量数据，法院可对在该平台上留下数据的涉诉人员绘制"画像"，包括身份信息、联系信息、消费数据、金融数据等。此外，双方的合作还体现在司法网络拍卖、云服务等专业领域。譬如，法院利用某金服平台上的用户消费数据，可逐步实现涉诉人员资产信息的在线查询、冻结等；法院的不良记录也会让当事人无法通过支付宝购买机票、奢侈品，支付宝还会不时向当事人推送"还债提醒"。另一方面，浙江高院向该集团输送案例资源。该集团开发的智能化辅助办案平台将通过多维度分析、数据可视化、深度机器学习、人工智能等技术形成"相似案例比对服务"，法官在判决前可以参考历史同类案例。通过案例资源共享，该智能化辅助办案平台还可实现法官审判经验共享、司法资源智能推送、诉讼结果预判等功能，并进行审判偏离度预警。

[①] 裴炜：《刑事数字合规困境：类型化及成因探析》，载《东方法学》2022年第2期。

【数据安全法规定】

第八条 开展数据处理活动,应当遵守法律、法规,尊重社会公德和伦理,遵守商业道德和职业道德,诚实守信,履行数据安全保护义务,承担社会责任,不得危害国家安全、公共利益,不得损害个人、组织的合法权益。

第二十二条 国家建立集中统一、高效权威的数据安全风险评估、报告、信息共享、监测预警机制。国家数据安全工作协调机制统筹协调有关部门加强数据安全风险信息的获取、分析、研判、预警工作。

第二十三条 国家建立数据安全应急处置机制。发生数据安全事件,有关主管部门应当依法启动应急预案,采取相应的应急处置措施,防止危害扩大,消除安全隐患,并及时向社会发布与公众有关的警示信息。

第二十七条 开展数据处理活动应当依照法律、法规的规定,建立健全全流程数据安全管理制度,组织开展数据安全教育培训,采取相应的技术措施和其他必要措施,保障数据安全。利用互联网等信息网络开展数据处理活动,应当在网络安全等级保护制度的基础上,履行上述数据安全保护义务。

重要数据的处理者应当明确数据安全负责人和管理机构,落实数据安全保护责任。

第二十九条 开展数据处理活动应当加强风险监测,发现数据安全缺陷、漏洞等风险时,应当立即采取补救措施;发生数据安全事件时,应当立即采取处置措施,按照规定及时告知用户并向有关主管部门报告。

第三十条 重要数据的处理者应当按照规定对其数据处理活动定期开展风险评估,并向有关主管部门报送风险评估报告。

风险评估报告应当包括处理的重要数据的种类、数量,开展数据处理活动的情况,面临的数据安全风险及其应对措施等。

第三十三条 从事数据交易中介服务的机构提供服务,应当要求数据提供方说明数据来源,审核交易双方的身份,并留存审核、交易记录。

第三十五条 公安机关、国家安全机关因依法维护国家安全或者侦查犯罪的需要调取数据,应当按照国家有关规定,经过严格的批准手续,依法进行，有关组织、个人应当予以配合。

第四十四条 有关主管部门在履行数据安全监管职责中，发现数据处理活动存在较大安全风险的，可以按照规定的权限和程序对有关组织、个人进行约谈，并要求有关组织、个人采取措施进行整改，消除隐患。

【关联规定】

《个人信息保护法》第九条、第三十六条、第三十八条、第四十条、第五十一条、第五十五条、第五十七条；《网络安全法》第九条、第十条、第十七条、第二十二条、第二十五条、第二十六条、第二十八条、第二十九条、第三十四条、第三十七条、第三十八条、第三十九条、第四十二条、第五十二条、第五十三条、第五十四条、第五十五条、第五十六条；《国家安全法》第七十七条；《民法典》第九百六十二条、第一千零三十八条；《电子商务法》第二十五条、第三十一条；《消费者权益保护法》第二十九条；《刑事诉讼法》第五十四条；《数据安全管理办法（征求意见稿）》第六条、第十八条、第二十三条、第二十八条、第三十五条；《网络数据安全管理条例（征求意见稿）》第十条、第二十五条、第二十八条、第三十二条、第五十二条；《关键信息基础设施安全保护条例》第十五条、第二十五条；《汽车数据安全管理若干规定（试行）》第十条、第十一条、第十五条；《中国银保监会监管数据安全管理办法（试行）》第八条、第二十四条；《国家医疗保障局关于加强网络安全和数据保护工作的指导意见》第一条；《公共互联网网络安全威胁监测与处置办法》第二条、第三条、第四条、第五条、第六条；《电信和互联网用户个人信息保护规定》第十四条；《互联网信息内容管理行政执法程序规定》第十八条；《计算机信息网络国际联网安全保护管理办法》第八条；《突发事件应急预案管理办法》第二条、第三条、第四条、第五条；《国家网络安全事件应急预案》第2.1条、第3.1条、第3.2条、第3.3条；《信息安全技术 个人信息安全规范》（GB/T 35273—2020）第11.4条。

第六章　数据出境的合规措施

第一节　数据出境合规概述

在后疫情时代，数字贸易在各国经济发展中的重要性越发凸显，数字经济所代表的非接触式经济日益增长，数据跨境流动日益频繁，可以说数字贸易的繁荣离不开数据跨境流动。2005年至今，全球数据跨境流量增长100倍以上，在全球跨境数据流量中，中国以23%的占比名列第一，美国以12%位居第二。[①] 数据跨境流动在提高生产率并促进创新的同时，也极易导致有关国家安全、个人隐私的信息泄露，引发了对数据安全性和隐私性的担忧。从全球范围来看，以国家关键数据、企业核心数据为目标的跨境攻击也越来越频繁，成为威胁国家安全的跨国犯罪新形态。

相较于域外发达国家，当前中国在数据产业和数字贸易方面具有较强优势，因此在针对数据跨境方面，我国不可过度放开数据跨境的监管，总体原则是根据数据不同的等级给予不同的数据跨境审查标准：一般数据是原则上允许跨境，并且尽量减少限制；重要数据和敏感数据是限制出境，以数据本地化存储为原则。[②]

一、数据出境涉及的法律问题

数据出境，是指网络运营者将在中华人民共和国境内运营中收集和产生

[①]《15年激增近百倍！全球数据跨境流量增势迅猛，中国占比已达23%》，载腾讯网，https://view.inews.qq.com/a/20210904A03A5F00，最后访问日期：2022年4月20日。

[②] 卜学民：《论数据本地化模式的反思与制度构建》，载《情报理论与实践》2021年第12期。

的数据，提供给位于境外的机构、组织、个人。境内的网络运营者将数据通过网络直接传输给境外的主体；允许境外主体通过网络访问，读取境内的数据；境内的网络运营者通过 U 盘携带等网络传输的其他方式提供给境外的主体均属于数据出境。数据出境不一定是跨越国境，而是指从一个法域流通到另一个法域，如我国内地的数据流转到我国澳门地区也属于数据出境。数据出境行为可分为数据输出国的数据传输和数据输入国的数据接收两部分，涉及数据主权、安全保护、法律适用与管辖、国际贸易等多个方面的法律问题。[1]

（一）数据主权

随着网络技术的不断发展，将国家主权问题限制于传统的现实空间，已经完全背离了世界发展的趋势，不利于维护国家利益，保护国家安全。大数据时代，数据作为一个国家重要的战略资源，其重要性不言而喻，数据逐渐成为国家竞争与博弈的关键力量，因此维护数据主权具有重要的国家战略意义。数据主权是国家主权在当前高速信息化、网络化时代的新的展现形式，属于国家主权的一部分，是当代国家主权的重要体现方式。我国《数据安全法》与《网络安全法》均将维护国家主权作为立法目的，《促进大数据发展行动纲要》甚至直接采取了"数据主权"的表述，这都表明了数据安全对于国家主权的重要性，也体现了我国对数据主权的重视。数据主权是指国家对其管辖地域内的数据享有的生成、传播、管理、控制、利用和保护的权力，分为数据管理权和数据控制权。[2]

在数据主权问题上，各国的态度各不相同。其中中俄是数据主权的积极倡导者和实践者，将数据安全与网络安全、国家安全、国家主权联系在一起，并通过立法的方式将数据主权这一概念制度化。美国因其强大的技术能力，是数据全球流通的最大受益者，因此反对数据主权的概念。

---

[1] 王融：《数据要素——数据治理：数据政策发展与趋势》，电子工业出版社 2020 年版，第 185 页。

[2] 齐爱民、盘佳：《数据权、数据主权的确立与大数据保护的基本原则》，载《苏州大学学报（哲学社会科学版）》2015 年第 1 期。

（二）数据安全保护

在数据安全保护问题上，尚未形成全球公认的数据安全保护标准，也缺乏专门针对跨境数据流动和隐私的全面、有约束力的多边规则，区域性和双边数据传输规则仍是主流。包括经济合作与发展组织（经合组织）、G20集团和亚太经济合作组织（亚太经合组织）论坛在内的一些国际组织，都尝试制定了与数据跨境流通相关的原则或实施指南，但截至目前这些原则或指南尚不具备完全性的法律约束力。各国根据自身数字经济发展水平、信息技术水平以及在数据全球化流通中扮演的角色不同，设立了不同的数据跨境规则，以平衡数字经济发展与数据安全保护。

目前，国际上缺乏统一的数据跨境流动的治理标准。美国作为数据自由流动模式的主张者之一，基于其本国领先的科技水平，利用其国内强大的数据产业巨头，如苹果、微软等公司，积极谋求数据霸权，推进数据跨境自由流动。[1] 欧盟具有尊重个人数据权利的传统，长期注重个人数据保护，因此在进行跨境数据流动治理时，采取了将主权内化于私权的方式间接保护数据安全，采取以"充分性原则"为核心的"严格保护模式"。[2] 充分性原则是只有认定数据接收国或组织具有"充分保护"水平才可不经特别授权转移数据，在考察数据接收国数据保护水平的基础上，由数据保护当局决定是否准许数据流动的制度，相当于白名单制度。[3] 俄罗斯和印度主张数据主权，采取"数据本地化储存模式"，主张将本国数据备份或者仅存储在境内以实现数据的国家控制，限制甚至禁止其他国家利用本国数据，积极谋求数据回流，以公权力介入的方式加强数据跨境的监管。[4] 中国则提出数据主权，在整体国家安全观视角下对数据出境进行规制。

当然，数据本地化措施并不意味着绝对禁止数据跨境，数据在全球范围

---

[1] 邓灵斌：《日本跨境数据流动规制新方案及中国路径——基于"数据安全保障"视角的分析》，载《情报资料工作》2022年第1期。

[2] 董京波：《跨境数据流动安全治理》，载《科技导报》2021年第21期。

[3] 魏远山：《博弈论视角下跨境数据流动的问题与对策研究》，载《西安交通大学学报（社会科学版）》2021年第5期。

[4] 董京波：《跨境数据流动安全治理》，载《科技导报》2021年第21期。

内的流通是不可避免的,因此一般要求数据本地化存储的政策都会设置一些例外情形;倡导数据流通也并不意味着忽视数据安全,现有的数据出境方案可分为以下四种:(1) 要求当地有数据备份,未对数据跨境流动作出过多限制;(2) 要求数据留存在当地,且对跨境提供数据有限制;(3) 要求特定类型的数据留存在境内;(4) 数据留存在境内的自有设施上。各个国家、地区的政策影响了在这些地区寻求开展业务的跨国公司。只有在数据输出国的个人、企业和政府信任的情况下,国家才能吸引数据和信息技术的跨境转移,数据处理者不会愿意将数据转移到数据安全基础设施、法律和防御薄弱、过度窥探和获取数据的法域中。为了成为安全的数据传输目的地,各国必须提供安全的电信基础设施,尊重个人隐私和保密性,在强制数据访问方面实行自我约束,并颁布也有利于其边界以外的人和组织的法律。如果一国未能向外国企业和公民提供正当程序和隐私保护,未能遵守保护隐私、保密、合同,则跨国企业很可能会"用脚投票",退出该国的经营。

(三) 法律适用与管辖

在管辖问题上,也尚未形成全球范围的共识,实践中往往数据的实际掌握者能够掌握战略主动。有的国家通过单边立法,施行"长臂管辖",扩张本国的法律效力,争夺数据资源的现象也屡见不鲜。为应对他国的长臂管辖,我国除了增强数据出境前的安全审查,也应当进一步设置合理的境内规则。

在法律适用问题上,许多跨国企业选择将各国收集的数据进行本地存储。国家之间司法协助条约推进的比较缓慢,更多的执法并不是通过国家之间的司法协助程序,而是直接向网络服务者提出请求,要求其履行网络执法协助义务。对于企业而言,数据跨境需要同时做到数据输出地和数据输入地的"双向合规",在数据处理满足本国法律法规的同时,还要明确数据接收国或接收地区的数据保护水平,满足数据输入国的法律法规。

(四) 国际贸易规则制定

在国际贸易规则制定问题上,跨境数据流动是国际贸易和贸易谈判的核心,因为组织依赖信息传输来使用云服务,并向合作伙伴、子公司和客户发送非个人的公司数据和个人数据。反对数据本地化存储者常常提到的理由是数据本地化构成贸易壁垒,破坏互联网互联互通的特性。① 第四次工业革命的技术很多都是数据密集型的技术,如人工智能、物联网、区块链等,这些技术非常依赖于数据的访问和处理。为了提高国际贸易的效率,在国际贸易规则的谈判上,数据自由流动抑或数据本地化的问题均是谈判的重要内容。

二、数据跨境与情报监控

发生于2013年的"棱镜门"事件让各国意识到数据安全、网络安全已深度嵌入国家安全中,没有数据安全、网络安全就没有国家安全。

信息时代,数据跨境流通与情报监控已密不可分,虽然跨国的信息收集以及国家监控行为对于世界各国而言,属于人类有战争开始就存在的秘而不宣的行为,但是存在不意味着可以被无限滥用。美国"棱镜门"事件揭示了国家情报监控一旦被滥用,对世界各国都会产生巨大的负面影响,并对数据跨境流通造成阻碍。

【典型案例】"棱镜门"事件②

2013年6月,美国电脑专家、中央情报局前分析师和国家安全局承包商的雇员爱德华·约瑟夫·斯诺登(Edward Joseph Snowden)通过英国《卫报》和美国《华盛顿邮报》曝光了美国国家安全局(NSA)的一项绝密电子监听计划——棱镜计划(PRISM)。曝光的文件显示,该计划自2007年起实施,监视范围很广,包括电邮、即时消息、视频、照片、存储数据、语音聊天、文件传输、视频会议、登录时间和社交网络资料的细节,监听的对象涉及美国公民、世界各国公民以及世界各国国家机关和机构。通过该项目,美国国家安全局甚至还可以实时监控一个人正在进行的网络搜索内容。微软、雅虎、

---

① 洪延青:《在发展与安全的平衡中构建数据跨境流动安全评估框架》,载《信息安全与通信保密》2017年第2期。

② 储昭根:《浅议"棱镜门"背后的网络信息安全》,载《国际观察》2014年第2期。

谷歌、苹果等九大网络巨头都涉及其中，并为该计划提供网络接入服务。棱镜计划曝光后，该事件的影响迅速升温，引起世界各国极大的反应。

第二节　数据出境合规中的主体

一、数据出境规定的主体范围

《数据安全法》第三十一条和第三十六条规定了向海外传输重要数据的法律要求，以及外国司法和执法机构要求提供数据的批准程序。为进一步指导实践，我国制定了《数据出境安全评估办法》为跨境数据传输的合规性提供实际指导。该办法将关于数据出境的规制主体进一步扩大化，数据出境涉及的主体包括：收集和产生的个人信息以及重要数据的关键信息基础设施运营者；处理个人信息达到 100 万人的个人信息处理者；自上年 1 月 1 日起累计向境外提供 10 万人以上个人信息或者 1 万人以上敏感个人信息的个人信息处理者。因此，当满足以下几项条件时，便不需要进行数据安全评估：用户数量小于 100 万人；跨境传输的个人信息数量小于 10 万人；跨境数据中含有的个人敏感信息数量小于 1 万人；跨境数据中没有重要数据。① 除《数据安全法》和《数据出境安全评估办法》外，还有一系列法律法规也对数据出境主体作出了规定，如表 8 所示。

表 8　数据出境相关主体梳理表②

合规依据	合规主体	合规要求
《网络安全法》	关键信息基础设施运营者；网信部门认定的其他重要数据	数据受限驻留

---

① 黄春林、冯莉：《〈数据出境安全评估办法〉八个实务问题解读》，载 http：//www.huiyelaw.com/news-2507.html，最后访问日期：2022 年 4 月 20 日。
② 黄春林：《网络与数据法律实务：法律适用及合规落地》，人民法院出版社 2019 年版，第 119 页。

续表

合规依据	合规主体	合规要求
《反恐怖主义法》	安全部门认为不宜跨境转移的重要数据	—
《人类遗传资源管理条例》	人类遗传资源、征信、健康信息、网络出版数据等领域运营者、企业会计信息系统数据等	数据绝对驻留
《网络出版服务管理规定》	网络出版领域的数据处理者	数据绝对驻留
《地图管理条例》	地图领域的数据处理者	数据绝对驻留
《网络借贷信息中介机构业务活动管理暂行办法》	网络借贷信息中介机构	数据绝对驻留
《人口健康信息管理办法》	人口健康信息领域的数据处理者	数据受限驻留
《网络预约出租汽车经营服务管理暂行办法》	网约车平台公司	数据受限驻留
《企业会计信息化工作规范》	企业会计信息系统数据领域数据处理者	数据备份驻留
《深圳数据条例》	向境外提供个人数据或重要数据的数据处理者	数据受限驻留
《互联网个人信息安全保护指南》	境内运营的个人信息处理者	数据受限驻留

在诸多进行数据跨境传输的数据处理者中，与公民人身安全、公共安全以及国家安全均紧密相关的智能网联汽车成为数据出境监管重点之一。智能车收集的海量数据包括车内、车外个人信息、重要数据、技术数据、运营数据等类型，具体可能涉及身份证号、行驶证号、驾驶证档案编号、手机号/固话、经纬度等个人信息和地理位置信息。这些位于全球车联网中的数据属于跨境数据的频次极高。即便各国智能车企数据需要执行本地化措施，但技术相关数据却需要远程跨境访问。例如，我国车企出海赢得市场，在欧洲等海外售后环节，当地无法解决的技术问题需要总部给予支持，不可避免地需要车辆识别号等数据跨境流动，目前我国智能车产业更多需从境外往回调取信

息，面临境外法的合规问题，从而需要遵循多个数据合规体系。国家计算机网络应急技术处理协调中心（CNCERT）曾联合智联出行研究院（ICMA）对2021年8月至11月15类车型的数据出境情况进行分析。在此期间，计算境内与境外汽车数据通联732万余次，其中汽车数据出境262万余次，相比同年5月至8月增加145.3%，单日最大出境次数超17万次。[1] 国家层面《关于加强智能网联汽车生产企业及产品准入管理的意见》《汽车数据安全管理若干规定（试行）》等规则均对汽车产生的个人信息和重要数据等出境做出规制，要求我国境内运营中收集和产生的个人信息和重要数据应当按照有关法律法规规定在境内存储，需要向境外提供数据的，特别是敏感区域地理信息、人脸图像数据等应当通过数据出境安全评估。实践中为应对这一问题，已经有研究机构开始研发汽车跨境数据传输检测设备，并已推出部分可用的产品，能够在很大程度上平衡数据出境与数据安全保护的矛盾。

二、数据接收方的资质标准和数据出境合规工具

在我国经营的互联网外企和业务拓展至欧美的中国企业，其数据合规涉及多个法域，且其企业组织形式均具有多样性，这些因素都增加了数据跨境流动的复杂性与数据合规的难度。以涉欧洲业务为例，需要同时遵循欧盟《通用数据保护条例》与《网络安全法》《数据安全法》《个人信息保护法》等一系列我国法律法规中对于数据出境的规定，在此基础上统一设计、协调合规方案，以实现对用户权益的充分保护和平台投入成本的最小化。为提高数据出境的效率并保障数据安全，数据处理者在数据跨境传输过程中一般根据输出国和输入国的法律要求，选择具备一定资质的合作者，当数据输入国或者数据接收者某一项资质有所欠缺时，则需要通过法律合规工具开展数据传输。

---

[1] 《智能网联汽车数据合规：数据跨境成监管重点，跨国车企迎挑战》，载21世纪经济报道，http://www.21jingji.com/article/20220113/herald/248515aeca42d0c5bc8b82e52d069880.html，最后访问日期：2023年5月28日。

（一）数据接收方的资质标准

由于数据出境后，本国数据安全执法机关难以对数据接收方进行有效监管，因此，为保障数据安全和个人信息安全，各国数据安全立法一般都对数据接收方的资质提出一定要求。欧盟《通用数据保护条例》的数据跨境传输规则便依托数据输入国能够提供"相当性保护"这一理念而建立。若数据输入国、数据输入国的某区域或一个或多个特定部门，或国际组织具有充足保护，欧盟便将其纳入"白名单"，认定该国或地区具有"充分性保护"，欧盟境内的数据处理者无须获得特别授权便可将数据传输到该国或地区。若数据处理者无法获得充分性保护认证，欧盟则要求欧盟境内的数据输出者与第三国的数据接收者通过法律工具进行数据传输，使数据的接收者能够达到欧盟要求的同等保护水平。

我国《个人信息保护法》借鉴了欧盟的规定，该法第三十八条第三款规定，个人信息处理者应当采取必要措施，保障境外接收方处理个人信息的活动达到本法规定的个人信息保护标准。其中，"必要措施"指向我国境内的个人信息处理者为了让境外接收方达到我国的个人信息保护标准所需要采取的必要措施，如签署数据处理协议（DPA）。因此，若出境的数据中包括个人信息，则我国境内的数据出口者必须对数据接收者进行背景调查与数据安全保护能力审查。

在实务中，若数据中包含个人信息，则数据输出方，应当以电子邮件、信函、传真等方式，将接收者的基本情况、向境外提供个人信息的目的、类型和保存时间告知个人信息主体，并承诺提供合同副本，承诺协助索赔，因数据出境对个人信息主体造成损害的需先行赔付。同时，数据输出方还需确认签署合同及履行合同义务不违背所在国家的法律要求，承诺不会将接收到的个人信息传输给第三方。[①] 例如，某公司在合规过程中，充分关注各国/区域对于个人数据跨境流动的管制要求，将个人数据从欧洲经济区（EEA）转

---

① 黄春林：《网络与数据法律实务：法律适用及合规落地》，人民法院出版社2019年版，第122—123页。

移出时，需要签订欧盟要求的数据转移协议或获得用户的明确同意，并对个人数据提供充分的隐私保护。

(二) 数据出境的法律合规工具

若将数据跨境的审查与评估比作国际旅行的机场安检，则数据出境的法律合规工具便类似于快速值机通道，能帮助数据处理者更高效、便捷地进行跨境数据传输。除了充分性协定、双边协定等国家层面签订的数据流通协议外，在微观层面，数据处理者可选择采用的数据出境法律合规工具主要有标准合同条款和有约束力的公司规则。

1. 标准合同条款

标准合同条款（Standards Contractual Clauses，SCCs）是数据跨境传输的重要法律工具，标准合同条款除了能以民事方式实现对数据处理者进行数据处理限制之外，还能够建构数据跨境传输的可信任状态。最早在法律上规定标准合同条款的是欧盟《通用数据保护条例》，《通用数据保护条例》第四十六条规定，在缺乏充分性协定的情况下，数据控制者或处理者只有提供适当的保障措施，以及为数据主体提供可执行的权利与有效的法律救济措施，才能将个人数据转移到第三国或国际组织，适当保障措施的提供方式之一便是数据输出者和输入者之间签订欧盟委员会根据《通用数据保护条例》核查程序制定的数据保护标准条款或数据保护委员会根据《通用数据保护条例》核查程序制定并且经由欧盟委员会批准的数据保护标准条款。

我国《个人信息保护法》在立法过程中借鉴了《通用数据保护条例》的相关经验，其第三十八条规定，个人信息处理者因业务等需要，按照国家网信部门制定的标准合同与境外接收方订立合同，约定双方的权利和义务的，可以向中华人民共和国境外提供个人信息。《数据出境安全评估办法》第九条进一步规定了数据处理者应当在与境外接收方订立的法律文件中明确约定数据安全保护责任义务：第一，数据出境的目的、方式和数据范围，境外接收方处理数据的用途、方式等；第二，数据在境外保存地点、期限，以及达到保存期限、完成约定目的或者合同终止后出境数据的处理措施；第三，限制境外接收方将出境数据再转移给其他组织、个人的约束条款；第四，境外接收方在实际控制权或者经营范围发生实质性变化，或者所在国家、地区法律环境发生变化导致难以保障数据安全时，应当采取的安全措施；第五，违反数据安全保护义务的违约责任和具有约束力且可执行的争议解决条款；第六，发生数据泄露等风险时，妥善开展应急处置，并保障个人维护个人数据权益的渠道通畅。

2023 年 6 月 1 日起施行的《个人信息出境标准合同办法》则对标准合同条款的适用主体和订立程序做出了更为细致的规定。根据该办法，同时满足以下四个条件的个人信息处理者才能够通过订立标准合同的方式向境外提供个人信息的：

（一）非关键信息基础设施运营者；

（二）处理个人信息不满 100 万人的；

（三）自上年 1 月 1 日起累计向境外提供个人信息不满 10 万人的；

（四）自上年 1 月 1 日起累计向境外提供敏感个人信息不满 1 万人的。

个人信息处理者应当在标准合同生效之日起 10 个工作日内向所在地省级网信部门提交标准合同以及个人信息保护影响评估报告等材料，进行备案。在标准合同有效期内，若向境外提供个人信息的目的、范围、种类、敏感程度、方式、保存地点或者境外接收方处理个人信息的用途、方式发生变化，或者延长个人信息境外保存期限，或出现境外接收方所在国家或者地区的个人信息保护政策和法规发生变化等可能影响个人信息权益情况的，个人信息处理者应当重新开展个人信息保护影响评估，补充或者重新订立标准合同，并履行相应备案手续。

一般情况下，标准合同条款具有经官方认可后生效、强调对数据主体的保护和以数据输出地为主导等特点。

标准合同条款的官方认可性体现在不但任意的两个数据处理者之间根据合意制定的关于数据跨境传输的合同无法被称作标准合同条款，而且如果数据处理者对标准合同条款中的条款进行了更改，便可能面临无法依赖标准合同条款进行跨境数据传输的风险。《个人信息出境标准合同办法》第六条便规定：标准合同应当严格按照本办法附件订立。国家网信部门可以根据实际情况对附件进行调整。标准合同生效后方可开展个人信息出境活动。但这并不意味着签订标准合同条款的双方没有任何自由度。首先，标准合同条款末尾一般附有选择适用条款，此部分的条款虽然也不允许修改，但合同签订双方可以根据实践情况选择是否适用，如在发生纠纷时是否优先适用标准合同条款便可由签订合同的双方自由选择；其次，数据接收者采用何种技术与组织保障措施可以自由决定，只要能够达到输出国要求的数据保护要求即可，没有其他限制。

标准合同条款对数据主体的保护体现在，虽然数据主体并非合同当事人，但标准合同条款都会特别规定数据主体受益条款与数据主体所能享有的数据访问、更正、删除、反对等权利。当数据主体要求时，数据输出者应将标准合同条款向数据主体披露，但可在披露之前删除商业信息。标准合同条款还会规定数据主体的权益救济渠道，数据主体可以在因合同的任何一方违反法定或约定义务而遭受损害时，向数据输出者请求赔偿，如果数据输出者已经破产或注销，可以向数据输入者请求赔偿，当数据输出者和数据输入者皆因破产或注销等原因而消失时，在存在次级处理者的情况下，也可以向次级处理者请求赔偿。同样，因次级处理者违反法定或约定义务遭到损害时，也可以按照上述顺序请求赔偿。

标准合同条款的输出地主导性体现在标准合同条款应适用数据输出地的法律。在数据输出国的监管机构提出要求时，其需要提交合同副本，并在监管机构进行审计时积极配合并严格按照审计的要求进行数据传输。当数据的跨境传输出现纠纷时，若双方决定通过诉讼的方式进行解决，则应由数据输出地的法院进行管辖。实践中，为保证数据输入者能够切实履行义务，数据输出者在签订标准合同条款前，需对数据输入者进行尽职调查，对数据输入者包括技术和组织措施在内的安全措施进行持续或定期审查。

2. 有约束力的公司规则

"有约束力的公司规则"（BCR）机制即集团遵循一套完整的，经个人数据监管机构认可的数据处理机制，则该集团内部整体成为一个"安全港"，个人数据可以从集团内的一个成员合法传输给另一个成员，这种机制适合集团型跨国企业平台。若要基于有约束力的公司规则进行跨境数据传输，则该规则必须具有法律约束力，能够适用于进行联合经济活动的企业集团及其所有相关成员，为他们所执行，并在处理个人数据方面明确赋予数据主体以可执行的权利。

有约束力的公司规则具体应包括以下内容：

（1）境内外进行数据处理的企业集团及相关经济主体的信息、组织架构以及详细联系方式；

（2）进行跨境传输的数据的类型、处理方式及其目的、数据主体可能受到的影响；

（3）规则的法律约束效力，既包括内部的约束力，也包括外部的约束力；

（4）对目的限定、数据最小化、有限的储存期限、数据质量、通过设计的数据保护与默认的数据保护、处理的法律基础、对特定类型个人数据的处理等一般性数据保护原则的适用；

（5）数据输入者保障数据安全的措施；

（6）将数据转移到不受约束性公司规则所约束的实体应履行的程序；

（7）在数据权益受到侵害时，数据处理者行使权利的方式以及获取赔偿等救济渠道；

（8）当因数据输入者的原因造成损害时，数据输出者应承担的连带责任；

（9）将约束性公司规则的详细内容向数据主体提供的具体方式；

（10）数据保护官的任务，或者境内外进行数据处理的企业集团及相关经济主体内部负责监控遵守约束性公司规则、监控培训和处置申诉的机构的任务；

（11）申诉程序与核查机制；

（12）报告和记录规则变化的机制，以及将此类变化报告给监管机构的机制；

（13）对于可永久性或经常性访问个人数据的员工进行数据保护培训的机制。

第三节　数据出境合规中的数据类型

一、限制出境的数据类型

综合《数据安全法》《网络安全法》《个人信息保护法》《数据出境安全评估办法》等法律法规，出境存在限制的主要数据包含个人信息的数据和重要数据。

（一）包含个人信息的数据

《个人信息保护法》第四条规定，个人信息是以电子或者其他方式记录的与已识别或者可识别的自然人有关的各种信息，不包括匿名化处理后的信息。在实务中，企业获取的数据往往是个人信息与非个人信息的集合体，客户数据、用户数据、合作方数据、供应商数据、内部员工数据、产品数据、日常经营数据、研发数据、内部管理数据等数据集中，哪些属于个人信息，哪些属于一般数据需要企业根据实际进行区分。此外，在跨境数据流动过程中还需要考虑数据输出国和数据输入国对个人信息的不同界定。例如，欧盟的电信运营商按照欧盟法律要求我国手机厂商提供的 IMEI 信息等手机设备标识符信息，对于欧洲运营商来说仅仅是硬件标识符号，一般不将其认定为个人信息。但在我国，由于实名制的推定，IMEI 号码能够与实名制电话号码相关联，从而间接识别出信息主体，属于个人信息。由于存在这一认定上的矛盾，当我国要求欧盟运营商签署数据处理协议时，往往遭到拒绝。对于包含个人信息的数据而言，数据处理者还需要甄别其中包含的个人信息是一般个人信息还是敏感个人信息，抑或两者都有。不同种类的个人信息，跨境传输需要评估的标准不同，合规要求也各不相同。若某一数据集中同时包含一般数据、一般个人信息和敏感个人信息，且难以完全分割，则应对数据集整体进行匿名化、假名化处理，使其无法识别出特定自然人，若因业务需要无法进行匿名化、假名化处理，则应按照敏感个人信息的标准进行跨境合规。

为提高数据跨境流通的效率，实务中还产生了自动跨境数据隐私管理的做法——通过提供预防和补救措施的集中管理分布式数据管理解决方案，有效识别企业组织信息数据环境中的个人数据和重要数据，根据已经通过告知同意等方式取得的同意内容，限制特定数据类别的共享，将各国境内的同意与授权进行集中、模块化管理，确保在共享数据之前应用相关的数据隐私政策和审计记录，形成自动化的工作机制。

(二) 重要数据

除包含个人信息的数据外，重要数据也属于出境的规制对象。如前所述，重要数据是指我国政府、企业、个人在境内收集、产生的不涉及国家秘密，但与国家安全、经济发展以及公共利益密切相关，一旦未经授权披露、丢失、滥用、篡改或销毁，或汇聚、整合、分析，可能造成危害国家安全、损害公共利益等严重后果的数据（包括原始数据和衍生数据）。

针对重要数据的识别，国家市场监督管理总局和国家标准化委员会发布的《信息安全技术 重要数据识别指南》（征求意见稿）中确立了六项识别时应遵循的基本原则：第一，聚焦安全影响。从国家安全、经济运行、社会稳定、公共健康和安全等角度识别重要数据，只对组织自身而言重要或敏感的数据不属于重要数据，如企业的内部管理相关数据。第二，促进数据流动。通过对数据分级，明确安全保护重点，使一般数据充分流动，重要数据在满足安全保护要求前提下有条件、有序流动，而非重要的一般数据依法自由流动，不应施加不必要阻碍，以释放数据价值。重要数据相比于一般数据一定是"少数派"。应抓住重点，明确界限，避免因重点不明、界限不清而处处设限，从而影响数据正常流动。第三，衔接既有规定。充分考虑地方已有管理要求和行业特色，紧密衔接地方、部门已制定实施的有关数据管理政策和标准规范。第四，综合考虑风险。根据数据用途、面临威胁等不同因素，综合考虑数据遭到篡改、破坏、泄露或非法获取、非法利用等风险，从保密性、完整性、可用性、真实性、准确性等多个角度识别数据的重要性。第五，定量定性结合。以定量与定性相结合的方式识别重要数据，具体数据类型、特性不同，对应着不同的定量或定性识别方法。第六，动态识别复查。在数据流动过程中，数据用途、共享方式、重要性等发生变化，动态识别重要数据，并定期复查，确认是否仍然属于重要数据。

《网络数据安全管理条例（征求意见稿）》第七十三条在《数据安全法》的基础上列举了七类较为常见的"重要数据"，分别是：

（1）未公开的政务数据、工作秘密、情报数据和执法司法数据；

（2）出口管制数据，出口管制物项涉及的核心技术、设计方案、生产工艺等相关的数据，密码、生物、电子信息、人工智能等领域对国家安全、经济竞争实力有直接影响的科学技术成果数据；

（3）国家法律、行政法规、部门规章明确规定需要保护或者控制传播的国家经济运行数据、重要行业业务数据、统计数据等；

（4）工业、电信、能源、交通、水利、金融、国防科技工业、海关、税务等重点行业和领域安全生产、运行的数据，关键系统组件、设备供应链数据；

（5）达到国家有关部门规定的规模或者精度的基因、地理、矿产、气象等人口与健康、自然资源与环境国家基础数据；

（6）国家基础设施、关键信息基础设施建设运行及其安全数据，国防设施、军事管理区、国防科研生产单位等重要敏感区域的地理位置、安保情况等数据；

（7）其他可能影响国家政治、国土、军事、经济、文化、社会、科技、生态、资源、核设施、海外利益、生物、太空、极地、深海等安全的数据。

因此，石油天然气、煤炭、石化、电力、通信、电子信息、钢铁、有色金属、装备制造、化学工业、国防军工、其他工业、地理信息、民用核设施、交通运输、邮政快递、水利、人口健康、金融、征信、食品药品、统计、气象、环境保护、广播电视、海洋环境、电子商务等行业开始进行跨境数据传输时，应额外关注数据中是否包含重要数据。[①]

[①] 潘云鹤、宗宇伟、张绍华编：《大数据产业发展总体战略研究》，上海科学技术出版社2017年版，第96页。

核心数据是重要数据中最为重要的部分，因此，业务需要跨境传输核心数据的，其审核程序应更为严格。根据工业和信息化部《工业和信息化领域数据安全管理办法（试行）》，危害程度符合下列条件之一的数据为核心数据：第一，对政治、国土、军事、经济、文化、社会、科技、网络、生态、资源、核安全等构成严重威胁，严重影响海外利益、生物、太空、极地、深海、人工智能等重点领域国家安全相关数据安全的数据；第二，对工业、电信行业及其重要骨干企业、关键信息基础设施、重要资源等造成严重影响的数据；第三，对工业生产运营、电信和互联网运行和服务等造成重大损害，导致大范围停工停产、大面积网络与服务瘫痪、大量业务处理能力丧失的数据；第四，经监管部门评估确定的其他核心数据。

（三）外国司法、执法机构要求提供的数据

除包含个人信息的数据和重要数据外，《数据安全法》第三十六条还对外国司法或者执法机构要求传输出境的数据进行了限制。我国主管机关根据有关法律和中华人民共和国缔结或者参加的国际条约、协定，或者按照平等互惠原则，处理外国司法或者执法机构关于提供数据的请求。非经中华人民共和国主管机关批准，境内的组织、个人不得向外国司法或者执法机构提供存储于中华人民共和国境内的数据。

2012年12月4日，美国证券交易委员会（SEC）曾起诉德勤、普华永道、毕马威、安永四大会计师事务所中国分所以及立信大华会计师事务所，要求其提供审计数据，以配合SEC在美国对涉嫌欺诈的中国概念股进行调查。但根据《档案法》《注册会计师法》等法律规定，会计师事务所应实行档案、审计底稿保密制度，因此相关部门经审核后不允许上述会计师事务所提供相关数据。2017年新修订的《档案法实施办法》第十八条对档案数据的出境施加了更为严格的限制：各级国家档案馆馆藏的一级档案严禁出境；各级国家档案馆馆藏的二级档案需要出境的，必须经国家档案局审查批准；各级国家档案馆馆藏的三级档案、各级国家档案馆馆藏的一、二、三级档案以外的属于国家所有的档案和属于集体所有、个人所有以及其他不属于国家所有的对国家和社会具有保存价值的或者应当保密的档案及其复制件，各级国家档案馆以及机关、团体、企业事业单位、其他组织和个人需要携带、运输或者邮寄出境的，必须经省、自治区、直辖市人民政府档案行政管理部门审查批准，海关凭批准文件查验放行。①

二、不得出境的数据

实践中，存在一部分与个人权益、公共安全、国家安全深度耦合的数据，此类数据的出境行为本身便会导致个人、社会和国家的安全受到威胁，因此，这些数据原则上不允许出境。

《信息安全技术　数据出境安全评估指南》（草案）对数据不得出境的情形作了较为细化的规定，具体包括：数据出境目的不具有合法性、正当性和必要性的，不得出境；数据处理者自评估或主管部门评估后，认为数据出境计划不满足出境目的评估中合法性、正当性和必要性要求的或数据出境安全风险评估中的出境安全风险为高或极高的，不得出境；国家网信部门、公安部门、安全部门等有关部门认定不能出境的，不得出境。

此外，不同行业主管部门根据本行业的实际情况，规定了本行业不得出境的数据类型。例如，2021年由全国信息安全标准化技术委员会起草的《信息安全技术　网联汽车采集数据的安全要求》（草案）第7.1条规定，网联汽车通过摄像头、雷达等传感器从车外环境采集的道路、建筑、地形、交通参与者等数据，以及车辆位置、轨迹相关数据，不得出境。

第四节　数据出境行为

数字经济时代，云计算、分布式系统、大数据等信息技术的兴起，削弱了单机时代数据占有者对于数据的控制能力，大大增加了中间环节，使数据的种类、规模、权属、存储位置等问题不易回答。数据出境时数据的流转路

---

① 许多奇：《论跨境数据流动规制企业双向合规的法治保障》，载《东方法学》2020年第2期。

径往往复杂，企业的各类数据来自业务板块、人力资源、财务管理、行政管理、法律合规、内控审计等内部支撑板块，均涉及大量的数据处理活动。线上各个业务系统之间存在交叉传输的情况，而企业的系统服务器往往集中部署于总部所在地，具体的数据跨境情形包括数据从境外分支机构传输至总部服务器，境外分支机构从总部服务器调取数据，境外分支机构直接访问总部服务器数据等，并且分支机构可能通过总部服务器访问另一分支机构的数据。因此，某一数据传输行为是否属于数据出境并非显而易见，需要根据实际情况进行判断。

一、属于数据出境的行为

《数据安全法》适用于在我国运营或从我国收集数据的所有公司和个人，调整的数据出境行为也包括在我国经营的跨国公司运营和收集数据的行为。如何定义数据出境或者数据跨境传输，联合国跨国公司中心（UNCTC）认为，跨境数据流动是指跨越国界对存储在计算机中的机器可读的数据进行处理、存储和检索，澳大利亚法律改革委员会认为，跨境数据流动应当以是否被澳大利亚国界以外的组织或个人接入进行区分，如果境内存储信息被澳大利亚之外的组织或个人接入或浏览，则被视为一次数据转移，遵循跨境数据流动的相关规则，如果只是通过路由器在国境或外国组织、个人处存储，但并没有接入，则不适用跨境数据流动的规则。①

基于此，跨国公司或企业集团内部之间的数据跨境转移、通过镜像的方式访问境外数据、向境外机构及其人员提供数据访问权限等情况，均属于数据出境。对比访问数据的行为与传输数据，传输的目标是将所产生、收集的数据由接收方获取，访问数据和传输数据所要达到的实际效果并没有区别。《网络安全法》《数据安全法》《个人信息保护法》对于数据出境行为并没有进行类型化的界定，关于数据出境行为的具体界定可以参照国家互联网信息办公室于2022年7月7日公布的《数据出境安全评估办法》。该办法提出所称

---

① 谢永江：《网络安全法学》，北京邮电大学出版社2017年版，第113页。

的"数据出境活动"主要包括:"一是数据处理者将在境内运营中收集和产生的数据传输、存储至境外。二是数据处理者收集和产生的数据存储在境内,境外的机构、组织或者个人可以访问或者调用。"

因此,有几种特殊的数据出境情形需要引起高度关注。一是数据在地理意义上的国境内流动,但数据的接收主体是进入中国国境的外籍主体;二是数据一直存储在境内,但却可以被境外的机构、组织及个人通过境外镜像复制、远程访问等方式获取;三是在境内收集的数据在属于同一跨国企业的不同子公司之间进行的数据跨境传输;四是员工(含外籍员工)数据的出境,用户根据国内公司指引(如跳转、通知)或基于国内公司的信赖(如购买国内产品)向境外网站或系统直接提供(如投递简历等)等均属此类。

二、不属于数据出境的行为

与之相对应,也存在一些形式上与出境类似,但实质上不属于数据出境的行为,其中最主要的是数据中转行为。判断数据处理者是否在中华人民共和国境内开展业务,或向中华人民共和国境内提供产品或服务的参考因素包括但不限于:使用中文;以人民币作为结算货币;向中国境内配送物流等。[①]如果某一在中国境内注册的公司仅向境外提供服务,当数据不涉及境内组织或个人,并且在境内没有涉及收集、存储、访问、修改、转让、披露、匿名化、去标识化、恢复、删除、销毁等数据加工处理行为时,不视为境内运营。[②]

此外,还有两类情形需排除在数据出境的范畴外:

一是数据被跨境窃取的情形。一般认为,"提供"系数据处理者的主动行为,数据即使在形式上发生了跨境传输,但其并非由数据处理者控制,而是在其不知情的情况下,数据被恶意攻击者窃取并传输至境外的,则不属于法

[①] 何雨晴:《关于数据出境的概念》,载网易号,https://www.163.com/dy/article/GS0URE140511DQUR.html,最后访问日期:2022年4月20日。

[②] 李程远:《关于数据出境重要概念的探讨》,载腾讯研究院:《网络法论丛》(第1卷),中国政法大学出版社2018年版,第95页。

律意义上的数据出境。当然，若数据的被动出境是由于数据处理者未履行数据安全保护义务导致的，监管机关仍需根据《数据安全法》《网络安全法》等法律法规的规定，对其处以行政处罚，严重的甚至可处以刑罚。

二是用户使用国外软件时直接提供的数据。《数据安全法》和《个人信息保护法》规制的主体是数据处理者和个人信息处理者，个人虽然也能够成为数据处理者或个人信息处理者，但当个人仅是为了使用某一国外的软件，而进行注册账号、上传个人信息和照片等操作时，并不适宜将其认定为数据处理者，因此用户直接（国内公司没有任何参与）向境外提供（如注册、打电话、发邮件等）的数据，则不能视为跨境数据。[1]

第五节　数据出境安全评估

数据出境安全评估是数据风险评估的重要组成部分，相较于一般的数据风险评估，数据出境安全评估由于涉及多国法律、数据保护能力各不相同的数据处理者以及繁杂的数据流转程序，因此更具复杂性。数据出境安全评估贯穿于数据出境的全过程，要坚持预评估和持续监管相结合，既要在数据出境前对可能影响数据安全的因素进行全面评估，又要在数据出境后通过各种渠道对数据的实施状况进行监管，不能因为进行了出境前的评估便对出境后的数据放松监管。

数据出境安全评估的审查重点在于评估数据出境活动可能对国家安全、公共安全的影响。实务界亟待统一客观、可操作性强的数据跨境流动安全评估办法，安全评估的主管部门以及具体的评估落地流程等，以满足各企业之间的数据特征差异较大的多种类合规需求。第一，评估数据的内容，按照《数据出境安全评估办法》第八条的规定，评估的内容主要是："（一）数据出境的目的、范围、方式等的合法性、正当性、必要性；（二）境外接收方所

---

[1] 李程远：《关于数据出境重要概念的探讨》，载腾讯研究院：《网络法论丛》（第1卷），中国政法大学出版社2018年版，第96—97页。

在国家或者地区的数据安全保护政策法规和网络安全环境对出境数据安全的影响；境外接收方的数据保护水平是否达到中华人民共和国法律、行政法规的规定和强制性国家标准的要求；（三）出境数据的规模、范围、种类、敏感程度，出境中和出境后遭到篡改、破坏、泄露、丢失、转移或者被非法获取、非法利用等的风险；（四）数据安全和个人信息权益是否能够得到充分有效保障；（五）数据处理者与境外接收方拟订立的法律文件中是否充分约定了数据安全保护责任义务；（六）遵守中国法律、行政法规、部门规章情况；（七）国家网信部门认为需要评估的其他事项。"第二，评估数据的属性，相当于传统风险评估中的资产重要性，出境数据的数量、范围、种类、敏感程度，数据出境可能对国家安全、公共利益、个人或者组织合法权益带来的风险。第三，评估数据出境发生安全事件的可能性，风险是否还在控制范围内，评估针对的具体环节包括数据处理者在数据转移环节的管理和技术措施、能力等能否防范数据泄露、毁损等风险，境外接收方承诺承担的责任义务，以及履行责任义务的管理和技术措施、能力等能否保障出境数据的安全，数据出境和再转移后泄露、毁损、篡改、滥用等的风险，个人维护个人信息权益的渠道是否通畅等，与境外接收方订立的数据出境相关合同是否充分约定了数据安全保护责任义务。[①]

除了对数据接收方进行直接评估外，一般还需要在宏观层面，对数据接收方所在国家或地区的数据安全保护环境进行整体性评估。当出境数据包含个人信息时，应对该国家或地区现行的个人信息保护法律、法规、标准情况，与我国个人信息保护法律、法规、标准提供的保护水平相比较的差异性；该国家或地区加入的区域或全球性的个人信息保护方面的机制，以及所做出的具有约束力的承诺；该国家或地区落实个人信息保护的机制，如是否具有法定的个人信息保护机构、相关司法机制、行业自律协会和自律机制等，以及为个人提供的行政和司法救济渠道的有效性进行评估。当出境数据包含重要数据时，还需要额外对该国家或地区在数据安全方面现行的法律、法规、标

---

① 洪延青：《数据出境安全评估：保护我国基础性战略资源的重要一环》，载《中国信息安全》2017年第6期。

准情况；该国家或地区落实数据安全的机制，如网络安全或数据安全方面的主管机构、相关司法机制、行业自律协会和自律机制；该国家或地区政府，包括执法、国防、国家安全等部门调取数据的法律权力；该国家或地区与其他国家或地区之间有关数据流通、共享等方面的双边或多边协定，包括在执法、监管等方面数据流通、共享的双边或多边协定进行评估。

《数据出境安全评估办法》第三条规定："数据出境安全评估坚持事前评估和持续监督相结合、风险自评估与安全评估相结合，防范数据出境安全风险，保障数据依法有序自由流动。"第五条规定："数据处理者在申报数据出境安全评估前，应当开展数据出境风险自评估，重点评估以下事项：（一）数据出境和境外接收方处理数据的目的、范围、方式等的合法性、正当性、必要性；（二）出境数据的规模、范围、种类、敏感程度，数据出境可能对国家安全、公共利益、个人或者组织合法权益带来的风险；（三）境外接收方承诺承担的责任义务，以及履行责任义务的管理和技术措施、能力等能否保障出境数据的安全；（四）数据出境中和出境后遭到篡改、破坏、泄露、丢失、转移或者被非法获取、非法利用等的风险，个人信息权益维护的渠道是否通畅等；（五）与境外接收方拟订立的数据出境相关合同或者其他具有法律效力的文件等（以下统称法律文件）是否充分约定了数据安全保护责任义务；（六）其他可能影响数据出境安全的事项。"

根据国家互联网信息办公室发布的《数据出境安全评估办法》第四条的规定，数据处理者向境外提供数据，有下列情形之一的，应当通过所在地省级网信部门向国家网信部门申报数据出境安全评估：（一）数据处理者向境外提供重要数据；（二）关键信息基础设施运营者和处理100万人以上个人信息的数据处理者向境外提供个人信息；（三）自上年1月1日起累计向境外提供10万人个人信息或者1万人敏感个人信息的数据处理者向境外提供个人信息；（四）国家网信部门规定的其他需要申报数据出境安全评估的情形。出境安全评估的有效期是2年，在2年有效期内出现某些特定情形，数据处理者应当重新申报评估，如通过数据出境安全评估的结果有效期为2年，自评估结果出具之日起计算。在有效期内出现以下情形之一的，数据处理者应当重新申报评估：（一）向境外提供数据的目的、方式、范围、种类和境外接收方处理数据的用途、方式发生变化影响出境数据安全的，或者延长个人信息和重要数据境外保存期限的；（二）境外接收方所在国家或者地区数据安全保护政策法规和网络安全环境发生变化以及发生其他不可抗力情形、数据处理者或者境外接收方实际控制权发生变化、数据处理者与境外接收方法律文件变更等影响出境数据安全的；（三）出现影响出境数据安全的其他情形。有效期届满，需要继续开展数据出境活动的，数据处理者应当在有效期届满 60 个工作日前重新申报评估。

【数据安全法规定】

第三十一条 关键信息基础设施的运营者在中华人民共和国境内运营中收集和产生的重要数据的出境安全管理，适用《中华人民共和国网络安全法》的规定；其他数据处理者在中华人民共和国境内运营中收集和产生的重要数据的出境安全管理办法，由国家网信部门会同国务院有关部门制定。

第三十六条 中华人民共和国主管机关根据有关法律和中华人民共和国缔结或者参加的国际条约、协定，或者按照平等互惠原则，处理外国司法或者执法机构关于提供数据的请求。非经中华人民共和国主管机关批准，境内的组织、个人不得向外国司法或者执法机构提供存储于中华人民共和国境内的数据。

第四十六条 违反本法第三十一条规定，向境外提供重要数据的，由有关主管部门责令改正，给予警告，可以并处十万元以上一百万元以下罚款，对直接负责的主管人员和其他直接责任人员可以处一万元以上十万元以下罚款；情节严重的，处一百万元以上一千万元以下罚款，并可以责令暂停相关业务、停业整顿、吊销相关业务许可证或者吊销营业执照，对直接负责的主管人员和其他直接责任人员处十万元以上一百万元以下罚款。

【关联规定】

《个人信息保护法》第四条、第三十八条；《数据出境安全评估办法》第

二、四、五、八、九条；《个人信息出境标准合同办法》第四、五、六、七、八条；《网络数据安全管理条例（征求意见稿）》第七十三条；《工业和信息化领域数据安全管理办法（试行）》（征求意见稿）第十一条；《档案法实施办法》第十八条；《关于加强智能网联汽车生产企业及产品准入管理的意见》第二条；《汽车数据安全管理若干规定（试行）》第十一条；《人类遗传资源管理条例》第七条；《网络出版服务管理规定》第八条；《地图管理条例》第二十四条；《网络借贷信息中介机构业务活动管理暂行办法》第二十七条；《人口健康信息管理办法》第十条；《网络预约出租汽车经营服务管理暂行办法》第二十七条；《企业会计信息化工作规范》第三十六条；《深圳数据条例》第八十二条；《信息安全技术　重要数据识别指南》（征求意见稿）第四条；《信息安全技术　网联汽车采集数据的安全要求》（草案）第7.1条。

第七章　数据安全法律责任

第一节　数据安全责任概述

数据安全责任是指，数据处理者因未履行一定的数据安全保护义务，而需承担的不利法律后果。数据安全责任的概念有狭义和广义的区分，狭义的数据安全责任主要是指数据处理者负有确保其所收集、处理和储存的数据不被攻击、破坏、泄露、删除或非法利用的责任，并通过组织计划、规章制度、技术团队等多个途径保障数据安全。《数据安全法》对落实数据安全保护义务的具体措施进行了一般性制度安排，若企业违反法律规定则应承担相应的数据安全责任，因此数据处理者应组织开展数据安全培训，采取相应技术措施和其他必要措施，保障数据安全。如果利用互联网等信息网络开展数据处理活动，还应该在网络安全等级保护制度的基础上履行数据安全保护义务。[①] 企业应树立数据安全和开发利用相平衡的原则，围绕数据全生命周期构建相应安全体系，切实落实数据安全责任。广义的数据安全责任是指，数据处理者应当"出于国家安全、社会公共利益或是其他法定职责的要求下，承担必要的安全责任"。包括但不限于在数据收集、处理和储存等环节中，有确保数据完整、准确、透明或可读的责任，相关数据产品服务的质量做到可审核、可监管等。无论是狭义还是广义的数据安全责任，均需要对应到相应的义务主体，实现恰当的权责分配。

适用对象上，《数据安全法》在坚持属地主义管辖的同时，适当发展了属人主义的内容，对境外开展数据处理活动，损害我国国家安全、公共利益或

[①] 《数据安全法》第二十七条。

者公民、组织合法权益的,也可以依法追究法律责任。

我国数据安全法律责任是基于有关组织和个人的数据安全保护义务,主要由民事责任、行政责任和刑事责任构成。《数据安全法》第五十二条明确规定了这三种法律责任承担形式:"违反本法规定,给他人造成损害的,依法承担民事责任。违反本法规定,构成违反治安管理行为的,依法给予治安管理处罚;构成犯罪的,依法追究刑事责任。"当然,某一数据处理活动也可能同时给他人造成损害、违反治安管理、构成犯罪,此时,数据处理者需同时承担三种法律责任。

法律实施的前提是立法的公平。同样,数据安全法律责任的分配也承载着人们对公平的美好期待。《数据安全法》在实施过程中也产生了激励相容的作用。根据《数据安全法》,数据安全法律责任的分配方式是组织和个人双责双罚的制度设计,考虑到了数据安全保护义务承担者有组织和个人,还有直接负责的主管人员和其他直接责任人员等,将责任最终落实到直接负责的个人。

我国《数据安全法》对于违反数据安全保护义务的惩罚力度是空前的。直接负责的主管人员和其他直接责任人员可能面临巨额罚款,开展数据处理活动的组织可能面临暂停相关业务、停业整顿、吊销相关业务许可证或者吊销营业执照的惩罚措施,罚款幅度为五万元至一百万元。组织或个人违反数据安全保护义务的,可能会承担民事责任,构成犯罪的,甚至会被依法追究刑事责任。由此可见,数据合规已经成为企业合规的重中之重。否则企业会面临承担刑事责任的风险,在单位犯罪的双罚制下,其数据主管人员和直接责任人也难逃刑事责任。

第二节 数据处理者的行政法律责任

一、存在较大风险的法律责任

《数据安全法》第四十四条规定了有关主管部门在应对数据安全事件时,可以按照规定的权限和程序对有关组织、个人进行约谈。约谈属于行政措施,首次应用是在税务领域，之后基于约谈的灵活性，该措施才在土地利用、安全生产，甚至数据安全治理方面得到广泛应用。约谈是指具有监管权力的部门，在行使监管权时，发现有关组织或者个人在履行职责、行使公权力时，违反法律法规等规定，玩忽职守，滥用职权，未尽到应尽之义务，未履行相应的职责，从而在特定的时间与相关组织和个人谈话，对其进行警示、提醒，要求其改正的制度。《数据安全法》第四十四条规定有关主管部门可以按照有关权限和程序进行约谈，但未提及权限和程序内容。根据 2015 年国家互联网信息办公室出台的《互联网新闻信息服务单位约谈工作规定》，约谈应当提前告知约谈事由，并约定时间、地点和参加人员等，且为保证公正性，应当由两名以上执法人员参加，主动出示证件，并记录约谈情况。结合《数据安全法》第六条的规定，具有约谈权力的主体应当包括工业、电信、交通、金融、自然资源、卫生健康、教育、科技等主管部门，公安机关，国家安全机关以及国家网信部门。

二、不履行数据安全保护义务的法律责任

《数据安全法》第四十五条规定了开展数据处理活动的组织、个人不履行第二十七条、第二十九条、第三十条规定的数据安全保护义务的法律责任，在此基础上进一步规定了违反国家核心数据管理制度，危害国家主权、安全和发展利益的数据处理活动所需承担的法律责任。具体行政责任包括以下四类：

（一）责令改正

责令改正因不同的违法行为和违法形态而有不同的改正方式，因而责令改正有不同的表现形式。根据现行实在法的规定，责令改正包括限期改正、限期清除、责令停止侵权、限期完善设施等多种变体形式。[①] 由于数据处理者不履行数据安全保护义务的违法行为可能出现于数据处理的各个环节，因此行政机关作出"责令改正"的具体内容不相同。例如，如果重要数据的处理

---

① 龙卫球主编：《中华人民共和国数据安全法释义》，中国法制出版社 2021 年版，第 159 页。

者未按照规定明确数据安全负责人和管理机构，属于不作为的违法行为，行政机关作出的责令改正措施应当为依法设立数据安全负责人和管理机构。

(二) 警告

警告作为行政处罚中的名誉罚，意图通过制裁数据处理者的人格性权益，使其产生名誉减损和社会评价降低的法律效果。司法实践中，往往更常见的是通报批评。例如，2020年工业和信息化部共通报批评了七批侵犯用户权益的App，并公布存在问题的应用软件名单。此举无疑对相关企业起到了震慑作用，倒逼其采取更加规范的数据合规措施。但目前，如何区分通报批评和警告尚未明确，仍需执法和司法标准的统一。

(三) 罚款

企业若违反数据安全保护义务，由有关部门责令改正，给予警告，可以并处五万元以上五十万元以下罚款，对直接负责的主管人员和其他直接责任人员可以处一万元以上十万元以下罚款。除此之外，"拒不改正或者造成大量数据泄露等严重后果的，处五十万元以上二百万元以下罚款，并可以责令暂停相关业务、停业整顿、吊销相关业务许可证或者吊销营业执照，对直接负责的主管人员和其他直接责任人员处五万元以上二十万元以下罚款"。对于本条规定而言，首先应当符合第一款第一句规定的基本成立条件，才可能因为具备加重情节进而承担更重的法律责任。若企业拒不改正或者造成大量数据泄露等严重后果，或被处五十万元以上二百万元以下罚款。直接负责的主管人员和其他直接责任人员可能被处五万元以上二十万元以下罚款。

(四) 暂停相关业务、停业整顿、吊销相关业务许可证或者吊销营业执照

此类处罚属于行政处罚中的资格罚，表现结果是对当事人行为的限制或者剥夺。数据处理者若满足违反数据安全保护义务的加重情节，将会被处以上述资格罚。对数据处理者而言，此类资格罚对其造成的影响不但远超警告、罚款等行政处罚，甚至超过某些刑事责任。对某些互联网公司而言，若被吊

销营业执照，或不允许处理数据，其核心业务将无法开展，企业将面临破产的风险。考虑到此类处罚可能给数据处理者带来的巨大影响，截至2022年相关监管机构均未做出资格类行政处罚。

三、违反数据出境管理规定的法律责任

根据《数据安全法》和《网络安全法》的规定，关键信息基础设施运营者违反数据出境管理规定，向境外提供重要数据的，应承担相应的法律责任。

在对"向境外提供重要数据"即数据出境的判定上，关于"重要数据"，《数据出境安全评估办法》第十九条规定："本办法所称重要数据，是指一旦遭到篡改、破坏、泄露或者非法获取、非法利用等，可能危害国家安全、经济运行、社会稳定、公共健康和安全等的数据。"在具体处罚的设定上，仍然是单位和个人的双罚制原则，具体处罚包括责令改正、警告、停业整顿、吊销执照、罚款。相关组织可能面临十万元以上一百万元以下罚款，直接负责的主管人员和其他直接责任人员或被处一万元以上十万元以下罚款；情节严重的，处一百万元以上一千万元以下罚款，并可以责令暂停相关业务、停业整顿、吊销相关业务许可证或者吊销营业执照，对直接负责的主管人员和其他直接责任人员处十万元以上一百万元以下罚款。

四、从事数据交易中介服务的机构未履行说明审核义务的法律责任

《数据安全法》第四十七条规定，从事数据交易中介服务的机构有以下违法行为之一的，则需要承担相应的行政责任：未要求数据提供方说明数据来源，未审核交易双方的身份，未留存审核、交易记录。从事数据交易中介服务的机构可能面临的行政责任有责令改正、罚款、没收违法所得、停业整顿、吊销相关业务许可证或者吊销营业执照。罚款数额是违法所得一倍以上十倍以下，没有违法所得或者违法所得不足十万元的，罚款数额为十万元以上一百万元以下。直接负责的主管人员和其他直接责任人员处一万元以上十万元以下罚款。

五、非法数据处理活动的法律责任

《数据安全法》第五十一条规定，数据处理者若有窃取或者以其他非法方式获取数据的行为，或开展数据处理活动排除、限制竞争，或损害个人、组织合法权益，依照有关法律、行政法规的规定处罚。因此，不可避免地出现与其他法律相衔接的问题。

首先，以窃取或者以非法方式获取数据的法律后果可能包括民事责任和刑事责任。当下最典型的数据窃取行为莫过于使用网络爬虫技术爬取数据。如果爬虫使用者侵害他人知识产权权益，则适用《著作权法》第四十九条及《反不正当竞争法》第九条规定的涉及对作品、商业秘密禁止突破技术措施进行复制、传播、披露、使用的相关内容。典型案例如北京某信息技术有限公司与于某利用爬虫技术爬取复制、下载、存储文字作品到其服务器中，符合内容的实质性替代标准并以广告方式获益构成侵犯著作权。[①] 但当爬虫使用者将其作为犯罪工具，严重扰乱计算机信息系统的运行秩序时，会构成破坏计算机信息系统、非法侵入计算机信息系统、非法获取计算机信息系统数据等罪名，行为一旦达到相关司法解释立案追诉的标准，行为主体就会被追究刑事责任。例如某云盘插件案件，违法行为人利用某云盘搜索插件，将百度云盘内的数据资源爬取到自己网站盈利的行为构成非法获取计算机信息系统数据罪。

此外，若爬虫使用者窃取大量公民个人信息，符合侵犯公民个人信息罪的定罪量刑标准，也会被追究相应的刑事责任。典型案例是2020年某公司案。某公司用爬虫程序代替贷款用户登录网站，进入其个人账户，爬取贷款用户本人账户内的通话记录、社保、公积金等各类数据，并提供给网贷平台用于判断用户的资信情况，并从中牟利，最终构成侵犯公民个人信息罪。

根据《数据安全法》第五十一条的规定，经营者如果有排除、限制竞争等违反《反垄断法》和《反不正当竞争法》的数据处理活动，如实施垄断协

---

① 案号：上海市浦东新区人民法院（2015）浦刑（知）初字第12号刑事判决书。

议、滥用市场支配地位、利用数据或算法排除限制竞争等，则应依据《反垄断法》和《反不正当竞争法》承担相应的法律责任。

【典型案例】腾讯诉微源、商圈公司不正当竞争案①

某科技（深圳）有限公司、深圳市某腾讯计算机系统有限公司诉深圳某软件开发有限公司（以下简称A公司）、某联合发展有限公司（以下简称B公司）等不正当竞争纠纷案作为最高法2021年发布的互联网十大典型案例之一，体现出经营者开展数据处理活动，排除、限制竞争后应承担的法律责任。

某科技公司是某社交软件著作权人，与某系统公司共同提供即时通讯服务。A公司、B公司等开发、运营某数据程序插件，使用该软件并配合提供的特定微信版软件，在手机终端上增加正版微信软件原本没有的"定点暴力加粉"等十三项特殊功能。某科技公司、某系统公司起诉请求判令A公司、B公司停止不正当竞争行为；赔偿经济损失人民币500万元以及维权合理支出人民币10万元。

人民法院经审理认为，该数据程序插件强行改变并增加功能，其高频次、大范围、自动发送、与不特定用户人群交互信息的功能特征，除了破坏微信的社交生态环境外，还会引发服务器过载、信息内容不安全等风险，对信息系统和数据安全产生不良影响，属于不正当竞争行为，判决A公司、B公司停止侵害、连带赔偿损失500万元。

不难看出，该数据程序插件能够实现高频次、大范围、自动发送、与不特定用户人群交互信息等功能，离不开运营者后台高算力的数据处理活动。此类数据处理活动能改变计算机程序的原有功能从而影响程序经营者的利益，是引发不正当竞争诉讼的典型事由。在这类案件中，经营者在授权用户使用自己的软件程序时，通常会通过许可协议或技术措施限制用户安装第三方插件。如果这些协议或技术措施限制可能有助于保护程序经营者、用户自身或他人合法权益，维持正常的社会秩序，则是合理和正当的。第三方提供软件插件帮助用户突破这一限制，则可能构成不正当竞争。该数据程序插件使微

---

① 案号：广东省高级人民法院（2019）粤民终2093号民事判决书。

信用户获得微信程序原本并不具备的应用功能，如定点暴力加粉、公众号图文回复、关键词回复、一键点赞和评论等十三项特殊功能。人民法院认为，被告的插件虽帮助其用户获得更多功能，但是会损害其他用户的体验和对微信程序功能的信任，甚至会损害系统安全。人民法院最终认定，被告提供此类插件的行为构成不正当竞争。

第三节　数据处理者的刑事法律责任

根据《数据安全法》第四十五条第二款的规定，数据处理者若违反国家核心数据管理制度，危害国家主权、安全和发展利益的，将会面临刑事责任。核心数据安全关系国家安全、国民经济命脉和重大公共利益，须予以强有力的安全保障。该款和我国刑法规定相衔接，其表述为"构成犯罪的，依法追究刑事责任"，属于非刑事法律中的附属刑法规范。有学者指出，我国《刑法》和司法解释中数据安全犯罪的刑法规制思路可分为两种，一是基于数据的本质属性，将其作为信息加以保护；二是依据数据的技术特性，将其作为计算机系统的内在组成部分加以保护。[①] 前者主要包括为境外窃取、刺探、收买、非法提供国家秘密、情报罪（第一百一十一条）、侵犯商业秘密罪（第二百一十九条）、侵犯公民个人信息罪（第二百五十三条）、非法获取计算机信息系统数据罪（第二百八十五条第二款），后者主要包括破坏计算机信息系统罪（第二百八十六条）、拒不履行信息网络安全管理义务罪（第二百八十六条之一）等。本节将结合典型案例，对数据处理者可能触犯的常见罪名进行介绍。

一、为境外窃取、刺探、收买、非法提供国家秘密、情报罪

信息时代，虽然在实践中要求涉密信息一律不得上网，但这仅是对于信

[①] 王倩云：《人工智能背景下数据安全犯罪的刑法规制思路》，载《法学论坛》2019年第2期。

息传输的要求，大量涉密文件仍然是在断网的保密机上生成并以数字化形式刻录的，大量的国家秘密和情报不可避免地以数据的形式存储。此外，通过聚类分析技术，即使不直接包含国家秘密或情报的数据集也可能因为能够被分析出重要信息而成为国家秘密或情报。因此，非法获取数据并向境外提供的行为可能构成为境外窃取、刺探、收买、非法提供国家秘密、情报罪。

为境外窃取、刺探、收买、非法提供国家秘密、情报罪是一个选择性罪名，行为人只要为境外的机构、组织、人员实施窃取、刺探、收买、非法提供四种行为中的一种，导致国家秘密或者情报泄露的，便可构成本罪。作为国家安全类犯罪，本罪规定了较重的刑罚，构成本罪的，处五年以上十年以下有期徒刑；情节特别严重的，处十年以上有期徒刑或者无期徒刑；情节较轻的，处五年以下有期徒刑、拘役、管制或者剥夺政治权利。根据《最高人民法院关于审理为境外窃取、刺探、收买、非法提供国家秘密、情报案件具体应用法律若干问题的解释》和《保守国家秘密法》的规定，国家秘密是指关系国家安全和利益，依照法定程序确定，在一定时间内只限一定范围的人员知悉的事项，包括国家事务重大决策中的秘密事项、国防建设和武装力量活动中的秘密事项、外交和外事活动中的秘密事项以及对外承担保密义务的秘密事项、国民经济和社会发展中的秘密事项、科学技术中的秘密事项、维护国家安全活动和追查刑事犯罪中的秘密事项，以及经国家保密行政管理部门确定的其他秘密事项。情报则是指关系国家安全和利益、尚未公开或者依照有关规定不应公开的事项。

我国将国家秘密的密级分为绝密、机密、秘密三级，并根据不同的密级规定了不同的保密要求和泄密处罚措施。但这并不意味着只要没有标明密级的数据便都不属于国家秘密。《最高人民法院关于审理为境外窃取、刺探、收买、非法提供国家私密、情报案件具体应用法律若干问题的解释》第五条规定，行为人知道或者应当知道没有标明密级的事项关系国家安全和利益，而为境外窃取、刺探、收买、非法提供的，依照《刑法》第一百一十一条的规定以为境外窃取、刺探、收买、非法提供国家秘密罪定罪处罚。

【典型案例】某科技公司为境外刺探、非法提供情报案[①]

2020年年底，某境外公司通过微信群联系上了上海某信息科技公司（以下简称信息科技公司）的员工，境外公司自称其客户从事铁路运输的技术支撑服务，为进入中国市场需要提前对中国的铁路网络进行调研，但是受疫情影响，公司人员来华比较困难，所以委托境内公司采集中国铁路信号数据，包括物联网、蜂窝和GMS-R，也就是轨道使用的频谱等数据。考虑到丰厚的利润，上海某信息科技公司虽然知道存在风险，但还是应下了这个项目并约定了两个阶段的合作：第一阶段由上海这家公司按照对方要求购买、安装设备，在固定地点采集数据。第二阶段则进行移动测试，由上海公司的工作人员背着设备到对方规定的北京、上海等16个城市及相应高铁线路上进行移动测试和数据采集。在安装完设备，进行调试过程中，境外公司提出了为他们开通远程登录端口的要求。信息科技公司明知境外公司可以远程去控制电脑做相应的测试，实时地去拿到对应的测试数据，从而以这种形式将数据转移到海外，但仍把远程端口的登录名和密码交给对方。

在利益的驱使下，国内这家信息科技公司默许对方源源不断地获取我国铁路信号数据并撮合另一家公司与境外公司建立了合作关系，获取我国铁路信号数据。国家安全部干警估算，在近半年的时间里，通过勘验相关的电子设备采集并向境外传输的信号数据可能高达3000个G。经鉴定，两家公司为境外公司收集、提供的数据涉及铁路GSM-R敏感信号，属于重要数据且被国家保密行政管理部门鉴定为情报，相关人员的行为涉嫌《刑法》第一百一十一条规定的为境外刺探、非法提供情报罪。

二、侵犯公民个人信息罪

个人信息是数据中价值最高的部分，也是数据黑产的主要目标，虽然在法律层面将数据和个人信息进行了界分，但在实践中个人信息与数据难以完

[①]《失算的数据买卖》，载央视网，https://tv.cctv.com/2022/04/13/VIDE0FR1IT8DudSlt-L6poIRg220413.shtml，最后访问日期：2022年4月20日。

全分割开，大数据时代绝大多数数据集中包含能直接或间接识别他人身份的个人信息。因此数据处理者违法处理数据的行为也容易触犯侵犯公民个人信息罪。

侵犯公民个人信息罪是指，违反国家有关规定，窃取或者以其他方法非法获取公民个人信息、向他人出售或者提供公民个人信息，情节严重或情节特别严重的行为。其中，情节严重的，可处三年以下有期徒刑或者拘役，并处或者单处罚金，情节特别严重的，处三年以上七年以下有期徒刑，并处罚金。需要注意的是，违反国家有关规定，将在履行职责或者提供服务过程中获得的公民个人信息，出售或者提供给他人的，应当从重处罚。该罪属于单位犯罪，实行双罚制，若通信大数据处理者（原则上只能由单位构成）构成该罪，则不但直接负责的主管人员和其他直接责任人员需要承担有期徒刑、拘役、罚金等刑事责任，还需要对单位判处罚金。

根据《最高人民法院、最高人民检察院关于办理侵犯公民个人信息刑事案件适用法律若干问题的解释》第五条的规定，出售或者提供行踪轨迹信息，被他人用于犯罪的；非法获取、出售或者提供行踪轨迹信息、通信内容、征信信息、财产信息五十条以上的；非法获取、出售或者提供住宿信息、通信记录、健康生理信息、交易信息等其他可能影响人身、财产安全的公民个人信息五百条以上的；非法获取、出售或者提供一般信息五千条以上的；违法所得五千元以上的，均可认定为情节严重。如果利用非法购买、收受的公民个人信息获利五万元以上或曾因侵犯公民个人信息受过刑事处罚或者二年内受过行政处罚，又非法购买、收受公民个人信息，即使是为合法经营活动而非法购买、收受一般信息，也构成侵犯公民个人信息罪。

【典型案例】①

2016年高考，徐某某以568分的成绩被某大学录取。19日下午4点30分左右，她接到了一通陌生电话，对方声称有一笔2600元助学金要发放给她。在这通陌生电话之前，徐某某接到过教育部门发放助学金的通知。基于此，

---

① 吴书光：《"徐某某被电信诈骗案"一审宣判陈某某获无期徒刑》，载最高人民法院官网，https://www.court.gov.cn/fabu-xiangqing-53152.html，最后访问日期：2022年4月20日。

徐某某相信了这通陌生电话的内容，在 19 日办理好助学金的相关手续后，徐某某按照对方要求，将准备交学费的 9900 元打入了骗子提供的账号。事后，徐某某发现被骗，在报案后返回家的途中，突发昏厥，最终心脏骤停，经医院抢救不幸离世。

2016 年 8 月 23 日，公安部门成立专案组，专门侦查此案。经审查，2016 年 7 月，犯罪嫌疑人陈某某从犯罪嫌疑人杜某某手中购买五万余条 2016 年高考考生信息，雇用犯罪嫌疑人郑某 1、黄某某冒充教育局工作人员以发放助学金的名义对高考录取生实施电话诈骗。2016 年 8 月 19 日，犯罪嫌疑人郑某 1 拨打徐某某电话，骗取其银行存款 9900 元。之后，陈某某要求郑某 2 立即取款，郑某 2 随后让犯罪嫌疑人熊某将该钱取走。2016 年 8 月 19 日，三名犯罪嫌疑人陈某某、郑某 2、黄某某被抓获。2016 年 8 月 26 日，犯罪嫌疑人熊某被抓获。2016 年 8 月 28 日，犯罪嫌疑人杜某某落网，犯罪嫌疑人郑某 1 投案自首，全部涉案嫌疑人悉数到案。

三、破坏计算机信息系统罪

破坏计算机信息系统罪规定于《刑法》第二百八十六条，共有三种客观表现形式：一是违反国家规定，对计算机信息系统功能进行删除、修改、增加、干扰，造成计算机信息系统不能正常运行；二是违反国家规定，对计算机信息系统中存储、处理或者传输的数据和应用程序进行删除、修改、增加的操作；三是故意制作、传播计算机病毒等破坏性程序，影响计算机系统正常运行。该罪原本是一个狭义的计算机犯罪，保护法益为计算机信息系统的正常运行。但随着计算机信息系统功能的不断演变与计算机犯罪的网络化、数据化转型，司法机关不断扩大"计算机信息系统功能"的解释范围，最终将其扩张解释为"计算机信息系统数据"，只要对计算机信息系统中存储、处理或者传输的数据进行任何形式的增、删、改便可构成该罪。[①] 问题在于，若

[①] 姜瀛：《"口袋思维"入侵网络犯罪的不当倾向及其应对进路》，载《苏州大学学报（法学版）》2017 年第 2 期。

不对数据的类型进行限定，任何与计算机相关的操作都会导致计算机内的数据被修改，一旦达到后果严重的标准便可直接成立该罪。根据《最高人民法院、最高人民检察院关于办理危害计算机信息系统安全刑事案件应用法律若干问题的解释》的规定，对二十台以上计算机信息系统中存储、处理或者传输的数据进行删除、修改、增加操作，便属于后果严重。

扩大破坏计算机信息系统罪的适用半径，以打击侵犯数据安全的行为是否合适在理论层面尚存在争议，但在实务层面，立法机关、司法机关都认可这一处理模式，并通过发布指导案例的方式将此种处理模式进一步推广。因此，对数据处理者而言，若绕开技术措施，非法获取其他数据处理者计算机内存储的数据，即使其中不包含个人信息，也可能构成犯罪。

【典型案例】破坏计算机信息系统案[①]

西安市长安区环境空气自动监测站（以下简称长安子站）系国家环境保护部确定的西安市13个国控空气站点之一，通过环境空气质量自动监测系统采集、处理监测数据，并将数据每小时传输发送至中国环境监测总站（以下简称监测总站）。作为长安子站工作人员的李某乘长安子站搬迁之机私自截留子站钥匙并偷记子站监控电脑密码，此后至2016年3月6日，李某、张某某多次进入长安子站内，用棉纱堵塞采样器的方法，干扰子站内环境空气质量自动监测系统的数据采集功能。何某某明知李某等人的行为而没有阻止，只是要求李某把空气污染数值降下来。李某还多次指使被告人张甲、张乙采用上述方法对子站自动监测系统进行干扰，造成该站自动监测数据多次出现异常，多个时间段内监测数据严重失真，影响了国家环境空气质量自动监测系统正常运行。为防止罪行败露，2016年3月7日、3月9日，在李某的指使下，被告人张甲、张乙两次进入长安子站将监控视频删除。监测总站在检查时发现了长安子站监测数据弄虚作假问题，后公安机关将五名被告人李某、何某某、张甲、张乙、张某某抓获到案。法院经审理认为，五名被告人干扰

[①] 最高人民法院指导案例104号：李某、何某某、张某某等人破坏计算机信息系统案，载最高人民法院官网，https://www.court.gov.cn/shenpan-xiangqing-137091.html，最后访问日期：2022年4月20日。

环境质量监测系统的采样，致使监测数据严重失真的行为违反了国家规定，属于破坏计算机信息系统，并造成了严重后果，已构成破坏计算机信息系统罪。

四、拒不履行信息网络安全管理义务罪

拒不履行信息网络安全管理义务罪是《刑法修正案（九）》增加的罪名，该罪的规制主体为网络服务提供者，而在实践中，网络服务提供者往往也是数据处理者。根据《刑法》第二百八十六条之一和《最高人民法院、最高人民检察院关于办理非法利用信息网络、帮助信息网络犯罪活动等刑事案件适用法律若干问题的解释》第六条的规定，网络服务提供者不履行法律、行政法规规定的信息网络安全管理义务，经监管部门责令采取改正措施而拒不改正，致使违法信息大量传播；致使用户信息泄露，造成严重后果；致使刑事案件证据灭失，情节严重；对绝大多数用户日志未留存或者未落实真实身份信息认证义务；致使信息网络服务被主要用于违法犯罪的；致使信息网络服务、网络设施被用于实施网络攻击，严重影响生产、生活；致使信息网络服务被用于实施危害国家安全犯罪、恐怖活动犯罪、黑社会性质组织犯罪、贪污贿赂犯罪或者其他重大犯罪；致使国家机关或者通信、能源、交通、水利、金融、教育、医疗等领域提供公共服务的信息网络受到破坏，严重影响生产、生活；或二年内经多次责令改正拒不改正的，构成该罪。

在拒不履行信息网络安全管理义务罪的众多行为模式中，与数据最为相关的是"致使用户信息泄露，造成严重后果"。一般认为，本条规定的"用户信息"有别于《刑法》第二百五十三条之一规定的"公民个人信息"，拒不履行信息网络安全管理义务罪保护的主要是信息网络安全，包括用户信息安全。因此，应当将公民、法人和其他组织等用户在接受信息网络服务中被采集、存储、传输信息均涵括在内。[①] 根据司法解释，所谓严重后果，是指拒不履行信息网络安全管理义务，致使泄露行踪轨迹信息、通信内容、征信信息、

---

① 喻海松：《新型信息网络犯罪司法适用探微》，载《中国应用法学》2019年第6期。

财产信息五百条以上；致使泄露住宿信息、通信记录、健康生理信息、交易信息等其他可能影响人身、财产安全的用户信息五千条以上；致使泄露其他信息五万条以上；或造成他人死亡、重伤、精神失常或者被绑架等严重后果、造成重大经济损失、严重扰乱社会秩序的情况。

【典型案例】胡某拒不履行信息网络安全管理义务案[①]

2015年7月至2016年12月30日，胡某为非法牟利，租用国内、国外服务器，自行制作并出租"土行孙""四十二"翻墙软件，为境内2000余名网络用户非法提供境外互联网接入服务。2016年3月、2016年6月某市公安分局先后两次约谈被告人胡某，并要求其停止联网服务。2016年10月20日，某市公安分局对被告人胡某利用某网络科技有限公司擅自建立其他信道进行国际联网的行为，作出责令停止联网、警告、并处罚款人民币15000元，没收违法所得人民币40445元的行政处罚。被告人胡某拒不改正，于2016年10月至2016年12月30日，继续出租"土行孙"翻墙软件，违法所得共计人民币236167元。经鉴定，"土行孙"翻墙软件采用的程序，可以实现代理功能，适用本地计算机通过境外代理服务器访问境外网站。法院经审理认为，胡某非法提供国际联网代理服务，拒不履行法律、行政法规规定的信息网络安全管理义务，经监管部门责令采取改正措施后拒不改正，情节严重，其行为已构成拒不履行信息网络安全管理义务罪。

第四节　数据安全负责人的法律责任

《数据安全法》在法律责任部分，均规定出现违法行为时，除对单位科以处罚之外，直接负责的主管人员和其他责任人员也应承担相应的法律责任。因此，数据安全负责人虽无法律规定的具体职责范围和法律责任，但考虑到企业违反数据安全保护义务时需承担的双重责任，仍有一定的个人责任风险。

[①] 案号：上海市浦东新区人民法院（2018）沪0115刑初2974号刑事判决书。

在现行数据安全法律体系下，数据安全负责人的尽职豁免制度并没有被确定下来，个人责任没有直接的保护和豁免机制。这在一定程度上能够激励和震慑负责人切实履行职责，但也有可能使该岗位权责配置不当，相关专业人员从业积极性降低，反而不利于数据安全负责人制度的长远发展。

这也是我国数据安全负责人制度与欧盟数据保护官制度的不同之处。欧盟《通用数据保护条例》第二十四条明确了数据控制者对数据合规负责的机构责任为原则，数据保护官不需要对数据不合规的后果承担个人责任。[1]"第29条工作组"更是在《数据保护官指南》中明确规定应且只应当是数据控制者才负有确保数据合规的义务。为了更好地保障数据保护官的独立性，避免其受到不当干预，《通用数据保护条例》要求数据保护官不因履行职责而遭到直接或间接的处罚、解雇（存在处罚或解雇的威胁也不被允许）。[2] 故而可考虑在数据安全负责人的法律责任承担上采取适当的尽职豁免制度，当数据安全负责人能够证明自己已经按照法律的要求提出了数据合规建议并履行了监督、报告等义务，则无须再承担法律责任。

【数据安全法规定】

第四十四条 有关主管部门在履行数据安全监管职责中，发现数据处理活动存在较大安全风险的，可以按照规定的权限和程序对有关组织、个人进行约谈，并要求有关组织、个人采取措施进行整改，消除隐患。

第四十五条 开展数据处理活动的组织、个人不履行本法第二十七条、第二十九条、第三十条规定的数据安全保护义务的，由有关主管部门责令改正，给予警告，可以并处五万元以上五十万元以下罚款，对直接负责的主管人员和其他直接责任人员可以处一万元以上十万元以下罚款；拒不改正或者造成大量数据泄露等严重后果的，处五十万元以上二百万元以下罚款，并可以责令暂停相关业务、停业整顿、吊销相关业务许可证或者吊销营业执照，

---

[1] 欧盟《通用数据保护条例》第二十四条。
[2] 欧盟《通用数据保护条例》第三十八条。

对直接负责的主管人员和其他直接责任人员处五万元以上二十万元以下罚款。

违反国家核心数据管理制度,危害国家主权、安全和发展利益的,由有关主管部门处二百万元以上一千万元以下罚款,并根据情况责令暂停相关业务、停业整顿、吊销相关业务许可证或者吊销营业执照;构成犯罪的,依法追究刑事责任。

第四十六条 违反本法第三十一条规定,向境外提供重要数据的,由有关主管部门责令改正,给予警告,可以并处十万元以上一百万元以下罚款,对直接负责的主管人员和其他直接责任人员可以处一万元以上十万元以下罚款;情节严重的,处一百万元以上一千万元以下罚款,并可以责令暂停相关业务、停业整顿、吊销相关业务许可证或者吊销营业执照,对直接负责的主管人员和其他直接责任人员处十万元以上一百万元以下罚款。

第四十七条 从事数据交易中介服务的机构未履行本法第三十三条规定的义务的,由有关主管部门责令改正,没收违法所得,处违法所得一倍以上十倍以下罚款,没有违法所得或者违法所得不足十万元的,处十万元以上一百万元以下罚款,并可以责令暂停相关业务、停业整顿、吊销相关业务许可证或者吊销营业执照;对直接负责的主管人员和其他直接责任人员处一万元以上十万元以下罚款。

第四十八条 违反本法第三十五条规定,拒不配合数据调取的,由有关主管部门责令改正,给予警告,并处五万元以上五十万元以下罚款,对直接负责的主管人员和其他直接责任人员处一万元以上十万元以下罚款。

违反本法第三十六条规定,未经主管机关批准向外国司法或者执法机构提供数据的,由有关主管部门给予警告,可以并处十万元以上一百万元以下罚款,对直接负责的主管人员和其他直接责任人员可以处一万元以上十万元以下罚款;造成严重后果的,处一百万元以上五百万元以下罚款,并可以责令暂停相关业务、停业整顿、吊销相关业务许可证或者吊销营业执照,对直接负责的主管人员和其他直接责任人员处五万元以上五十万元以下罚款。

第四十九条 国家机关不履行本法规定的数据安全保护义务的,对直接负责的主管人员和其他直接责任人员依法给予处分。

第五十条 履行数据安全监管职责的国家工作人员玩忽职守、滥用职权、徇私舞弊的，依法给予处分。

第五十一条 窃取或者以其他非法方式获取数据，开展数据处理活动排除、限制竞争，或者损害个人、组织合法权益的，依照有关法律、行政法规的规定处罚。

第五十二条 违反本法规定，给他人造成损害的，依法承担民事责任。

违反本法规定，构成违反治安管理行为的，依法给予治安管理处罚；构成犯罪的，依法追究刑事责任。

【关联规定】

《刑法》第一百一十一条、第二百一十九条、第二百五十三条、第二百八十五条第二款、第二百八十六条、第二百八十六条之一；《著作权法》第四十九条；《反不正当竞争法》第九条；《最高人民法院关于审理为境外窃取、刺探、收买、非法提供国家秘密、情报案件具体应用法律若干问题的解释》第二条、第三条、第五条；《最高人民法院、最高人民检察院关于办理侵犯公民个人信息刑事案件适用法律若干问题的解释》第五条；《最高人民法院、最高人民检察院关于办理危害计算机信息系统安全刑事案件应用法律若干问题的解释》第四条；《最高人民法院、最高人民检察院关于办理非法利用信息网络、帮助信息网络犯罪活动等刑事案件适用法律若干问题的解释》第四条、第六条。

图书在版编目（CIP）数据

数据安全合规实务 / 李怀胜主编 .—北京：中国法制出版社，2023.8
（企业合规管理法律实务指引）
ISBN 978-7-5216-2828-9

Ⅰ.①数… Ⅱ.①李… Ⅲ.①数据管理-安全管理-科学技术管理法规-中国 Ⅳ.①D922.17

中国版本图书馆 CIP 数据核字（2022）第 144731 号

责任编辑：胡　艺　　　　　　　　　　　　　　封面设计：周黎明

数据安全合规实务
SHUJU ANQUAN HEGUI SHIWU
主编/李怀胜
经销/新华书店
印刷/三河市紫恒印装有限公司
开本/710 毫米×1000 毫米　16 开　　　　印张/ 15.25　字数/ 196 千
版次/2023 年 8 月第 1 版　　　　　　　　2023 年 8 月第 1 次印刷

中国法制出版社出版
书号 ISBN 978-7-5216-2828-9　　　　　　　　　　　　定价：66.00 元

北京市西城区西便门西里甲 16 号西便门办公区
邮政编码：100053　　　　　　　　　　　　传真：010-63141600
网址：http://www.zgfzs.com　　　　　　　编辑部电话：010-63141815
市场营销部电话：010-63141612　　　　　　印务部电话：010-63141606

（如有印装质量问题，请与本社印务部联系。）